Winfried Wolf

MIT DEM ELEKTROAUTO IN DIE SACKGASSE

Bibliografische Information der Deutschen Bibliothek:
Die Deutsche Bibliothek verzeichnet diese Publikation in der Deutschen
Nationalbibliografie. Detaillierte bibliografische Daten sind im Internet über
http://dnb.ddb.de abrufbar.

2., unveränderte Auflage 2019
© 2019 Promedia Druck- und Verlagsgesellschaft m.b.H., Wien
Alle Rechte vorbehalten
Druck: CPI – Clausen & Bosse, Leck
Printed in Germany
ISBN: 978-3-85371-450-8

Fordern Sie unsere Prospekte an:

Promedia Verlag
Wickenburggasse 5/12
1080 Wien
Österreich

E-Mail: promedia@mediashop.at

Internet: www.mediashop.at
                 www.verlag-promedia.de

WINFRIED WOLF

Mit dem Elektroauto in die Sackgasse

Warum E-Mobilität den Klimawandel beschleunigt

PROMEDIA

Über den Autor

Winfried Wolf, geboren 1949 in Horb am Neckar, studierte Politikwissenschaften in Freiburg und Berlin und promovierte in Hannover. Von 1994 bis 2002 war er Mitglied des deutschen Bundestags. Er ist Chefredakteur von *Lunapark21 – Zeitschrift zur Kritik der globalen Ökonomie* und Mitglied im Wissenschaftlichen Beirat von Attac. Im Promedia Verlag sind von ihm u. a. erschienen: »Verkehr. Umwelt. Klima. Die Globalisierung des Tempowahns« (2. Auflage 2009) und (gemeinsam mit Nikos Chilas) »Die griechische Tragödie« (2016, aktualisierte Neuauflage 2018).

Inhalt

Vorwort

Die Kritik am Elektroauto war immer Bestandteil meiner Kritik an der Autogesellschaft. 1986 zitierte ich in »Eisenbahn und Autowahn« die *Neue Zürcher Zeitung*, die – vergleichbar der heutigen Argumentation in China – darauf verwies, dass das Elektroauto MEV-1 der Schweizer Industrie eine Chance böte, da die »Autoindustrie auf diesem Gebiet keinerlei Erfahrungsvorsprung« hätte. 2007 beschrieb ich in »Verkehr. Umwelt. Klima«, dass das Elektromobil »oft der Zweit- und Drittwagen ist«. Im September 2014 plädierten Prof. Hermann Knoflacher und ich in Peking auf dem »4th China-EU-Forum on Social Ecology« für eine stadtverträgliche Mobilität und gegen die Orientierung auf E-Pkw, die sich damals in China bereits abzeichnete. 2018 entwickelte ich im Auftrag von Bürgerinitiativen in Dortmund und Hannover Pläne für eine umweltverträgliche Stadtmobilität als Gegenmodell zur jeweils propagierten Elektromobilität. Im selben Jahr erschien im Institut für sozialökologische Wirtschaftsforschung (isw) eine von mir verfasste Broschüre zu »Elektro-Pkw als Teil der Krise der aktuellen Mobilität«.

Mittlerweile ist es unernst, Elektromobilität als ein Projekt fortschrittlicher Verkehrsplanung darzustellen, das gegen die »fossilen« Großkonzerne durchgesetzt werden müsste. 2018 fuhren die zwölf größten Autokonzerne Rekordgewinne ein und starteten gleichzeitig das größte Investitionsprogramm ihrer Geschichte – pro Elektromobilität. Die Ölkonzerne investieren derzeit massiv im angestammten Geschäft *und* steigen zugleich in die Stromerzeugung ein. Die Internationale Energie-Agentur (IAE), eine Energie-Lobbyorganisation, freut sich, dass »die Zukunft elektrisch« und die Stromerzeugung (u.a. mit neuen AKW) massiv gesteigert wird – wegen der Elektromobilität. Damit ist die Elektromobilität Teil eines zerstörerischen Prozesses, den wir seit Anfang des 20. Jahrhunderts mit der Automotorisierung erleben. Ebenso wie es vor einem Jahrhundert eine auch von »progressiven« Kräften getragene Begeisterung für Henry Ford gab, so gibt es gegenwärtig einen auch von »fortschrittlichen« Gruppen befeuerten Hype um Elon Musk und Tesla. Ford und Musk verkörpern den US-amerikanischen Kapitalismus der jeweiligen Zeit; die Ideologie der beiden Milliardäre ist vergleichbar elitär und menschenverachtend.

Es ist an der Zeit, die Offensive zugunsten des Elektroautos in einen dreifachen Gesamtzusammenhang zu stellen: Es handelt sich dabei *erstens* um einen weiteren Schritt zur Intensivierung einer Mobilitätsorganisation, bei der immer mehr Menschen vom Auto abhängig gemacht werden. *Zweitens* um einen Prozess, in dessen Folge die Belastungen, die mit *jedem* Autoverkehr zusammenhängen, weiter steigen – hinsichtlich Verkehrsopfern, Stadtqualität und Emissionen, die die Gesundheit und das Klima schädigen. *Drittens* um eine Entwicklung, die vom Wachstumszwang der bestehenden Wirtschaftsordnung und den Profitinteressen der führenden Konzerne in der Autoindustrie, im Technologiesektor und in der Energiewirtschaft vorangetrieben wird.

Eine überzeugende Verkehrswende fühlt sich anders an. Etwa so: Anfang 2019 diskutiert der CDU-Oberbürgermeister der Stadt Münster im niederländischen Groningen darüber, wie der Anteil der Fahrradwege in Münster von aktuell 40 Prozent auf das Groningen-Niveau von 60 Prozent gesteigert werden kann. Addiert man Fußgängerwege und Fahrten des Öffentlichen Personennahverkehrs (ÖPNV) hinzu, dann bleibt für Pkw-Verkehr ein Restmarktanteil, bei dem die Antriebsart einigermaßen unwesentlich ist.

Winfried Wolf,
im Februar 2019

Kapitel 1
Drei Anläufe zur Durchsetzung der Elektroautos Oder: Es geht bei E-Mobilität nicht um Klimapolitik

Bei den Elektromobilherstellern herrscht Goldgräberstimmung. Die Marktprognosen versprechen bis zu einer Million verkaufter E-Mobile in den nächsten fünf Jahren.

VCD-Zeitschrift »Fairkehr«, März 1991

Ein Star der Messe ist in diesem Jahr [2018; W.W.] der Silverado, den die Marke Chevrolet [eine Tochter von GM; W.W.] gerade auf den Markt gebracht hat. Ein Pick-up, mehr als fünf Meter lang, voll beladen rund sechs Tonnen schwer. Nur wenige Schritte entfernt davon zeigt Ford den F-150, das meistverkaufte Auto Amerikas. Es ist sogar noch ein wenig größer als der Chevy, noch bulliger. Der Hype, der derzeit um elektrische, selbst fahrende, vernetzte Pkw herrscht, spielt auf der NIAS [Automesse von Detroit; W.W.] keine allzu große Rolle. In der alten Autostadt Detroit ist mehr Gegenwart als Zukunft zu betrachten. All die glamourösen Ankündigungen großer Firmen und kleiner Start-ups [...] täuschen über die Realität auf Amerikas Straßen hinweg. Pick-ups dominieren das Bild. – noch immer.

Stefan Beutelsbacher und Benedikt Fuest,
Revolution im Automobilbau, »Die Welt« vom 20. Januar 2018

Der Weg scheint vorgezeichnet: Mit Elektroautos in eine sonnige Zukunft. In Deutschland wurde im Herbst 2018 die »Nationale Plattform Elektromobilität« gleich mal umbenannt in »Nationale Plattform Zukunft der Mobilität«. So wie der Begriff Elektromobilität, den seit mehr als 100 Jahren elektrisch betriebene Eisenbahnen, S-Bahnen, Stadtbahnen und Straßenbahnen für sich in Anspruch nehmen konnten, gekapert wurde, so soll es zukünftig bei E-Autos gleich um »die Mobilität als solche« gehen. Und zwar ausschließlich um erstens motorisierte Mobilität und zweitens um eine solche auf Straßen mit Pkw. Der deutsche Wirtschaftsminister Peter Altmaier führte anlässlich der Vorstellung der »Nationalen Plattform Zukunft der Mobilität« aus: »Deutschland muss auch im nächsten Jahrzehnt die Zukunft der Mobilität mitgestalten, wenn nicht anführen. Batteriezellfertigung und autonomes Fahren sind hier zentral. Entscheidend wird sein, dass wir Innovationen in Deutschland nicht nur entwickeln. Wir müssen sie – im wahrsten Sinne des Wortes – auch hier auf die Straße bringen!«[1]

Angesichts einer solchen Grundstimmung wirken kritische Einwände wie aus einer vergangenen Dino-Welt. So meldete sich im Januar 2019 Volker Schmidt, der Niedersachsenmetall-Hauptgeschäftsführer und Vertreter des niedersächsischen Metall-Unternehmerverbandes, zu Wort. Die EU versuche, »Elektromobilität mit der Brechstange einzuführen«, meinte er. Dabei sei »Elektromobilität äußerst CO_2-intensiv«. Im Übrigen sei zu bedenken: »Wenn wirklich im prognostizierten Umfang E-Autos gekauft werden, steigt der Stromverbrauch bei uns exorbitant an. [...] Diese Rechnung macht bei uns interessanterweise niemand auf. Dann kann es passieren, dass wir unser Ziel von 50 Prozent erneuerbarer Energie bis 2030 erst gar nicht erreichen und stattdessen mehr Kohle- oder importierten Atomstrom benötigen. Die Einführung der E-Mobilität ist vorne und hinten nicht zu Ende gedacht.«[2] Es sieht gerade Anfang 2019 stark danach, dass dieses Ziel bei weitem verfehlt wird. Denn fast zur gleichen Zeit war in deutschen Medien zu lesen, wie dramatisch die deutsche Energiewende im Jahr 2018 ausgebremst wurde. So hieß es in der ökologisch engagierten Tageszeitung *taz* im Januar 2019: »Das Arbeitspferd der Energiewende lahmt: 2018 hat sich der Windkraftausbau mehr als halbiert. [...] Mit dem absehbaren Szenario dürfte die Energiewende, deren wichtigste Säule die Windkraft ist, in den kommenden Jahren heftig ins Stocken geraten. Ein Ausgleich für die Windflaute ist kaum möglich. Den Zuwachs für die Photovoltaik hat die Bundesregierung klar begrenzt.« Wobei es dann noch heißt: »Wirtschaftsminister Peter Altmaier (CDU) gilt

1. Presseerklärung der Bundesregierung vom 19. September 2018, siehe: https://www.bmvi.de/ SharedDocs/DE/Pressemitteilungen/2018/073-nationale-plattform-zukunft-mobilitaet.html [aufgerufen am 3.2.2019]
2. Interview in der *Neuen Osnabrücker Zeitung* vom 28. Januar 2019.

als Bremser der Erneuerbaren«.[3] Das ist derselbe Mann, der die Elektro-Pkw-Offensive betreibt. Schließlich kommt der Strom aus der Steckdose. Oder eben aus der Ladesäule.

Volker Schmidt, der ohne Zweifel die Interessen von VW vertritt, genauer, der die alte VW-Strategie vertritt und der die gewaltigen Investitionen von VW in die Fertigung von Elektro-Pkw noch nicht verinnerlicht hat (siehe Kapitel 3), verwies beim Stichwort »CO_2-intensive Elektromobilität« auf die Studie des Swedish Environmental Research Institute mit dem Titel »The Life Cycle Energy Consumption and Greenhouse Gas Emissions from Lithium-Ion Batteries«, auf die wir auch noch genauer eingehen werden (siehe Kapitel 6).[4] Umgehend erhob sich ein Chor von Gegenstimmen. So wurde – beispielsweise in der österreichischen Tageszeitung *Der Standard* – betont, es handle sich da ja gar nicht um eine »echte Studie«; der knapp 50-seitige Text biete »nur einen Überblick über die Ergebnisse vorhandener Studien über den aktuellen Stand der Technik«.[5] Als ob eine Studie, die eine größere Anzahl von Studien miteinander vergleicht und die auf dieser Basis zu dem verheerenden Ergebnis einer »CO_2-intensiven Elektromobilität« kommt, nicht ernst zu nehmen wäre. Als »Entlastung« wird dann in deutschen Medien und im zitierten *Standard* eine neue Studie der Forschungsstelle für Energiewirtschaft (FfE) in München angeführt, die die Feststellungen in der schwedischen Studie relativiert. Nicht erwähnt wird, dass die Münchner Forschungsstelle vor allem die Interessen der deutschen Energiewirtschaft – also die der Stromproduzenten – vertritt. Aldi Süd gab sich jüngst als Kofinanzier der FfE aus. Diese Lebensmittelhandelskette informierte uns über ihr Engagement für Elektromobilität wie folgt: »Für die Stadt ist so ein Elektroauto ja praktisch. Freunde besuchen und zur Arbeit fahren. [...] Abends noch schnell in den Biergarten (natürlich auf ein

---

3.   Joshua Kasberg und Manfred Kriener, Das Horrorjahr 2020, in: *taz* vom 29. Januar 2019.
4.   Die schwedische Abkürzung für das genannte Institut lautet IVL; weiter unten wird auf die Studie nochmals genauer eingegangen; siehe: https://www.ivl.se/download/18.5922281715bd aebede9559/1496046218976/C243+The+life+cycle+energy+consumption+and+CO2+emissi ons+from+lithium+ion+batteries+.pdf [zuletzt aufgerufen am 4.2.2019]
5.   *Der Standard* vom 4. Februar 2019. Interessant ist da, dass der (namentlich nicht gezeichnete, also redaktionelle) Aufmacher auf Seite 1 die Überschrift trägt »Ökobilanz von Elektroautos besser als gedacht«. Auf Seite 9 gibt es dann einen Artikel mit der einigermaßen anders gewichtenden Überschrift »Supersauber sind E-Autos auch nicht«. Verfasserin ist Regina Bruckner.

alkoholfreies Bierchen). Alles kein Problem mit einem umweltfreundlichen E-Auto. In Städten und als Zweitauto hat sich das Elektroauto schon oft bewährt. Etwas verzwickter wird es, wenn das E-Auto für längere Fahrten genutzt wird [...] Die Praxis-Reichweite von Elektroautos liegt aktuell bei gut 200 Kilometern. [...] Gut, dass ALDI SÜD sich auch hierzu Gedanken gemacht hat. Im Sommer 2018 erhalten 28 weitere ALDI SÜD Filialen eine Schnellladestation. Das Besondere daran: Diese liegen im Abstand von maximal 160 Kilometern. Sie sind über das ganze ALDI SÜD Gebiet verteilt und ganz nah an den wichtigsten Autobahnen.«[6]

Derzeit erleben wir den dritten Anlauf zur Durchsetzung des Elektroautos. Einen ersten gab es Anfang des 20. Jahrhunderts. Als Henry Ford mit der Massenproduktion von Autos mit Verbrennungsmotoren startete, hatte die Mehrzahl der im Verkehr befindlichen Automobile einen Elektroantrieb (siehe Kapitel 8). Weitgehend in Vergessenheit geraten ist der zweite Anlauf Anfang der 1990er-Jahre. Tatsächlich gab es vor drei Jahrzehnten ähnliche Debatten über das Elektroauto wie heute. Damals wurden auch bereits vergleichbare kritische Stimmen laut wie diejenigen, die heute vorgetragen werden. Die Umweltbehörde, die damals konkrete gesetzliche Vorgaben für Elektro-Pkw entwickelte, trägt den Namen California Air Ressources Board (CARB). Es handelt sich um dieselbe Behörde, die 2015 maßgeblich dazu beitrug, dass die Kampagne der deutschen Autokonzerne »Clean Diesel« sich zu einem VW-Skandal und zu Dieselgate entwickelte. 1991 wurde von CARB für Kalifornien festgelegt: Zwei Prozent aller dort neu zugelassenen Pkw und leichten Nutzfahrzeuge müssten ab dem Jahr 1997 einen Elektroantrieb haben. Bis 2003 müsste dieser Anteil bei 10 Prozent liegen.[7] Letzteres ist der Anteil, der in China seit dem 1. Januar 2019 gilt. In Europa gab es einen »Solar- und Elektromobil-Salon«, der mehrmals stattfand, das dritte Mal beispielsweise im März 1991 in Basel. Auf dieser – nach Selbstdarstellung – »weltweit einzigen Informations- und Verkaufsmesse« für Solar- und

---

6. Pressemitteilung ALDI Süd vom 9.8.2018; hervorgehoben von W.W. Siehe: https://blog.aldi-sued. de/elektrotankstellen-aldi-sued/ [abgerufen am 4.2.2019].
7. U. a. nach: Peter Klinkenberg, »Der schöne Traum vom abgasfreien Auto«, in: *Frankfurter Rundschau* vom 18. Mai 1991.

Elektromobile wurden bereits 1991 u. a. »zehn typengeprüfte, im gewerblichen Raum gefertigte Elektromobile« vorgestellt, die »über gut ausgebaute Händlernetze landesweit [= Schweiz-weit; W.W.] vertrieben und teilweise exportiert« wurden.[8] Damals ging man fest von einem großangelegten Einstieg der führenden Autokonzerne in den Bau von Elektroautos aus. In dem zitierten Bericht der *Neuen Züricher Zeitung (NZZ)* heißt es diesbezüglich: »Vor dem Hintergrund, dass mehrere Autokonzerne für die zweite Hälfte des Jahrzehnts [der 1990er-Jahre; W.W.] die Serienfabrikation von Elektroautos angekündigt haben, sieht beispielsweise Max Horlacher, wohl erfahrenster Konstrukteur in der Schweiz, Erfolgschancen eher in den Bereichen Prototypen und Komponentenbau.«

Es gab damals auch in dem soeben wiedervereinigten Deutschland konkrete Modelle von Elektrofahrzeugen, die sich im Einsatz befanden. In Bonn wurden im März 1991 von dem damaligen Bundesforschungsminister Riesenhuber zwei VW-Jetta-Modelle mit Elektromotor vorgestellt. Dazu hieß es in einem Bericht: »Anstatt mit Bleibatterien werden sie [die VW Jetta; W.W.] mit einer Natrium-Schwefel-Hochenergiebatterie betrieben. Seit 1973 bastelt die Firma Asea Brown Boveri (ABB) an der komplizierten Technik; jetzt ist sie serienreif. Die besonderen Vorteile der Batterien beruhen auf ihrem geringen Platzbedarf und ihrem niedrigen Gewicht.« Als Reichweite der Pkw wurden erstaunliche 150 Kilometer – »bei vorsichtiger Fahrweise sogar 200 Kilometer« – angegeben.[9] Der CDU-Staatsminister für Landesentwicklung und Umweltfragen in Bayern, Peter Gauweiler, präsentierte zum selben Zeitpunkt »zwei umweltfreundliche Elektromobile von BMW und Audi«, die zum »Minister-eigenen Fuhrpark« zählten.[10] In Dänemark verkehrten zum selben Zeitpunkt allein vom Elektro-Pkw-Modell »Mini-el City« mehr als 1500 Fahrzeuge. In der Schweiz wurden in wenigen Wochen im Jahr 1991 700 Citymobile dieses Typs verkauft. Es handelte sich, so damals das deutsche Blatt *Wirtschaftswoche*, um »das mittlerweile erfolgreichste Elektroauto Europas«. Es wurde »über

8. *Neue Zürcher Zeitung* vom 22. März 1991.
9. Jürgen Sussenburger, »Ohne Geräusch und Abgase durch Bonns Innenstadt fahren«, in: *Frankfurter Rundschau* vom 21. März 1991.
10. Gastkommentar von Peter Gauweiler, in: *Welt am Sonntag* vom 9. Juni 1991.

die Vertragshändler renommierter Automarken vertrieben« – was, so der Bericht, zu einem Problem wurde.[11]

Sperrung der Innenstädte für Diesel-Pkw? Nein, eine Sperrung der Innenstadt für *alle* herkömmlichen Pkw wurde debattiert: Just so erfolgt 1991 in München – gewissermaßen eine Neuauflage zu den Pkw-Fahrverboten, die 1973 in Westdeutschland im Zusammenhang mit der Ölkrise und den »autofreien Sonntagen« debattiert wurden (siehe Kapitel 3). Bereits 1991 sollten es Elektro-Pkw sein, mit denen der größte Teil der motorisierten Mobilität bewältigt werden sollte. Aus einem Bericht: »Schon in zwei bis drei Jahren soll die mit giftigen Autoabgasen verpestete Altstadt [von München; W.W.] für Kraftfahrzeuge mit den herkömmlichen Verbrennungsmotoren dichtgemacht werden. Mit dieser einschneidenden Forderung will Umweltschutzreferent Rüdiger Schweikl den Stadtrat noch vor der Sommerpause [1991; W.W.] konfrontieren. [...] Gestern stellte das Umweltschutzreferat zum Abschluss einer einjährigen Testreihe ein gutes Dutzend abgasfreier Autos auf der Theresienwiese vor.«[12]

Und zur gleichen Zeit – es sei wiederholt: vor mehr als einem Vierteljahrhundert – gab es bereits die Kritik an den Elektro-Pkw-Visionen, wie sie auch heute vorzufinden ist. Nach einem vierjährigen, aufwendigen Test mit Elektro-Pkw auf der Insel Rügen in den Jahren 1992 bis 1996 – beteiligt waren 60 Fahrzeuge, davon 36 Pkw von VW, Opel, BMW und Daimler-Benz; die Kosten betrugen 60 Millionen Mark – lauteten die Ergebnisse, verfasst vom Institut für Energie- und Umweltforschung (IFEU) in Heidelberg, das wiederum bei seiner Forschungsarbeit vom Bundesforschungsministerium beauftragt worden war, wie folgt: »Die Bilanz fällt [...] nur im lokalen Bereich positiv aus. Da E-Mobile keinen Auspuff haben, werden weder Menschen noch Gebäude durch direkte Schadstoffeinwirkung beeinträchtigt. [...] Zwiespältig ist hingegen die Situation bei der regionalen Schadstoffbelastung. Beim derzeitigen

---

11. »Den renommierten Automarken ist das Nebengeschäft ihrer Händler ein Dorn im Auge. ›Dieses Auto passt nicht in unsere Philosophie‹, erklärt etwa Ruedy Hess, Sprecher von BMW Schweiz, ›der BMW-Fahrer hat andere Ansprüche‹. Auch Mercedes und Nissan verboten ihren Händlern das Geschäft, der Opel-Importeur kündigte einen ähnlichen Schritt an.« Nach: *Wirtschaftswoche* vom 7. Juni 1991.

12. Otto Fischer, »Der Verkehrsstrom soll nur noch elektrisch fließen«, in: *Süddeutsche Zeitung* vom 4. April 1991.

Energiemix der Kraftwerke, aus denen der Batteriestrom der E-Mobile stammt, tragen diese zwar weniger als konventionelle Autos zum Sommersmog und zur Stickstoffbelastung der Böden bei. Aber stärker zum Sauren Regen. Eindeutig negativ ist die Bewertung beim Thema Klima. Elektroautos verbrauchen pro Kilometer zwischen 50 Prozent (Vielfahrer) und 400 Prozent mehr Primärenergie als vergleichbare Autos mit Verbrennungsmotoren. Der Ausstoß des Treibhausgases CO_2 liegt auch im günstigsten Fall deutlich über dem der Konkurrenz, da über zwei Drittel des Stroms aus fossilen Kraftwerken stammen.« Es handelte sich dabei keineswegs um eine Einzelwertung eines spezifischen Instituts. Im selben Bericht heißt es: »Das Umweltbundesamt (UBA) in Berlin sieht sich in seiner Ablehnung der Elektroauto-Strategie bestätigt.«[13]

Wenn es diese Wiederholung in Sachen Elektromobilität gibt, was hat sich also geändert, dass dieses Thema seit wenigen Jahren neu auf die Tagesordnung der Wirtschafts- und Verkehrspolitik gelangte – und dass nunmehr die Mobilität mit Elektroautos massiv umgesetzt wird? Es gibt dafür im Wesentlichen drei Gründe: Erstens hat sich die Klimakrise neu zugespitzt. Die Klimakonferenzen in Paris und in Katowice sind hier Meilensteine. Zweitens gibt es die tiefe Glaubwürdigkeitskrise der Autokonzerne, wofür der Begriff Dieselgate steht. Und drittens gibt es seit wenigen Jahren eine spezifische Wirtschaftspolitik der Volksrepublik China zur Durchsetzung der Elektromobilität, hinter der kaum Klimapolitik, sondern primär eine Industriepolitik zur Durchsetzung der chinesischen Autoindustrie auf dem Weltmarkt steckt (siehe Kapitel 5).

Doch auch in Europa geht es nicht um Klimapolitik, wenn die Elektromobilität gepuscht wird. Dies sei an zwei einigermaßen praktischen Beispielen verdeutlicht. Ein Elektro-Pkw emittiert auch bei optimistischer Annahme und den gesamten Lebenszyklus berücksichtigend maximal 30 Prozent weniger CO_2 als ein herkömmlicher Pkw. Würde man in Deutschland ein Tempolimit einführen und EU-weit deutlich niedrigere Tempolimits als die bestehenden (beispielsweise Tempo 100 auf Autobahnen wie in den USA und Tempo 80

13. Joachim Wille, »Elektroautos sind keine Patentlösung für die Umwelt«, in: *Frankfurter Rundschau* vom 10. Februar 1997. Eine ähnliche Bilanz zog damals der TÜV Rheinland. Siehe: »Nach Berechnungen des TÜV Rheinland: Elektroautos erhöhen die Luftverschmutzung«, in: *Süddeutsche Zeitung* vom 30. Juli 1991.

auf Landstraßen und Bundesstraßen) umsetzen, dann könnte man weitgehend ähnliche CO-2-Einsparungen erzielen.[14] Vergleichbares gilt, wenn man Auflagen für den Bau von Pkw beschließen würde, die das Gewicht der Pkw begrenzen (und höhere Gewichte bzw. besonders PS-starke Motoren massiv mit Steuern belegen würden), also den Trend zu großen Pkw und vor allem den zu den SUVs ausbremsen würden. Dabei müsste dann auch der Luftwiderstand bei Pkw als ein wichtiger Faktor für den Energieverbrauch Berücksichtigung finden. Genauer: Dieser Faktor müsste neu entdeckt werden. Früher warben Autohersteller mit einem niedrigen Luftwiderstand.[15] Es wurde in den Werbebroschüren für Pkw auch erklärt, wie wichtig der »c_w-Wert« für den Kraftstoffverbrauch und für die Klimabilanz eines Autos sei. Inzwischen wird das Thema ausgeblendet; ja, die Hersteller verschweigen, wie die Autofachpresse kritisch vermerkt, bewusst den Luftwiderstandswert eines jeweiligen Modells.[16] Sie tun dies, weil sie Pkw bauen können, deren Luftwiderstand dem eines Billy-Regals von Ikea entspricht. Und weil die Kraftstoffpreise (relativ zu den Einkommen der jeweiligen Pkw-Besitzer) so niedrig und die Kosten für die Pkw-Nutzung (beispielsweise im Fall von Geschäftswagen,

14. In den USA gilt außerhalb von Ortschaften eine Geschwindigkeitsbegrenzung von 55-65 mph, was 88-105 km/h entspricht. Die Geschwindigkeit auf einigen Interstates (ähnlich wie die deutschen Autobahnen, nur häufig mit noch mehr Spuren) beträgt 70 bis maximal 75 mph, das entspricht 112-120 km/h. Diese deutlich unter dem EU-Niveau liegenden Geschwindigkeitsbegrenzungen werden in der Regel mit der damit bewirkten reduzierten Zahl von Unfällen und Straßenverkehrstoten bzw. Verletzten, mit niedrigeren Schadstoffemissionen und mit einer Verflüssigung des Verkehrs begründet.

15. 1982 wurde der neue Audi 100 in der Audi-PR mit der Schlagzeile beworben: »Seit wir das aerodynamisch beste Serienauto der Welt bauen, können Sie auch mit komfortablen Limousinen wieder rechnen.« Das Fahrzeug hatte einen Wert für Aerodynamik (»c_w-Wert«) von 0,30. Heute wirbt z. B. Skoda für das Modell Kodiaq mit dem Slogan: »Gönnen Sie Ihren Verfolgern ein wenig Windschatten«. Gemeint ist, dass dieser Pkw einen hohen Luftwiderstand hat. Der Luftwiderstand »setzt sich aus mehreren Faktoren zusammen: Der Luftwiderstandsbeiwert (c_w) sagt aus, wie windschnittig eine Fahrzeugform ist. Hinzu kommt die Stirnfläche (A). Sie kann man sich als Schatten eines von vorn angestrahlten Autos vorstellen. Der Luftwiderstandsbeiwert multipliziert mit der Stirnfläche ergibt den Luftwiderstand (c_w mal A). Je geringer dieser Wert ist, desto weniger Kraft muss der Motor zum Fahren aufbringen.« *Auto Bild* vom 2. August 2018.

16. Das Blatt *Auto Bild* befragte im August 2018 mehrere Autohersteller nach den c_w-Werten einzelner Modelle und dokumentierte deren Antworten. Die Mehrzahl der Hersteller hielt sich bedeckt. Einige verweigerten explizit eine Aussage. Volvo beispielsweise teilte mit: »Wir konnten noch nie eine ausgeprägte Nachfrage von Kunden zum Thema Aerodynamik feststellen«. Deshalb werde dieser Aspekt »nicht sonderlich betont«. *Auto Bild* vom 2. August 2018.

die bei den Neuzulassungen in Deutschland und Österreich dominieren) so tief liegen, dass der hohe und teilweise sogar steigende Kraftstoffverbrauch – und damit die Klimabelastung – im Geldbeutel kaum eine Rolle spielen. Im Sommer 2018 konnte man im Blatt *Auto Bild* – das Woche um Woche mit einer Auflage von mehreren Hunderttausend Exemplaren erscheint – lesen: »Wie relevant der Luftwiderstand in der Praxis ist, bewies Autobild vor vier Jahren. Bei einem Autobahntest mit Durchschnittstempo 130 verbrauchte ein VW Golf 2.0 TDI 7,5 l/100 km, ein gleich motorisierter [VW-]Tiguan 9,9 l. Differenz 32 Prozent.« Allgemein heißt es zu dem Thema in dem Blatt unter Verweis auf wissenschaftliche Studien: »Der aerodynamische Widerstand steigt im Quadrat zur Geschwindigkeit. Mehr Widerstand bedeutet mehr Verbrauch und weniger Geschwindigkeit. [...] Thomas Indinger vom Lehrstuhl für Aerodynamik und Strömungstechnik an der TU -München sagt: ›Ab 60 km/h ist die Aerodynamik der dominierende Fahrwiderstand und hat somit den höchsten Einfluss auf den Kraftstoffverbrauch‹.«[17]

Die Unterschiede sind gewaltig. Während die aktuelle Mercedes A-Klasse oder der Opel Calibra einen – für die heutigen Verhältnisse – niedrigen Wert für den Luftwiderstand haben (0,48 und 0,49), liegen die meisten Mittelklassewagen (z. B. Ford Focus, Audi A8, VW Golf Variant, Hyundai i20) aktuell bei einem Luftwiderstandswert von über 0,60. Das ist bereits das Doppelte des weiter oben zitierten Werts des Audi A100 mit Baujahr 1982. Die meisten SUVs haben nochmals deutlich höhere Luftwiderstandswerte: Zum Beispiel der VW Tiguan Allspace (0,84), der Audi Q8 (0,91), der Volvo XC90 (0,92) und – als Spitzenreiter – der Porsche Cayenne (0,96). Die Bilanz in *Auto Bild*: »Bei den zusammengetragenen Aerodynamikdaten zeigt sich, dass auf den hinteren Plätzen ausnahmslos SUVs mit ihren hohen Stirnflächen liegen.«

Was heute kaum vorstellbar ist, geschah 1991. Damals war es die IG Metall, die eine grundsätzliche Debatte zum Thema Verkehrspolitik und Alternativen zur vorherrschenden Struktur von Mobilität und Transport führte. Am 9. und 10. November 1991 gab es in Frankfurt am Main eine »Gemeinsame verkehrspolitische Konferenz der Industriegewerkschaft Metall und des Deutschen

---

17.   Matthias Moetsch, Der verschenkte Fortschritt, in: *Auto Bild* vom 2. August 2018.

Naturschutzringes«. Auf dieser Konferenz hielt der Verkehrswissenschaftler und Biochemiker – heute würde man auch sagen: der Querdenker – Frederik Vester das Hauptreferat. Die einleitenden Sätze, gesprochen vor mehr als einem Vierteljahrhundert, sind brandaktuell: »Die Umweltsituation auf unserem Planeten ist für die Menschheit zu einer Überlebensfrage geworden. [...] Was uns bevorsteht sind möglicherweise verheerende Dürren wie Überschwemmungen, Klimakatastrophen durch den Anstieg von CO_2, sich akkumulierende Gifte und radioaktive Verseuchung in der Luft, Wasser und Boden. [...] Die Grenze der Belastbarkeit unserer Erde ist bereits in mehreren, für die menschliche Existenz wichtigen Bereichen erreicht.« Vester entwickelte in seinem Referat eine Reihe eher immanenter, technischer Reformvorschläge. Er relativierte damals bereits die Behauptungen, Elektroautos könnten eine umfassende Perspektive bieten.[18]

Vester beendet seinen Vortrag mit der folgenden entscheidende Passage: »In einer 1989 erschienenen Dissertation kommt der Schweizer Verkehrsspezialist Eugen Meier zu dem klaren Schluss, dass eine Verkehrsinvestition *grundsätzlich neuen Verkehr verursacht.* [...] Denn das Verhalten der Menschen orientiert sich [...] am Angebot und kompensiert dann die erreichten Effekte. Anders als sonst in der Wirtschaft, wo die Nachfrage das Angebot regelt, regelt auch hier wieder das Angebot die Nachfrage. Werden mehr Wege angeboten, nimmt sie der Mensch an. Er hält sich sogar länger und öfters im Verkehr auf, sein übriges Zeitbudget schmilzt, die erhöhte Mobilität geht auf Kosten des sonstigen Handlungsspielraums.«

Mit der Elektromobilität werden neue Fahrzeuge und neue Straßen auf den Verkehrsmarkt kommen. Das Angebot wird erhöht. Es wird neuer Verkehr – und zwar Straßenverkehr – induziert. Die Klimabelastung wird in der Summe deutlich steigen. Entscheidend ist – gleich wie der Antriebsstrang

18. Referat Frederic Vester, »Anforderungen an zukünftige Fahrzeuge: Pkw, Fahrrad, Lkw, Busse und Bahn«, Frankfurt im November 1990, (Zitate auf Seiten 13 und 15 des Manuskripts). Zur Deutschen Bundesbahn – das war noch vier Jahre vor der »Bahnreform« mit der Bildung der Deutschen Bahn AG – sagte er: »Der Trend bei der Bundesbahn mit der von ihr herausgegebenen Parole ›Schiene statt Straße‹ weckt allerdings falsche Hoffnungen. Denn [...] die Entwicklung bei der Bundesbahn ging genau umgekehrt. [...] Sie selbst betreibt die zunehmende Verlagerung des Personen- und Güterverkehrs auf die Straße und ist längst zum größten Busunternehmer und Lkw-Spediteur der Bundesrepublik geworden.«

beschaffen ist, unabhängig davon, ob es Verbrenner oder Elektroautos sind –, dass Verkehr und Transportleistungen reduziert und verbleibender Verkehr auf die Füße, auf Fahrräder und auf öffentliche Verkehrsmittel verlagert werden. Das wird nur möglich sein, wenn die Macht der Autokonzerne erkannt und gebrochen und wenn jedes Greenwashing von individueller Elektromobilität als Augenwischerei erkannt wird.

Kapitel 2
Die Krise der motorisierten Mobilität

Vor zwei Jahren besuchte uns der ehemalige kalifornische Umweltminister James M. Strock für einen Parlamentarischen Abend zu Abgas- und CO_2-Manipulationen – und wie US-Umweltbehörden ihre Abgasstandards durchsetzen. Damals wies die CDU-Vertreterin die Forderung nach Kontrollen mit dem Hinweis zurück, auch in einer Ehe könne man doch nicht alles kontrollieren, sondern müsse vertrauen. Das ist genau das Problem dieser Bundesregierung, die ein enges, eheähnliches Verhältnis zur Autoindustrie pflegt.

Jürgen Resch, Deutsche Umwelthilfe (DUH), Juli 2017[19]

Wir erleben eine Krise der Mobilität im Allgemeinen und der Automobilität im Besonderen. Diese Krise konkretisiert sich auf drei Ebenen. Erstens in Form einer sich verschärfenden Klimakrise mit Klimaerwärmung und Wetterextremen. Stichworte: Eine Hitzeperiode im Sommer 2018, gehäufter Starkregen, Orkane, Taifune und Sintfluten über das Jahr 2018 hinweg, eine hilflose Klimakonferenz in Katowice im Dezember 2018, gewaltige Schneemassen im Winter 2018/19 und ein US-Präsident, der die »Behauptung« einer Klimaveränderung als Trick der Chinesen bei deren Kampf gegen MAGA – »Make America Great Again« – identifiziert. Zweitens manifestiert sich diese Krise als weltweite Krise der Städte. Stichworte: Zerstörung von Stadtqualität bzw. »Urbanität«, Feinstaubdebatten, Fahrverbote für Diesel-Pkw in einer Reihe von deutschen Städten und wachsender Flächenverbrauch für Kfz-Verkehr. Drittens kam es in den letzten Jahren zu einem dramatischen Glaubwürdigkeitsverlust der

19. Interview mit J. Resch in *VDI-Nachrichten* vom 15. Juni 2017. Resch beschrieb auf die Frage »Wie darf man sich das vorstellen?« einen Vorgang aus diesem eheähnlichen Verhältnis wie folgt: »Die Bundeskanzlerin rief direkt EU-Kommissionspräsident Claude Juncker an, um die Real-Drive-Emission-Prüfvorschriften in einer laufenden technischen Sitzung aufweichen zu lassen. Eckart von Klaeden (CDU), ehemals Staatsminister im Bundeskanzleramt und heute Chef-Lobbyist der Daimler AG, schickte seine ›Bitten und Bedenken‹ an die private Mailadresse eines Staatssekretärs im Bundesverkehrsministerium und selbst der Dobrindt-Prüfbericht wurde vor Veröffentlichung mit den betroffenen Herstellern textlich abgestimmt.«

Autohersteller und damit der führenden Industrie überhaupt, der Autobranche. Stichworte: »Dieselgate«, Abschaltvorrichtungen bei Millionen Diesel-Motoren, zwei Top-Autobosse wurden inhaftiert (Rupert Stadler von Audi und Carlos Ghosn von Renault-Nissan) und der E-Pkw-Hersteller Tesla geriet im Herbst 2018 in Schieflage.

Die Regierungen, die Autokonzerne und eine Mehrheit der Umweltverbände geben auf allen drei Ebenen dieser Mobilitätskrise eine gemeinsame Antwort. Diese lautet: Mit »Elektromobilität« ließe sich diese Krise bewältigen oder zumindest deutlich entschärfen. Die »e-mobility« wäre der entscheidende Baustein für eine nachhaltige Verkehrspolitik und für die Politik einer Verkehrswende.

Untersuchen wir diese drei Ebenen der kombinierten Krise der motorisierten Mobilität.

Klimaerwärmung

Seit drei Jahrzehnten ist bekannt – und wird inzwischen von so gut wie allen Institutionen und Regierungen eingestanden: Es gibt die bedrohliche *menschengemachte Klimaerwärmung*. Setzt sie sich fort, werden sich die Bedingungen für menschliches Leben auf dem Planeten auf eine Art und Weise verändern, dass menschliches Leben in einigen bislang bewohnten Regionen kaum noch in angemessener Form stattfinden kann. Die Umweltorganisation Greenpeace geht davon aus, dass in einem solchen Fall bis zu 200 Millionen Menschen zu Klimaflüchtlingen werden.

Im Vorfeld der Klimakonferenz in Katowice im Dezember 2018 wurde die dramatische Verschlechterung der Klimasituation von unterschiedlicher Seite unterstrichen. Die Internationale Energieagentur (IEA), eher eine Pro-Energie-Lobby, legte Ende 2018 eine Studie vor, wonach es einen »anhaltenden Anstieg des CO_2-Ausstoßes« geben würde. Festgestellt wurde: »Setzt sich der Trend fort, ist der Klimawandel nicht zu bremsen.« Die Weltwetterorganisation (WMO) veröffentlichte im November 2018 ihren Jahresbericht, in dem es heißt: »Es gibt keine Anzeichen für eine Umkehrung des Trends, der zu langfristigem Klimawandel, dem Meeresspiegelanstieg, der Versauerung der Meere und mehr extremen Wettersituationen beiträgt.« Der Weltklimarat

IPCC (Intergovernmental Panel on Climate Change), das von den Vereinten Nationen eingesetzte Wissenschaftlergremium, erklärte in einem ebenfalls im Vorfeld des Katowice-Gipfels vorgelegten Sonderbericht, dass das 1,5-Grad-Celsius-Ziel »nur noch mit radikalen Maßnahmen erreicht« werden könne. Hans Joachim Schellnhuber, Gründungsdirektor des Potsdam-Instituts für Klimafolgenforschung, beschrieb in einem Interview irritiert die kaum noch rationalen Reaktionen auf die Warnungen der Klimaforschung: »Es herrscht eine seltsame Gelassenheit. Wir steuern im Irrsinnstempo auf eine unbeherrschbare globale Situation zu, [...] aber viele Medien berichten nur noch mit gequälter Beiläufigkeit darüber.« Schellnhuber erwies sich 25 Jahre lang als eher zurückhaltender, aber engagierter Klimaforscher. Inzwischen hofft er auf eine »Weltbürgerbewegung«, die zwei vor zwölf dem Rad in die Speichen greift.[20]

Der ständig wachsende Autoverkehr, der explosionsartig sich steigernde Flugverkehr und die globalisierte Container-Schifffahrt, die ebenfalls rasant anwächst, sind für gut ein Viertel derjenigen Emissionen verantwortlich, die für die Klimaerwärmung entscheidend sind. Auf den KfZ-Verkehr allein entfällt rund ein Fünftel aller das Klima schädigenden Emissionen. In allen drei Bereichen gibt es Verkehrswachstum und steigende Emissionen.

Beim Straßenverkehr geht es dabei durchaus auch um Diesel-Pkw. Das deutsche Umweltbundesamt widerspricht ausdrücklich der Behauptung der Autohersteller und einiger Regierungen, Diesel-Pkw würden das Klima schonen. Da Diesel-Pkw überwiegend schwere Pkw mit einem deutlich überdurchschnittlich hohen Kraftstoffverbrauch sind, ist ihr Anteil auch beim Ausstoß der klimaschädigenden Kohlendioxide durchaus beträchtlich. In der Summe sind es jedoch in erster Linie die Benzin-Pkw, die in einem wachsenden Maß zur Klimabelastung beitragen. Wobei auch bei den Benzinern Betrug im Spiel ist. 2001 lag der reale Kraftstoffverbrauch von Diesel- und Benzin

---

20. Interview in: *Süddeutsche Zeitung* vom 15. Mai 2018. Schellnhuber in diesem Interview: »Ich dachte früher immer, es sei unpolitisch, den Einzelnen in die Pflicht zu nehmen. Aber jeder sollte verdammt noch mal tatsächlich etwas beitragen. Wir haben uns alle viel zu lange aus der Verantwortung gestohlen. Ja, wir müssen alle Kohlekraftwerke schließen, ja, Deutschland muss auf 100 Prozent erneuerbare Energien gehen, aber Sie und ich können von heute auf morgen beschließen, kein Fleisch mehr zu essen und keine Langstreckenflüge mehr zu machen.«

getriebenen Pkw »nur« um knapp 10 Prozent über dem offiziell ausgewiesenen Verbrauchswert. 2018 betrug diese Diskrepanz knapp 40 Prozent.[21]

In Deutschland, das sich als Musterland für nachhaltigen Klima-und Umweltschutz ausgibt, gestand Ende 2017 die damals neu gebildete Bundesregierung ein, die selbst gesetzten Klimaziele nicht einhalten zu können. Dabei war es Angela Merkel, die erklärt hatte: »Die weltweite Umweltkrise ist zugleich eine Entwicklungskrise in allen Ländern der Welt; sie ist Folge einer Lebens- und Wirtschaftsweise gegen die Natur.« Deutschland sei »der Motor des Umweltschutzes in Europa«. Das war allerdings 1992 auf dem Umweltforum der CDU; Angela Merkel war damals »nur« Umweltministerin.[22] In Katowice war die deutsche Vertretung eher zurückhaltend und auch mal kleinlaut. Auf die Frage »Will sich Deutschland freikaufen für sein Scheitern an den eigenen Klimazielen?«, antwortete die deutsche Umweltministerin Svenja Schulze: »Wir helfen. Punkt.« Auf die Vorhaltung, das Umweltministerium mache keine konkreten Vorgaben für Emissionsreduktionen im Verkehrssektor, antwortete Schulze, man werde nun das »alte Spiel, dass nur das Umweltministerium die Vorschläge macht und alle anderen sagen, was alles nicht geht«, nicht mehr spielen. Stattdessen mache sie »es jetzt so, dass alle relevanten Ressorts sich selbst überlegen sollen, wie sie zum CO_2-Einsparen beitragen können. Und alle stehen damit vor der Wahl, ob sie Geld in CO2-Zertifikate aus dem Ausland stecken oder lieber in eine moderne, klimaverträgliche Infrastruktur bei uns.«[23]

Die für die letzten zwei Jahrzehnte offiziell behaupteten Reduktionen des durchschnittlichen Spritverbrauchs fanden – Klimaanlagen und anderen technischen Schnickschnack berücksichtigend – weitgehend nur auf dem Papier statt. Was auch heißt: Die realen Treibhausgase aller Pkw (und auch diejenigen

21. Die Daten zur Lücke (exakt 39 %) zwischen den Herstellerangaben und dem echten Kraftstoffverbrauch wurden von der unabhängigen Forschungsorganisation ICCT (International Council on Clean Transportation), dem Mitenthüller des VW-Abgasskandals, erhoben und u. a. veröffentlicht in: *Auto Bild* vom 11. Januar 2019. Bei einem durchschnittlichen Pkw entspricht die Differenz 400 Euro Mehrausgaben pro Jahr. https://www.autobild.de/artikel/spritverbrauch-herstellerangabe-gegen-testwerte-1129421.html [abgerufen am 13.1.2019]

22. Union in Deutschland (UiD) Extra, 17/1992; https://www.kas.de/c/document_library/get_file?uuid=07f6db58-0e26-4e89-7132-d1592d450546&groupId=252038 [abgerufen am 12. 1.2019]

23. Interview bei *Spiegel online* vom 11. Dezember 2018. http://www.spiegel.de/wissenschaft/natur/svenja-schulze-auf-der-cop24-in-katowice-zahlt-deutschland-zu-viel-a-1243159.html [abgerufen am 28.12.2018]

der Lkw) sind deutlich höher als behauptet. Die Schädigung des Klimas ist entsprechend größer. Im Zeitraum 2010 bis 2017 stiegen nach Angaben des Statistischen Bundesamtes in Wiesbaden die Kohlendioxid-Emissionen, die der in Deutschland verkehrenden Pkw-Flotte zuzurechnen sind, um 6 Prozent auf 115 Millionen Tonnen CO_2. Dafür werden drei Gründe genannt: Erstens der gewachsene Fahrzeugbestand. 2010 waren 41,8 Millionen Autos zugelassen; 2017 waren es mit 46 Millionen Fahrzeuge rund 10 Prozent mehr. Zweitens stieg die Fahrleistung im gleichen Zeitraum um 9 Prozent (auf rund 642 Milliarden Kilometer). Und drittens stieg vor allem die Motorleistung. 2010 lag diese noch bei durchschnittlich 130 PS je Pkw; 2017 waren es 150 PS. Der leicht gesunkene Durchschnittsverbrauch (offiziell von 7,4 Liter je 100 Kilometer auf 7,2 Liter) konnte den Anstieg an Emissionen lediglich abschwächen.

Vergleichbare Zahlen liegen für Österreich vor, wo im angegebenen Zeitraum das Wachstum der Pkw-Zahl sogar deutlich höher und das Wachstum der übrigen Kraftfahrzeugarten nochmals größer war.[24]

Die Bilanz: Der Straßenverkehr ist zunehmend entscheidender Treiber der Klimaerwärmung. Behauptet wird – beispielsweise in einer Studie im Auftrag des (katholischen) Bischöflichen Hilfswerks Misereor e.V., von Brot für die Welt – dem Evangelischen Werk für Diakonie und Entwicklung –, und von der Umweltorganisation Powershift:»Die zügige Abkehr vom Verbrennungsmotor ist aus Gründen der Umwelt- und Klimagerechtigkeit dringend geboten. Elektroautos mit Akkuspeicher sind die derzeit beste Option, um Verbrennungsmotoren zu ersetzen.«[25]

Die Krise der Städte – die Zerstörung von Urbanität

Die Krise der Städte hat vielfältige Ursachen. Die hohen und vielfach explodierenden Bodenpreise und Mieten und der wachsende Flächenverbrauch, den der Autoverkehr beansprucht, sind wichtige Faktoren. Ein weiterer Faktor

24. Am 31.12.2010 waren in Österreich 6,092 Millionen Kfz, darunter 4,44 Millionen Pkw registriert. Am 31.12.2018 waren es 6,895 Millionen Kfz bzw. 4,979 Millionen Pkw. Das Wachstum der Kfz lag bei 13,2 %, dasjenige der Pkw bei 12,1 %.
25. Titel der Studie»Weniger Autos, mehr globale Gerechtigkeit. Diesel, Benzin, Elektroantrieb. Die Antriebstechnik allein macht noch keine Verkehrswende«, erschienen im November 2018.

für den Verlust von Stadtqualität ist die Verlärmung, wobei hier der Straßenverkehr mit Abstand der wichtigste Verursacher ist.

In erster Linie ist die Krise der Städte inzwischen von der schlechten Luftqualität bestimmt. Laut Weltgesundheitsorganisation (WHO) sterben derzeit jährlich acht Millionen Menschen an den Folgen der Luftverschmutzung im weiteren Sinn. Dabei soll es allein aufgrund der Feinstaubbelastung zu 4,5 Millionen Todesfällen pro Jahr kommen.[26] Der Straßenverkehr ist wesentliche Ursache für die Feinstaubbelastung in den städtischen Zentren. Er entsteht beim Verbrennen fossiler Kraftstoffe in Motoren oder Kraftwerken, aber auch durch Abrieb von Reifen und Bremsen sowie durch das Aufwirbeln von Staub.

In den meisten Ballungsgebieten liegt die Feinstaubbelastung dauerhaft um ein Vielfaches über dem WHO-Grenzwert.[27] 80 Prozent der Menschen, die in den Städten leben, atmen verschmutzte Luft ein. In den armen Ländern atmen laut Weltgesundheitsorganisation sogar 98 Prozent der Menschen Luft ein, die massiv die Gesundheit gefährdet. In den Städten der hochindustrialisierten Staaten wiederum ist die Luft zwar generell weniger belastet. Hier sind es jedoch wiederum die Bevölkerungsschichten mit den niedrigen Einkommen, die in Wohngegenden mit einer Luftqualität, die oft derjenigen in den Drittwelt-Metropolen entspricht, leben.

Unter den zehn Städten der Welt mit besonders hoher Luftverschmutzung befinden sich vier indische (Gwalior, Patna, Allahabad und Raipur) und zwei chinesische (Xingtai und Baoding). In allen diesen Städten enthält

26. Ersteres ist eine WHO-Berechnung (nach: www.who.int/phe/health_topics/outdoorair/databases/cities/en/; abgerufen am 10.1.2019), das letztere eine Studie eines Teams um den Wissenschaftler Jos Lelieveld vom Max-Planck-Institut für Chemie in Mainz, veröffentlicht am 2. Juli 2018 (https://www.scinexx.de/news/geowissen/45-millionen-feinstaub-tote-pro-jahr; abgerufen am selben Tag).

27. Bei den Messungen der Feinstaubbelastung wird zwischen Feinstaub mit einem Durchmesser von weniger als 10 Mikrometern (»PM10«) und Feinstaub mit einem Durchmesser von weniger als 2,5 Mikrometern (»PM 2,5«) unterschieden. Die Weltgesundheitsorganisation (WHO) empfiehlt mit Blick auf die vom Feinstaub ausgehenden Gesundheitsgefahren 1. als Jahresmittel bei PM 10 20 µg/m³, 2. als Jahresmittel bei PM 2,5 10 µg/m³, 3. als Tagesmittel bei PM 10 50 µg/m³ (*ohne* zulässige Tage, an denen eine Überschreitung möglich ist) und 4. als Tagesmittel bei PM 2,5 25 µg/m³ - ebenfalls *ohne* zulässige Tage, an denen eine Überschreitung möglich ist. Die Richtwerte der WHO liegen deutlich unter den rechtswirksamen Grenzwerten der EU. In der EU gelten beispielsweise bei der PM-10-Konzentration 50 µg/m³ im Tagesmittel, die jedoch an bis zu 35 Tagen im Kalenderjahr überschritten werden dürfen.

ein Kubikmeter Luft mehr als das Zehnfache an Feinstaub als der Wert, den die WHO als nicht bedenklich einstuft (10 Mikrogramm). In den genannten chinesischen Städten liegt dieser Wert beim Elffachen, in den indischen Städten Gwalior und Allahabad beim 17-Fachen, in der iranischen Stadt Zabol gar beim 21-Fachen. Die Feinstaubbelastung in den international bekannten Metropolen Teheran, Peking, Delhi ist nur unwesentlich geringer als in den erwähnten Großstädten im Iran, in China und in Indien.

Auf der chinesischen Website *Sixth Tone* berichtete Zhao Xiaogang, ein Chirurg an einem Lungenkrankenhaus in Shanghai: »Der starke Anstieg von Lungenkrebs ist eng mit der Luftverschmutzung verbunden.« Vor zehn Jahren habe sein Krankenhaus jährlich 1000 bis 2000 Operationen an der Lunge ausgeführt, mittlerweile seien es »mehr als 10.000. Soviel wie nirgendwo in China, vielleicht nirgendwo auf der Welt.«[28]

Ende 2017 war die Luftqualität über der indischen Hauptstadt Delhi so schlecht und der »tödliche Giftnebel« so dicht, dass die indische Regierung Notstandmaßnahmen ergriff, Bauarbeiten stoppte, den Lastwagenverkehr stark begrenzte, Schulen zeitweilig schließen ließ. Die US-amerikanische Fluggesellschaft United Airlines stellte für mehrere Tage ihre Flüge von und nach Delhi ein. Begründung: »Die Flugsicherheit ist nicht mehr gewährleistet.«[29]

Auch in vielen deutschen und österreichischen Städten werden die WHO-Grenzwerte für Feinstaub deutlich überschritten. Allerdings gelten in der EU Grenzwerte, die deutlich großzügiger bemessen sind; diese – unzureichenden! – Feinstaub-Grenzwerte werden dann in deutlich weniger Städten überschritten.[30]

---

28. Zitiert bei Kai Strittmatter, »Halt mal die Luft an«, in: *Süddeutsche Zeitung* vom 9. Januar 2017.

29. Petra Kolonko, »Ein Schlachtplan gegen den Smog«, in: *Frankfurter Allgemeine Zeitung* vom 16. November 2017.

30. »Nur an der verkehrsnahen Messstation am Stuttgarter Neckartor wurde mit 45 Tagen erneut der Grenzwert überschritten (PM10-Tagesmittelwerte über 50 µg/m³ an mehr als 35 Tagen im Jahr). Allerdings sollen laut Weltgesundheitsorganisation (WHO) die Werte an höchstens drei Tagen pro Jahr über 50 µg/m³ liegen. Dieses Ziel überschritten 87 % aller Messstationen in Deutschland.« So das Umweltbundesamt: https://www.umweltbundesamt.de/presse/pressemitteilungen/luftqualitaet-2017-rueckgang-der [abgerufen am 10.1.2019] In Österreich führte die »Überschreitungsstatistik« des (österreichischen) Umweltbundesamtes für den Zeitraum 1.1.2019 bis 12.1.2019 18 Messstellen (die 15 Städten zuzuordnen sind) auf, bei denen

Die Bilanz: Die Krise der Städte erfährt derzeit eine neue Steigerung. Das Elektroauto – in China bezeichnet als Autoverkehr mit New Energy Vehicles (NEV) – scheint da eine Perspektive zu weisen. Eine Studie, die im Auftrag der Rosa-Luxemburg-Stiftung erstellt wurde und von dieser verbreitet wird, heißt es: »Die Städte der Zukunft werden [...] auf Nachhaltigkeit angewiesen sein. Deshalb wird es in ihnen keinen Platz für Individualverkehr mit Verbrennungsmotoren mehr geben.«[31]

Dieselgate & Autokartell

Ein Jahrzehnt lang haben die Autokonzerne, angeführt von VW, die Software der Dieselmotoren so manipuliert, dass die Schadstoff-Grenzwerte nur auf dem Prüfstand eingehalten werden. In freier Wildbahn, auf den Straßen und Plätzen, wird das Vielfache des Erlaubten in die Stadt- und Landluft geblasen. Es gibt in diesem Zusammenhang konkrete Ansatzpunkte für organisierte Kriminalität. So ein 11-seitiges Dokument aus dem Audi-Konzern mit der Überschrift »Risikoeinschätzung« aus dem Jahr 2013, in dem detailliert der Code zur Manipulation der Dieselmotoren beschrieben und argumentiert wird, es handle sich um illegale Betrugssoftware, die im Fall der Aufdeckung massive juristische und finanzielle Konsequenzen nach sich ziehen würde.[32] Im Herbst 2018 wurde publik, dass die VW-Tochter Audi sogar Fahrgestellnummern gefälscht hatte, um Audi-Pkw mit Dieselmotoren mit unzulässig hohen Schadstoffemissionen nach Südkorea exportieren zu können. Die besondere Rolle, die Audi in dem Dieselskandal spielt, dürfte dazu beigetragen haben, dass der langjährige und vielfach gefeierte Audi-Boss Rupert Stadler 2018 immerhin ein Vierteljahr in einem Gefängnis verbringen musste.[33]

die Feinstaubbelastung höher als der in Österreich geltende Grenzwert lag. Siehe: http://www.umweltbundesamt.at/ueberschreitungen/

31. Timo Daum, Das Auto im digitalen Kapitalismus. Dieselskandal, Elektroantrieb, Autonomes Fahren und die Zukunft der Mobilität, Berlin, März 2018.
32. Siehe *Handelsblatt* vom 21. Juli 2017.
33. »Fälschungen aus Ingolstadt. Audi betrog offenbar auch Behörden und Kunden mit manipulierten Abgaswerten. [...] Für die Testprotokolle verwendeten die Audi-Leute gefälschte Fahrgestellnummern, um die wahren Werte zu verschleiern.« In: *Handelsblatt* vom 9. Oktober 2018.

Nach Auffliegen von Dieselgate wurde auch bekannt, dass es mehr als zwei Jahrzehnte lang geheime, bis ins Detail durchorganisierte Treffen aller deutschen Autokonzerne gab, auf denen offensichtlich unter anderem die gemeinsame Diesel-Strategie – in den USA unter dem Label »Clean Diesel« vermarktet – abgesprochen wurde. Die Kartell-Geheimtreffen fanden in einer Zeit statt, als die Manipulation bei den Dieselmotoren ihren Ursprung nahm. Da inzwischen für Daimler und Porsche ebenfalls Manipulationen bei den Dieselmotoren festgestellt wurden, spricht sehr viel dafür, dass die Betrugssoftware bei Dieselmotoren ein wesentliches Element der Kartellabsprachen war. Zumal es ziemlich genau seit zwei Jahrzehnten die explosionsartige Steigerung der Diesel-Pkw-Verkäufe gibt. 1995 lag in Deutschland der Anteil von Diesel-Pkw bei Neuzulassungen bei 14,5 Prozent; ein Wert, den es in ähnlicher Höhe seit Jahrzehnten gab. Bis 2016 jedoch war dieser Wert auf 45,9 Prozent hochgeschnellt. In absoluten Zahlen und hier den Gesamtbestand an Pkw betreffend: Im Jahr 1998 waren in Deutschland 41,4 Millionen Pkw zugelassen, darunter 5,4 Millionen oder 13 Prozent Dieselautos. 2016 waren es dann bereits 45,1 Millionen Pkw, darunter 15,1 Millionen oder 33,5 Prozent Diesel-Pkw. In Österreich machten 1995 Diesel-Pkw am Gesamtbestand 23 Prozent aus – 2016 waren es bereits 57 Prozent; nochmals mehr als in Deutschland.[34]

Für den engen Zusammenhang von Dieselgate und Autokartell spricht auch die Tatsache, dass sich die deutschen Pkw-Hersteller spätestens 2000 darauf einigten, in ihren Diesel-Pkw nur kleine AdBlue-Tanks einzubauen. AdBlue ist ein Harnstoff-Wassergemisch, mit dem die Stickoxide in den Motoren zu einem größeren Teil neutralisiert werden können, womit also der Ausstoß dieser stark gesundheitsschädlichen Emissionen reduziert wird. Das *Handelsblatt* zitierte 2017 aus dem oben erwähnten Papier der deutschen Autohersteller, datiert auf den 1. April 2010, mit der Überschrift »Clean Diesel Strategie«. In diesem ist explizit von einem »Commitment der deutschen Automobilhersteller auf Vorstandsebene« die Rede, »künftig kleine AdBlue-Tanks« zu verwenden.[35] Diese sind seither mit zwischen acht und zwölf Litern

---

34. 1995 waren in Österreich 3,594 Millionen Pkw registriert, davon 826.540 mit Diesel-Motoren. 2016 waren es 4,822 Millionen Pkw und davon 2,749 Millionen Dieselautos.
35. Siehe *Handelsblatt* vom 21. Juli 2017.

so gering dimensioniert, dass das AdBlue bei normalem Dauereinsatz spätestens nach 5000 bis 6000 Kilometern oder nach rund acht Tankfüllungen verbraucht wäre. Doch alle deutschen Hersteller von Diesel-Pkw beruhigen ihre Kunden damit, dass ein Nachfüllen der AdBlue-Behälter mit der klebrigen Flüssigkeit nur alle rund 30.000 km erforderlich wäre und dass dies im Rahmen der Kundendienstintervalle stattfände. Ausdrücklich heißt es in der zitierten Präsentation: »Kunde darf mit AdBlue nicht in Berührung kommen«. Was nur heißen kann: Der Einbau illegaler Abschaltvorrichtungen war fest eingeplanter Teil des Systems. Nur mit einer geheimen Software, die die AdBlue-Einspritzung dann erheblich reduzierte oder gar ganz abschaltete, wenn der Pkw nicht auf einem Prüfstand stand, war es vorstellbar, den Vorrat an Harnstoff-Flüssigkeit über die 30.000-Kilometer-Distanz zu strecken. Damals wurde stillschweigend festgelegt: Der Schutz der Motoren geht vor dem Schutz der menschlichen Gesundheit.

Inzwischen wird alles getan, den Vertrauensverlust erstens auf VW zu begrenzen und zweitens nur dessen Dieselmotoren als Motoren mit einer »Mogel-Software« erscheinen zu lassen. Dabei spricht viel dafür, dass so gut wie alle Autohersteller mit Diesel-Pkw im Programm mit vergleichbaren – die menschliche Gesundheit gefährdenden – Tricks arbeiteten. Und sehr viel spricht dafür, dass es ähnliche kriminelle Manipulationen auch bei Pkw mit Benzin-Motoren gibt. Eineinhalb Jahre *vor* Bekanntwerden von »Dieselgate« konnte man im Autolobby-Blatt *Auto Bild* lesen: »Um den Verbrauch [eines Autos] auf dem Prüfstand zu messen, muss vorher der Fahrwiderstand ermittelt werden. Dazu werden Fugen abgeklebt, Spiegel demontiert [...] Klimaanlagen werden ausgebaut [...] Dazu erkennen Steuergeräte, wenn eine Messfahrt vorliegt. Die Autos sind inzwischen auf diese Minimal-Last hin konstruiert. Hieß es früher: ›Turbo läuft – Turbo säuft‹, sollen jetzt ausgerechnet aufgeladene Motoren sparen. Das tun sie nur auf dem Prüfstand, wenn wenig Leistung gefordert wird.«[36] Wohlgemerkt: Als dies in dem zitierten Blatt der Autolobby, das von rund 350.000 Menschen gelesen wird, geschrieben wurde, gab es noch keinen Dieselskandal, war »Dieselgate« ein Fremdwort.

36. *Auto Bild* vom 14. Februar 2014.

Die Erklärung, warum »Dieselgate« 2015 überhaupt zu einem globalen Skandal wurde, lautet: Es war primär die internationale Konkurrenz – die Macht der US-Autolobby –, die den Skandal ins Rollen brachte und die VW & Co. in die Knie zwang. Das war 2015 so, als die US-Umweltbehörden aktiv wurden. Und das war 2018 so. Es war die *New York Times*, die 2018 erstmals darüber berichtete, dass die deutschen Konzerne VW, Daimler, BMW, Porsche und Bosch 2007 zur »wissenschaftlichen Begleitung« ihrer Verschwörung die »Europäische Forschungsvereinigung für Umwelt und Gesundheit im Transportsektor (EUGT)« gegründet hatten und dass diese bis ins Jahr 2017 hinein ethisch mehr als bedenkliche Tests durchgeführt hatte, bei denen Affen und Menschen Dieselabgasen ausgesetzt wurden.

Was wiederum heißt: Noch ist die Umweltbewegung nicht stark genug und noch sind die demokratischen Kräfte allein zu schwach, um die vorherrschende Arroganz der Autoindustrie-Macht ins Bewusstsein zu rücken. Übrigens: Hätte es 2015 ein Freihandelsabkommen TTIP (oder ein vergleichbares Abkommen) gegeben, dann wäre die kriminelle Manipulation bei Dieselmotoren nie zum Skandal geworden. Alle Pkw, die irgendwo im TTIP-Gebiet »ordnungsgemäß« zugelassen geworden wären, wären dann im gesamten Bereich des Freihandelsabkommens zugelassen. Danach wäre selbst eine Überprüfung von Schadstoffwerten durch staatliche Institutionen (wie dies die US-Umweltbehörde bei VW 2014/15 vornahm) unzulässig. Offensichtlich ist auch, dass der Dieselskandal nicht unter einem US-Präsident Donald Trump aufgedeckt worden wäre. Trump hatte 2017 an die Spitze der US-Umweltbehörde EPA mit Scott Pruitt einen Leugner des Klimawandels gesetzt. Dieser musste zwar im Juli 2018 zurücktreten. Sein Nachfolger an der EPA-Spitze, Andrew Wheeler, war früher Kohlelobbyist; er verfolgt in Sachen Klimapolitik weitgehend die gleichen Zielsetzungen wie Pruitt und Trump.

Seit der Aufdeckung von Dieselgate mussten VW und Porsche in den USA viele Zehntausend Diesel-Pkw mit extrem hohen Stickstoffdioxid-Emissionen zurücknehmen; die Kunden in den USA erhielten dafür im Austausch neue Pkw mit niedrigeren Emissionen oder auch einen ziemlich hohen Dollar-Betrag. Viele dieser Pkw landen nun jedoch in anderen Regionen, etwa in Russland (hier z. B. über den Umweg eines ersten Exports in einen baltischen Staat) und in anderen osteuropäischen Ländern. Ein Hersteller deutscher Luxus-Pkw ging sogar dazu über, in Deutschland Belegschaftsangehörige, auch Betriebsräte, mit auf diese Weise repatriierten Diesel-Pkw zu versorgen – oder sollte man schreiben, »zu bestechen«? Was in den USA wegen massiver Beeinträchtigung der menschlichen Gesundheit verboten ist, ist schließlich bei uns erlaubt. Was den Lungen der US-Bürgerinnen und Bürger – zu Recht! – nicht zugemutet werden kann, wird den Lungen der Menschen in Europa (ganz zu schweigen von Drittweltländern) zugemutet. Dabei geht es in Europa nicht, wie in den USA, »nur« um einige zehntausende Pkw mit diesen extrem gesundheitsschädigenden Abgaswerten. Es sind viele Millionen Diesel-Pkw – oftmals Modelle, die weitgehend typengleich sind mit denen, die in den USA nicht mehr im Verkehr zugelassen sind –, die auf unserem Kontinent mit nur minimalen Einschränkungen (»Software-Updates«) weiter verkehren dürfen.

Vergleichbar sieht es auf der politischen Ebene aus. Die CDU-Kanzlerin Angela Merkel – Ex-Umweltministerin und nach eigenem Verständnis »Klimakanzlerin« – tönte: »Der Dieselmotor ist unverzichtbar für den Klimaschutz«. Der grüne Ministerpräsident von Baden-Württemberg, Winfried Kretschmann, knarzte: »Ich hab mir einen Diesel zugelegt [...] Neulich habe ich für meinen Enkel eine Tonne Sand geholt: Da brauch' ich einfach ein gescheit's Auto«.[37] Vergleichbar verbunden mit den Autokonzernen zeigte sich die österreichische Regierung. Der FPÖ-Verkehrsminister Norbert Hofer stellte klar, dass es ein Fahrverbot für Dieselfahrzeuge in Österreichs Städten nicht geben werde. »Über vergleichbare Maßnahmen wie in Deutschland« werde »nicht ernsthaft beraten. [...] In Österreich werden seit vielen Jahren die modernsten Dieselmotoren der Welt mit niedrigsten Emissionswerten gebaut. Die derzeitige Debatte ist sachlich nicht gerechtfertigt und gefährdet zudem Arbeitsplätze in Österreich.«[38]

Wie weit die Zusammenarbeit der Regierungen mit den Autokonzernen geht, wurde in Niedersachsen deutlich. Stephan Weil, SPD-Ministerpräsident

37. Merkel-Zitat nach: *Süddeutsche Zeitung* vom 15.9.2017; Kretschmann-Zitate nach: *Stuttgarter Zeitung* vom 9. April 2017 und *swr aktuell* vom 21. Mai 2017.
38. Nach: https://www.fpoe.at/artikel/norbert-hofer-keine-fahrverbote-fuer-dieselfahrzeuge/ [abgerufen am 13.1.2019]

dieses deutschen Bundeslandes, in dem VW seinen Unternehmenssitz hat, ließ die Entwürfe seiner Dieselgate-Landtagsreden jeweils vorab dem VW-Vorstand zukommen; die VW-Bosse schrieben die Reden entsprechend den Konzerninteressen um. Wobei Weil sich zu Recht darüber entrüstete, dass man sich überhaupt entrüstet. Schließlich gibt es die enge Zusammenarbeit zwischen der niedersächsischen Landesregierung und dem VW-Konzern seit vielen Jahren. Der Regierungschef des Bundeslandes ist gleichzeitig Aufsichtsratsvorsitzender des VW-Konzerns; das Land ist VW-Großaktionär. Aus dem Jahr 2012 liegt ein Dokument vor, das belegt, wie der Verantwortliche der Hannoveraner Staatskanzlei zur Vorbereitung eines *Handelsblatt*-Interviews mit dem damaligen CDU-Ministerpräsidenten David McAllister den Verantwortlichen in der VW-Abteilung für »Investors Relations« wie folgt anschrieb: »Wäre toll, wenn Du das aktualisierte VW-Wording einfügen könntest.«[39]

Man muss also wissen, dass bei Reden und Interviews von Ministerpräsidenten (in Hannover, Mainz, Stuttgart, München, Erfurt, also in Bundesländern mit VW-Standorten) und bei entsprechenden Äußerungen der Kanzlerin (sei es Merkel I, Merkel II, Merkel III oder Merkel IV) zum Thema Autoindustrie die PR-Abteilungen der Autokonzerne sich oft bauchrednerisch betätigen.

Es soll auch weiter die Möglichkeit für Betrug geben: Das neue, 2017 eingeführte, EU-weite Verfahren zur Messung der Abgaswerte (»Real Driving Emissions – RDE«) enthält sogenannte Thermofenster. Danach fahren auch in Zukunft angeblich saubere Diesel-Pkw zu einem Teil im »Schmutzmodus«. Kritisch wird auch gesehen, dass die sogenannten RDE-Messungen einen Teil der in der Realität vorkommenden Fahrtsituationen ausklammern, z. B. werden im Autobahn-Zyklus (»CADC MW150«) Autobahnfahrten lediglich bis Tempo 150 km/h berücksichtigt – und dies angesichts Tempofreiheit auf einem großen Teil des bundesdeutschen Autobahn-Netzes. Die Anhebung des Tempolimits in Österreich auf Tempo 140 km/h auf ersten ausgewählten Autobahnabschnitten legt ebenfalls nahe, dass diese Beschränkung dazu führen wird, dass die offiziellen Verbrauchswerte geschönt sind. Es war nicht Jürgen Resch von der Deutschen Umwelthilfe (DUH), es war erneut das Blatt

39. *Süddeutsche Zeitung* vom 10.8.2017.

Auto Bild, das wie folgt kommentierte: »Die Beschlüsse des Diesel-Gipfels sind wertlos, solange [...] Thermofenster und andere Abschalteinrichtungen die Abgasreinigung außer Kraft setzen.«[40]

Bei der Debatte um Diesel-Pkw geht es erneut um die massive Belastung der Gesundheit von Millionen Menschen. Diesel-Pkw emittieren besonders viel Stickoxid – Stickstoff-Monoxid (NO) und Stickstoffdioxid (NO_2). Stickstoffdioxid kann zu Atemnot, Husten, Bronchitis und Lungenödemen führen. Es steigert Atemweginfekte, mindert die Lungenfunktion und wird mit einer Zunahme von Herz-Kreislauf-Erkrankungen in Verbindung gebracht. Dabei verursachen Diesel-Pkw rund zwei Drittel der direkten NO_2-Emissionen innerhalb von Ortschaften.

Der Umweltorganisation Deutsche Umwelthilfe (DUH) kommt das Verdienst zu, in größerem Umfang zur Aufdeckung des Diesel-Skandals beigetragen zu haben. Sie führte 2018 unter dem Motto »Decke auf, wo atmen krank macht« in eigener Regie eine Stickstoffdioxid-Messaktion durch. In einem aktuellen DUH-Newsletter wurde diese folgendermaßen bilanziert: »Mit unserer bundesweiten Messaktion konnten wir bereits nachweisen, dass in über 115 Städten die Stickstoffdioxid-Grenzwerte überschritten werden – mit verheerenden Folgen: Das Dieselabgasgift führt zu 12.860 vorzeitigen Todesfällen und über 800.000 Neuerkrankungen jedes Jahr. Vor allem Kinder sind den Auspuffrohren besonders nah und daher den giftigen NO_2-Abgasen besonders ausgesetzt. Und was tut die Bundesregierung? Seit über drei Jahren hält die Regierung schützend ihre Hand über die betrügerischen Autohersteller – und dies auf Kosten der Umwelt und Bürger. Die schmutzigen Diesel fahren auch heute noch unbehelligt als Giftgasschleudern »durch unsere Innenstädte«.[41]

Die deutschen Mainstream-Medien, die in erheblichem Maß von den Anzeigen der Autokonzerne abhängig sind, führen eine Schmutzkampagne

40. *Auto Bild* Nr. 35/2017. Am 13. Dezember 2018 entschied das Gericht der Europäischen Union, dass die sogenannten RDE-Konformitätsfaktoren (sie wurden im Oktober 2015 beschlossen und relativieren die Euro-6b-Grenzwerte) über Faktor 1 für Pkw und Lkw nicht rechtmäßig sind, weil sie die Grenzwerte erhöhen. Die Europäische Kommission prüft nun das Urteil und das Einlegen einer Berufung.
41. Newsletter der DUH von Mitte 2018 (ohne Datum); nach: http://www.duh.de/newsletter/wo-atmen-krank-macht-alle-ergebnisse-unserer-messaktion/ [abgerufen am 10.1.2019]

gegen die DUH durch und diffamieren diese als »Abmahnverein« und – so ein Artikel in der *Stuttgarter Zeitung* – als »dubiose Truppe«, die keinen Anspruch auf Gemeinnützigkeit habe. Derart eingestimmt beschloss die Regierungspartei CDU am 8. Dezember 2018 auf ihrem Parteitag »zu prüfen, ob die Deutsche Umwelthilfe (DUH) noch die Kriterien für die Gemeinnützigkeit erfüllt.« Darüber hinaus solle – so derselbe Beschluss – die CDU in der Bundesregierung »darauf hinwirken, dass in künftigen Haushalten keine Mittel mehr für die DUH etatisiert werden.«[42]

Auf diese Weise wird ein Umweltverband existentiell bedroht. Kritisiert wird, dass die DUH »systematisch Profit zieht aus Fehlern, die Händlern und Maklern bei der Kennzeichnung des Energieverbrauchs von Geräten und Autos unterlaufen.« So ein Kommentar in der *Stuttgarter Zeitung* vom 20. November 2018. Verschwiegen wird dabei, dass im Zentrum der DUH-Arbeit die Kritik an den illegalen Abschalteinrichtungen der Autokonzerne steht und dass es um Millionen Menschen geht, deren Gesundheit von den Autoherstellern mit diesen »defeat devices«, die in krasser Beschönigung meist als »Schummelsoftware« bezeichnet werden, geschädigt wird. Gleichzeitig konnten die Autohersteller in Europa jahrelang behaupten, eine Hardware-Nachrüstung für Diesel-Pkw mit hohen NO_x-Emissionen sei nicht realisierbar, zu teuer oder eine solche brächte eine zu geringe Schadstoffreduktion.

Am 2. Januar 2019 veröffentlichte der mächtige deutsche Automobilclub ADAC einen Artikel unter der Überschrift »Diesel-Nachrüstung: ADAC-Test beweist Wirksamkeit«. In diesem heißt es: »Nach Einbau der verschiedenen Diesel-Umrüstsysteme sinken diese Emissionen im ADAC-Test um 60 bis 80 Prozent. Damit drücken sie den NO_x-Ausstoß der Testfahrzeuge auf oder unter den Grenzwert von 270 Milligramm pro Kilometer (mg/km), den die Große Koalition beim Dieselkompromiss in die Diskussion gebracht hat.«[43] Geht doch!, kann man dazu nur sagen. Doch die Autokonzerne behaupteten seit Aufdeckung des Diesel-Skandals, also drei Jahre lang, dass eine solche

---

42. Siehe Peter Streiff, Bizarre Lokal-Journaille – Deutsche Umwelthilfe im Visier der Stuttgarter Tageszeitungen, in: *Lunapark21*, Januar 2019, S. 13.
43. https://www.adac.de/rund-ums-fahrzeug/abgas-diesel-fahrverbote/dieselkauf-abgasnorm/hardware-nachruestungen/

Hardware-Nachrüstung nicht machbar sei. Es gelang ihnen dabei lange Zeit auch zu vertuschen, dass sie in dieselben Diesel-Pkw-Modelle, bei denen sie in Europa erklärten, diese seien nicht nachrüstbar, in den USA längst und mit Erfolg in Serienfertigung erstellte Hardware-Nachrüstsätze zur NO_x-Reduktion einbauen.

Mehr als zwei Jahre lang wurde seitens der Autokonzerne und seitens der letzten beiden deutschen Bundesverkehrsminister[44] verschwiegen, dass die Deutsche Umwelthilfe seit Jahren auf die Existenz solcher wirksamen Nachrüstsysteme hingewiesen hatte. In allen diesen Jahren galt jedoch »Motorschutz geht vor Gesundheitsschutz«. Vor allem ging es darum, den Diesel-Skandal dazu zu nutzen, ein neues Sonderkonjunkturprogramm für die Autokonzerne zu realisieren. Was auch gelang: Anstelle einer Hardware-Nachrüstung, die maximal 1500 Euro gekostet hätte (wobei die Umrüstung eigentlich die Autohersteller hätten zahlen müssen), verkauften in Europa mehr als eine Million verunsicherte Diesel-Pkw-Besitzer ihre Autos, um für 20.000 Euro und mehr einen Neuwagen zu kaufen. Hunderttausende der derart entsorgten Diesel-Pkw wurden nach Osteuropa verschoben. Bereits im Jahr 2017 stieg die Zahl der aus Deutschland exportierten gebrauchten Dieselautos gegenüber dem Vorjahr um ein Fünftel auf 240.000 Fahrzeuge. 2018 gab es eine weitere Steigerung. Das heißt, diese Diesel-Pkw mit besonders hohen NO_2-Emissionen schädigen nun anstelle deutscher polnische, tschechische, ungarische und baltische Lungen. Kühl bilanzierte die *Frankfurter Allgemeine Zeitung*: »Die osteuropäischen EU-Staaten warnen schon seit geraumer Zeit davor, dass die wegen Diesel-Fahrverboten und strikten EU-Klimazielen in den wohlhabenderen Mitgliedsstaaten ausgemusterten Autos auf ihren Gebrauchswagenmärkten landen. Während die wohlhabenden Staaten ihre Luft und Klimabilanz verbesserten, werde es den anderen dadurch umso schwerer gemacht, die Vorgaben der Europäischen Union zu erreichen.«[45]

Der materielle Schaden, den die Autokonzerne mit Dieselgate erleiden, hält sich eher in engen Grenzen. Trotz dieses Jahrhundertskandals erzielten

44. Alexander Dobrindt übte dieses Amt zwischen 2013 bis 2017 aus. Seit Ende 2017 ist Andreas Scheuer deutscher Bundesverkehrsminister. Sie sind beide Mitglieder der CSU.
45. Freie Fahrt für alte Diesel in Osteuropa, in: *Frankfurter Allgemeine Zeitung* vom 9. Oktober 2018.

die drei Autohersteller VW, Daimler und BMW 2018 einen addierten Rekord-gewinn von mehr als 35 Milliarden Euro.[46]

Im Übrigen kommt es zu immer neuen Weiterungen des Diesel-Skandals, in dem inzwischen auch die Geschichte von VW im Zusammenhang mit dem NS-Regime thematisiert wird.[47] In der Bevölkerung herrscht generell der Eindruck, dass die Konzerne eine schmutzige Politik betreiben – hinsicht-lich der Umwelt und des Klimas und der dabei zur Anwendung kommenden Methoden. In einem Interview äußerte der Automobil-Experte Stefan Bratzel, angesprochen auf die »Versuche an Affen und Menschen« mit Autoabgasen: »Wenn ich in diesen Wochen Gespräche führe, gerade mit sogenannten ganz normalen Leuten, dann sind die nicht mehr überrascht, sondern sagen: Na klar, sowas machen die. Die Menschen scheinen der Autoindustrie inzwischen fast alles zuzutrauen. Ein solches Ausmaß an Glaubwürdigkeitszerfall hätte ich nicht für möglich gehalten.«[48]

Bilanz: Die Autobranche genoss jahrzehntelang ein hohes Ansehen in der Bevölkerung. Das hat sich mit dem Dieselskandal erheblich verändert. Die Branche befindet sich zumindest in Europa in einer tiefen Glaubwürdigkeits-krise. Die spektakuläre Inhaftierung des Renault-Nissan-Chefs Carlos Ghosn im November 2018, seine mehrwöchige Inhaftierung in Japan und die damit einhergehende weitgehende Ausschaltung des juristischen Grundgedankens

---

46. Im 1. Halbjahr 2018 lag der addierte Gewinn von VW, Daimler und BMW bei 19,6 Milliarden Euro. 2017 lagen die addierten Gewinne im gesamten Jahr bei 35 Milliarden Euro – bereits dies war ein Rekordergebnis.

47. Der US-Anwalt Michael Melkersen, der 300 VW-Kunden in einem Prozess gegen den deutschen Autokonzern vertritt, tauchte Anfang 2018 in der Netflix-Dokumentation »Dirty Money« auf, die Dieselgate zum Thema hat. Er macht dabei einen Nazi-Vergleich und führt aus: »Natürlich kann man nicht anders, als in der Geschichte an eine andere Serie von Ereignissen zurückzudenken, bei denen Menschen von einer Person vergast wurden, die bei der Eröffnung der ersten Volks-wagenfabrik eine Rede gehalten hat.« Eingeblendet wurde dann ein Bild von Adolf Hitler, der vor der Miniaturversion eines VW-Käfers steht. Kurz darauf ist die Nachstellung der VW-Abgastests zu sehen, die VW in einem Forschungslabor im US-Bundesstaat New Mexico durchführen ließ. Völlig verängstigte Tiere sitzen in Kästen, in die weißer Rauch eingeleitet wird. VW hat gegen den Auftritt von Michael Melkersen scharf protestiert, diesen als »aufrührerisch« bezeichnet und verlangt, dass der zur Debatte stehende Prozessbeginn um sechs Monate verschoben wird, da »unter den gegenwärtigen Umständen kein fairer Prozess möglich« sei. Nach: Roland Lindner, »Affentests und Nazi-Vergleiche«, in: *Frankfurter Allgemeine Zeitung* vom 10. Februar 2018.

48. Interview in: *Süddeutsche Zeitung* vom 20. Februar 2018.

»in dubio pro reo« in den Mainstream-Medien, konnte auf dem Boden dieser Glaubwürdigkeitskrise der Autobranche gedeihen.[49]

Die Konzentration auf Elektro-Pkw, die die Autokonzerne spätestens seit 2018 verfolgen, hängt auch mit Dieselgate zusammen. Auf diese Weise kann von dem Skandal abgelenkt werden. Der Umweltjournalist Manfred Kriemer: »Es ist kein Zufall, dass die Skandalmeldungen um manipulierte Motorentechnik und die neue Aufbruchstimmung hin zur Elektromobilität zusammenfallen.«[50]

49. Die *Frankfurter Allgemeine Zeitung* (20.11.2018) schrieb: »Das lebende Denkmal bekommt tiefe Risse. Die schweren Vorwürfe gegen Carlos Ghosn, den Konzernlenker von Nissan-Renault, werfen Schatten auf die Bilanz eines Alleinherrschers.« In der Süddeutschen Zeitung (20.11.2018) war zu lesen: »Carlos Ghosn treibt die Gier nach Größe – und nach Geld.« Die »schweren Vorwürfe« waren derart windig, dass die japanische Staatsanwaltschaft im Dezember 2018 und Januar 2019 jeweils neue vortragen musste, um die weitere Inhaftierung zu rechtfertigen. Der bislang schwerste Vorwurf lautete auf zu niedrig angegebene – und versteuerte – Bezüge seitens Nissan, wobei es umgerechnet um 15 bis 25 Millionen Euro gehen soll, die in einem Zeitraum von mehreren Jahren nicht versteuert wurden. Das rechtfertigt keine monatelange Inhaftierung. In Wirklichkeit dürfte es um ganz anderes gehen: Die japanische Autoindustrie ist deutlich erstarkt, die französische schwächelt – und Nissan will sich aus der Beherrschung durch Renault befreien.

50. Manfred Kriener, »China elektrisiert«, in: *Le Monde Diplomatique*, Februar 2017. Der Autor irrt dann gewaltig, wenn er im selben Beitrag schreibt: »Der [...] Drache China wird langsam zum Saubermann.«

Kapitel 3
Die Zyklen der Autobranche und
die Zyklen der Reformprojekte

Zum Auftakt des Wolfsburger Automobilkongresses der Grünen wurde am Freitagabend ein düsteres Szenario ausgebreitet, als sich auf dem Podium zum Thema »Manipulation des Menschen durch das Auto« VW-Vorstandsmitglied Professor Dr. Ulrich Seiffert und der politische Publizist Dr. Winfried Wolf zum Streitgespräch trafen. Seiffert hielt dagegen: »Wir kennen die Probleme [...] In fünf bis sechs Jahren wird das Elektrohybridfahrzeug auf dem Markt sein.« [...] Man müsse »Technik und Mensch miteinander verknüpfen«. Technik und Mensch gehörten nicht zusammen, stellte Wolf klar, »höchstens insofern, dass das Auto eine bestimmte Funktion der Ersatzbefriedigung hat«. Die Autogesellschaft rase »in die perfekte Sackgasse.«

Wolfsburger Nachrichten vom 24. Oktober 1988

Die Autoindustrie ist die wichtigste industrielle Branche im globalen kapitalistischen System. Das heißt nicht, dass es die größte Branche ist. Die Textilindustrie ist hinsichtlich der Beschäftigtenzahl deutlich größer. Im Autoland Deutschland wiederum hat der Maschinenbau wesentlich mehr Arbeitsplätze als die Autobranche. Auch ist hier die Exportquote noch höher als im Fahrzeugbau. In Österreich landet der Maschinenbau auch hinsichtlich des Umsatzes auf Rang 1.[51]

Grundsätzlich interessant ist auch, dass es nur sehr wenige Länder sind, in denen die Autoindustrie tonangebend ist. Allerdings sind es dann ausgesprochen mächtige Staaten: an der Spitze steht das Quartett USA, China, Deutschland und Japan; das sind zugleich vier Länder, die im weltweiten

---

51. Der Maschinenbau zählt in Deutschland 1,2 Millionen Beschäftigte – gegenüber 820.000 Beschäftigte in der Autoindustrie (die Zulieferer bereits eingeschlossen). Der Maschinenbau-Umsatz lag 2017 bei 220 Mrd. Euro, wovon 75 % oder Maschinen im Wert von 165 Mrd. Euro ins Ausland gingen. Die BRD-Autobranche hatte im selben Jahr einen Umsatz von 420 Mrd. Euro; Kfz im Wert von 270 Mrd. Euro wurden exportiert.

Kapitalismus tonangebend sind. Dieses Quartett wird gefolgt von der nicht ganz so starken Dreier-Gruppe mit den Autoländern Frankreich, Italien und Südkorea. Es gibt einige andere Länder mit relevanter Autoindustrie, allerdings ohne eigenständige Autoindustrie.[52]

Die Autobranche ist jedoch die »wichtigste« Industrie in der globalen Wirtschaft im Sinne von die »wirkmächtigste«. Die enorme Kapitalkonzentration im Fahrzeugbau – rund ein Dutzend Autokonzerne vereinen 80 Prozent der Weltautoproduktion auf sich – und der einmalige *Charakter der Nachfrage nach Kraftfahrzeugen*, von der das gesamte kapitalistische System durchdrungen wird, machen sie zur Leitbranche.[53] Sie ist auch Leitstern im Zyklus des Weltkapitals und war in den vergangenen Zyklen mitbestimmend für das Auf und Ab von Welt-Bruttoinlandsprodukt und Welthandel.

Die Autoindustrie war bislang eng mit der Ölbranche verbunden. Der Begriff »fossiler Kapitalismus« charakterisiert diese Branche treffend: In

52. Solche weiteren Länder sind z. B. Spanien, die Slowakei, Tschechien, Schweden und Indien. In diesen Ländern gibt es jedoch keinen Firmensitz eines Weltautokonzerns (Volvo in Schweden wird vom chinesischen Konzern Geely kontrolliert; Maruti in Indien gehört zu Suzuki; Mini und Rolls Royce in Großbritannien sind BMW-Töchter und Skoda in Tschechien ist eine VW-Tochter.) In Spanien haben u. a. VW, Renault-Nissan und Ford Fertigungsstätten. In der Slowakei halten VW, PSA und KIA große Produktionsstätten, in Ungarn Suzuki und Mercedes. Wichtig dabei ist auch, dass in Ländern mit traditioneller Autoindustrie, so in Italien, Frankreich, Spanien, Großbritannien und Schweden, in den letzten 15 Jahren das Gewicht der Autobranche deutlich rückläufig war.

53. Die Kfz-Fertigung zielt auf vier unterschiedliche Nachfragearten. (1) Bei der klassischen Fertigung von kleinen und Mittelklasse-Pkw ist die Kundschaft die durchschnittliche Bevölkerung, überwiegend lohnabhängig Beschäftigte. Dieser Bereich zielt auf die kaufkräftige Massennachfrage (oder, wenn man die Marx'schen Kategorien nimmt, auf das »variable Kapital«, das in Löhnen und Gehältern ausbezahlte Arbeitseinkommen). (2) Der Bereich des – zunehmend wichtigen – Luxus-Pkw-Segments zielt auf die Nachfrage von Selbständigen, von Unternehmen und von den mit diesen verbundenen Personengruppen. Hier resultiert die Nachfrage überwiegend aus denjenigen Teilen des Mehrwerts m (der Gewinne), die individuell konsumiert werden. (3) Der Bereich der Nutzfahrzeuge (Lkw) wiederum zielt auf die Nachfrage von Unternehmen, u. a. auf diejenigen Teile des Mehrwerts m (der Gewinne), die reinvestiert werden, und auf den Ersatz des abgeschriebenen Fuhrparks (in der marxistischen Terminologie auf Ersatz von konstantem Kapital c). (4) Schließlich orientieren die Bereiche Rüstung (Geländewagen) und Bus-Herstellung auf die staatliche Nachfrage. Diese breite »Ausstrahlung«, die der Fahrzeugbau hat, ist im Weltkapitalismus einmalig. Autokonzerne, die viele oder gar, wie im Fall Daimler, alle diese Nachfragesegmente bedienen, sind in der Regel weniger anfällig für die zyklischen Krisen der Branche. Das Phänomen Tesla wiederum ist auch deshalb interessant, weil dieser Konzern in einer Periode der gewaltigen Reichtumsanhäufung zu mehr als 90 Prozent auf die Nachfrage der Reichen (die sich aus dem Mehrwert, den Gewinnen, speist) orientiert.

dieser sind Hersteller von Autos mit Motoren, die Ölderivate – Diesel und Benzin – verbrennen, tonangebend. Nun wird in aktuellen Studien behauptet, die Öl- und Autobranche hätten ihr Gewicht im globalen Kapitalismus verloren; zumindest sei sie im Niedergang befindlich. Diese Aussage wird dann auch dazu herangezogen, um die Behauptung zu unterstützen, es existiere ein neuer »digitaler Kapitalismus«, der u. a. das Zeitalter der Elektromobilität einläute. So heißt es in der bereits zitierten Schrift »Das Auto im globalen Kapitalismus«: »Damals [2007 oder 2008; W.W.] gehörten noch neun der zehn größten Unternehmen der Welt zur Öl- und Autoindustrie. Heute sind es nur noch fünf. [...] Aus den fünf größten Unternehmen der Internet-Ökonomie – Google, Amazon, Facebook, Apple und Microsoft – sind mittlerweile die fünf mächtigsten Unternehmen der Welt geworden.«[54]

Diese These hält der Konfrontation mit der Wirklichkeit nicht stand. Das Gewicht von Öl und Auto unter den zehn größten Konzernen der Welt ist seit Jahrzehnten annähernd gleich geblieben. Im gesamten Block der Global 500 – also der 500 größten Unternehmen in der Welt – ist das Gewicht dieser Gruppe bis 2012 sogar noch gewachsen. 2018 entfielen rund ein Drittel des Gesamtumsatzes der »Global 500« auf Öl, Auto und Flugzeugbau.[55] Zwar gibt es einen Aufstieg der »Internet-Ökonomie«; doch diese ersetzte teilweise andere Konzerne. Vor allem sind die genannten Unternehmen bisher hinsichtlich ihres realen Gewichtes noch relativ weit abgeschlagen. Wobei dieses reale Gewicht sich vor allem nach dem Umsatz bemisst. Dafür können auch die Profite herangezogen werden; auch hier ergibt sich ein vergleichbares Bild, zumal die Gewinne in der »Internet-Ökonomie« oft gering sind; oder es werden – wie bei Tesla – fast ausschließlich Verluste eingefahren. Wobei der zitierte Autor sich durchaus auch auf den Umsatz und hier sogar auf dieselbe Standardquelle, wie wir sie im Folgenden verwenden, auf die Statistik der »Global 500« des US-Magazin Fortune, bezieht.

---

54. Timo Daum, Das Auto im digitalen Kapitalismus, a. a. O., S.13.
55. Siehe Winfried Wolf, Die »Global 500«, in: *Lunapark21*, Heft 27, Herbst 2014; und derselbe, »Grüner Kapitalismus oder braune kapitale struktur«, in: *Lunapark21*, Heft 19, Herbst 2012.

Beschränken wir uns, wie auch in der Publikation »Das Auto im digitalen Kapitalismus« erfolgt, auf die zehn größten Konzerne der Welt, dann sieht das Bild wie in Tabelle 1 aus.

Tabelle 1: Die zehn größten Konzerne der Welt 1990-2017 und die Zahl der Öl- und Autokonzerne in dieser Gruppe (nach Umsatz in US-Dollar und auf Basis der »Global 500«-Statistik)

Rang	1990	1995	1999	2008	2013	2016	2017
1	GM [A]	Mitsubi-shi**	GM [A]	Shell [Ö]	Walmart	Walmart	Walmart
2	Royal Dutch Shell [Ö]	Mitsui & Co*	Walm-art**	Exxon [Ö]	Shell [Ö]	State Grid	State Grid
3	Exxon [Ö]	Itochu **	Exxon [Ö]	Walm-art**	Sinopec [Ö]	Sinopec [Ö]	Sinopec [Ö]
4	Ford [A]	GM [A]	Ford [A]	BP [Ö]	China National Petro-leum [Ö]	China National P. [Ö]	China Natio-nal P. [Ö]
5	IBM	Sumi-tomo*	Daimler-Chrysler [A]	Chev-ron [Ö]	Exxon [Ö]	Toyota [A]	Shell [Ö]
6	Toyota [A]	Maru-beni **	Mitsui & Co.	Total [Ö]	BP [Ö]	VW [A]	Toyota [A]
7	IRI *	Ford [A]	Mitsubi-shi	Conoco [Ö]	State Grid *****	Shell [Ö]	VW [A]
8	BP [Ö]	Toyota [A]	Toyota [A]	ING****	VW [A]	Berk-shire Hatha-way***	BP [Ö]
9	Mobil [Ö]	Exxon [Ö]	GE	Sinopec [Ö]	Toyota [A]	Apple	Exxon [Ö]
10	GE [General Elec-tric]***	Shell [Ö]	Itochu	Toyota [A]	Glen-core******	Exxon Mobil [Ö]	Berk-shire Hatha-way
Öl- bzw Auto-kon-zerne	4+3 = 7 „fossil"	2+3 = 5 „fossil"	1 + 4 = 5 „fossil"	7 + 1 = 8 „fossil"	5 + 2 = 7 „fossil"	4 + 2 = 6 „fossil"	5 + 2 = 7 „fossil"

Ö = Ölkonzern – A = Autokonzern // * Mischkonzern // ** Handelsunternehmen // *** GE = Misch- und Finanzkonzern mit industrieller Basis im Turbinenbau // *** Finanzunternehmen // ***** Versorger // ****** Rohstoffkonzern

Danach blieb der Anteil der Öl- und Autokonzerne unter den zehn größten Konzernen der Welt stabil.[56] Mit den beiden Ausnahmejahren 1995 und 1999 waren unter den zehn Größten in der Regel sieben Öl- oder Autokonzerne, also Unternehmen, die den »fossilen« Kapitalismus in besonderer Weise repräsentieren. Im Jahr 2017 wurde diese Gruppe sogar wieder stärker. Die zitierten Internetkonzerne hingegen lagen auf der Fortune-Liste im Geschäftsjahr 2017 auf den folgenden Rängen: Apple Rang 11, Amazon Rang 18, Alphabet (= Google) Rang 52, Microsoft Rang 71 und Facebook Rang 274.[57]

In jedem Fall kann festgehalten werden: Die traditionelle Autobranche ist auch heute noch die führende Industrie im weltweiten Kapitalismus. In Verbindung mit der Ölbranche, die den Stoff fast aller Automobil-Träume liefert, ist sie seit vielen Jahrzehnten tonangebend. In der Regel befinden sich unter den zehn mächtigsten Unternehmen der Welt sieben Öl- und Autokonzerne.

Nun ist diese Autobranche nicht nur tonangebend; sie ist auch »Taktgeber«. Die weltweite Autobranche bewegt sich ebenso wie die Weltwirtschaft selbst in einer zyklischen Form. Dieser Zyklus stellte sich für die internationale Autoindustrie erstmals nach dem Zweiten Weltkrieg Mitte der 1970er-Jahre ein. Seither gab es fünf weltweite Zyklen – und auch fünf Branchenkrisen. 2019 befinden wir uns am Ende eines sechsten Nachkriegszyklus. Der Zyklus der Fahrzeugbranche verläuft weitgehend parallel mit dem des Welt-BIP – und die internationale Autoindustrie dürfte aufgrund des beschriebenen Gewichts einen erheblichen Einfluss auf den Verlauf des Welt-BIP-Zyklus haben.

Für die Debatte um den Elektro-Pkw ist nun von besonderem Interesse, dass es parallel zu diesen Zyklen immer neue *Debatten über eine immanente Reform der Automobilität* gibt. In der Regel werden diese Debatten

56. Basis »Global 500« und die entsprechenden Ausgaben des Wirtschaftsmagazins *Fortune*; bzw. https://de.wikipedia.org/wiki/Fortune_500_500#2000

57. Die Behauptung, die fünf Internet-Konzerne seien »die mächtigsten der Welt« geworden, bezieht sich möglicherweise auf die Börsenkapitalisierung, also auf den Wert des Aktienkapitals. Diese Werte sind allerdings in erheblichem Maß volatil und spekulativ; sie dürften in einer kommenden Krise deutlich sinken.

durch Branchenkrisen bzw. Glaubwürdigkeitskrisen der Autoindustrie ausgelöst. Bislang erlebten wir fünf solcher Krisenzyklen mit kombinierten Reformdebatten-Zyklen.

Krise 1973-75 – erster globaler Autobranche-Zyklus 1975–1980 – und eine erste Reformdebatte mit »autofreien Tagen«

1972 hatte die Produktion der Weltautoindustrie das Rekordniveau von 30 Millionen Pkw erreicht. Gegenüber dem letzten Rekordniveau des Jahres 1960 mit 16,5 Millionen war dies eine Steigerung um 82 Prozent – die höchste überhaupt in der jüngeren Vergangenheit.

Der Preis für Rohöl stieg dramatisch an; es kam 1973 zur »Ölkrise«. Diese mündete 1974/75 in eine allgemeine Wirtschaftskrise. Dabei kam es auch zur ersten Krise der Weltautobranche nach dem Zweiten Weltkrieg. Die Weltautoproduktion ging um 12 Prozent zurück (um 4,5 Millionen Kfz auf 25,5 Millionen). Die Krise der Autoindustrie und die der Weltwirtschaft bildeten eine Einheit – was seither für alle weiteren Branchen und auf die internationalen Krisen zutraf.

1974/75 handelte es sich um die erste Krise seit 1929, die die alten kapitalistischen Zentren Nordamerika und Westeuropa erfasst (und Japan allerdings nur gestreift) hatte. In Westdeutschland war diese Krise vor allem mit der Krise von VW und mit dem einmaligen Niedergang des Modells »Käfer« verbunden. 1971 wurden noch 1 Million Käfer produziert; 1974 waren es 432.000. Dabei gab es bei VW eine »Käfer«-Monokultur: Fast 90 Prozent der Produktion konzentrierte sich auf dieses Modell. Erst 1974 begann die Produktion des Modells »Golf« (und hier der ersten »Golf«-Generation).

In dieser Krise gab es eine erste, weltweit geführte Reformdebatte. Die Abhängigkeit von Öl war deutlich geworden. In Brasilien wurde in der Folge mit dem Programm *Proálcool* in großem Maßstab auf agrarische Kraftstoffe, auf Ethanol gesetzt, das aus Zuckerrohr gewonnen wird. VW war damals in Brasilien Marktführer; der Konzern kooperierte eng mit der seit 1964 im

Land herrschenden Militärdiktatur.[58] Der Konzern setzte voll auf dieses erste »Biosprit-Programm«: Anfang der 1980er-Jahre waren 90 Prozent der bei VW do Brasil vom Band rollenden Autos für Ethanol-Betrieb ausgerüstet. Das Programm stellte eine gigantische Verschwendung dar und trug zu Hungersnöten in den Zuckerrohr-Anbaugebieten bei. Bereits 1984 zog der *Spiegel* die folgende desaströse Bilanz: »Der Treibstoff für einen alkoholgetriebenen Kleinwagen, der 11.000 Kilometer im Jahr fährt, erfordert nach Rechnungen des Washingtoner Worldwatch Institute 16,5mal so viel Land wie ein Kleinbauer braucht, um sich mit dem Lebensminimum zu versorgen.«[59]

In Westdeutschland und in Teilen von Westeuropa kam es im Gefolge der Krise zu einer – im Rückblick betrachtet ungemein weitreichenden – Reformdiskussion, in der erstmals das Auto umfassend als zentrales Mobilitätsinstrument kritisiert wurde. In mehreren Ländern Westeuropas gab es »autofreie Sonntage«, an denen der private Pkw-Verkehr untersagt war. In der Bundesrepublik Deutschland wurde ein »Energiesicherungsgesetz« und mit diesem vier autofreie Sonntage und Tempolimits beschlossen. Laut Wikipedia nutzten »viele Bundesbürger staunend die seltene Möglichkeit, einmal eine Autobahn zu Fuß oder per Fahrrad zu erkunden.«[60] Auch in der Schweiz wurden drei »autofreie Sonntage« angeordnet. Nach Medienberichten machte die Bevölkerung daraus ein Volksfest: Die Straßen wurden zu Fahrrad- und Rollschuhbahnen, Spaziergänger flanierten auf großen Verkehrsachsen. In Österreich wurde für etwa drei Jahre den Autofahrern bundesgesetzlich ein autofreier Tag pro Woche verordnet. Dieser Wochentag war persönlich wählbar, wurde in die Kfz-Steuerkarte und durch einen Zettel hinter der Windschutzscheibe ausgewiesen.

58. 2015 hatte eine »Wahrheitskommission« in Brasilien den VW-Konzern dazu aufgefordert, die damalige Zusammenarbeit zwischen VW und den Militärs in den Jahren 1994 bis 1985 aufzuarbeiten. Ende 2017 legte der Historiker Christopher Kopper einen im Auftrag des VW-Konzerns erstellten Bericht zu diesem Thema vor. Danach hat sich die Führung von VW do Brasil »uneingeschränkt loyal gegenüber der Militärregierung gezeigt. Dabei habe der Konzern auch von der Ausschaltung elementarer Arbeiterechte profitiert«. Berichte u. a. in *Handelsblatt* und *Frankfurter Allgemeine Zeitung,* jeweils vom 15. Dezember 2017. Der *Handelsblatt*-Artikel war überschrieben mit »Folter auf dem Werksgelände«.

59. *Spiegel* vom 20.8.1984; siehe: http://www.spiegel.de/spiegel/print/d-13509311.html [abgerufen am 15.1.2019]

60. https://de.wikipedia.org/wiki/Autofreier_Tag [abgerufen am 16.1.2019].

In Westdeutschland wurden Forderungen nach einem generellen Verbot von Pkw-Verkehr in den großen Städten vorgetragen – in Westdeutschland unter anderem von der SPD. In einem Artikel des Magazins *Spiegel* war zu lesen: »Seit in Bonn Sozialdemokraten lenken, sind die Autofahrer der Republik auf schlechte Wegstrecke geraten. Eben noch Rollgut sozialen Fortschritts, soll die Kraftfahrt schon scharf gebremst werden: als Vehikel des Asozialen, das Umwelt nur mehr zerstört, zumindest unfreundlich macht. [...] Teurer werden neue Autos, wenn – wie es Städtebauminister Jochen Vogel will – bereits der Anschaffungspreis mit einer Verschrottungsgebühr von 100 bis 200 Mark belastet wird. [...] Das lärmend verkündete Tempo 100 auf Landstraßen ist falsch plaziert. [...] Hannovers Oberbürgermeister Herbert Schmalstieg hält die Aussperrung ›der Autos, der Geisel der Städte‹ für unausweichlich, und er will in seiner Kommune ›für Fußgänger paradiesische Zustände schaffen‹.«[61]

Die hier zitierten Positionen von maßgeblichen Politikern – die Bonner Regierung wurde von einer SPD-FDP-Koalition getragen; der Kanzler war der Sozialdemokrat Willy Brandt – stießen zwar auf Widerspruch, doch ebenso auf breite Zustimmung. Bereits 1970 – also ohne den äußeren Druck einer Krise – ergab eine im Auftrag der Gewerkschaft ÖTV (die später in Ver.di überging) repräsentative Umfrage: 75 Prozent der Bevölkerung forderten, dem Öffentlichen Personennahverkehr (ÖPNV) den Vorzug zu geben; 68 Prozent plädierten für »generelle Einschränkungen des Pkw-Verkehrs«. Selbst unter den befragten Autofahrern unterstützten 59 Prozent die zuletzt zitierte Forderung.[62]

Doch nichts von all dem wurde umgesetzt. Im Gegenteil: In Deutschland wurde – unter derselben SPD-FDP-Koalitionsregierung – das bis dahin größte Straßenbauprogramm realisiert, begleitet von einem Abbau der Schiene.[63] Das ist ein Beispiel dafür, dass die immer wieder zitierte These, die Automobilität sei in erster Linie Resultat der Wünsche in der Bevölkerung, nicht haltbar ist.

Die Weltautobranche erholte sich nach einer Krise mit rund 20 Monaten Dauer. In den USA wurde in der Folge erstmals der Katalysator eingeführt.

---

61. *Spiegel* 19/1973.
62. Zitiert in: Hans Dollinger, Die totale Autogesellschaft, München 1970, S. 37.
63. Das westdeutsche Autobahnnetz hatte 1970 eine Gesamtlänge von 4110 km; 1980 waren es 7292 km. Das Schienennetz war 1970 33.100 km lang; 1980 waren es noch 31.600 km.

In den auf die Branchenkrise folgenden Jahren standen neue Modellreihen mit »benzinsparenden Motoren« im Zentrum. In Deutschland gab es eine lange und irrationale Debatte über die Gurtanschnallpflicht (die 1976 als nicht sanktionsbewehrt eingeführt wurde, mit der Folge, dass weniger als 50 Prozent der Fahrer sich anschnallten).[64] Der Ölpreis ging kurzzeitig zurück.

Aus Sicht der Autokonzerne war vor allem wichtig, dass es zu einem neuen Boom des Autobaus kam. 1980 wurde mit 40 Millionen weltweit produzierten Pkw ein neuer Rekord erreicht.

Krise 1980/82 - zweiter Weltzyklus der Weltautoindustrie - neue Reformdebatte (»Waldsterben« und »Tempolimit«)

Der Boom währte nur rund vier Jahre. Bereits 1980 kam es zur Weltbranchenkrise Nr. 2. Den Auslöser bildete dabei ein zweiter massiver Anstieg des Rohölpreises auf ein Niveau, wie es – in festen Preisen – nur noch einmal 2009 erreicht wurde.

Zwischen 1980 und 1982 ging die weltweite Autoproduktion um 12 Prozent – in absoluten Einheiten um 5 Millionen Kfz, von 40 auf 35 Millionen – zurück. Der Rückgang wurde dadurch gemildert, dass die aufsteigende japanische Autobranche in diesen Jahren keine Rückgänge zu verzeichnen hatte – eine Situation, wie es sie 37 Jahre später, in der Krise 2008/09, in vergleichbarer Form gab, wobei nunmehr die chinesische Autoproduktion für die Abfederung sorgte.

Diese zweite Weltbranchenkrise war vor allem von der dramatischen Krise der US-Autoindustrie geprägt; die Fertigung der drei US-Konzerne GM, Ford und Chrysler brach um ein Drittel ein. Chrysler konnte damals nur mit massiver Staatshilfe vor dem Bankrott gerettet werden.[65] Der Niedergang der Autostadt Detroit, der bis heute andauert, nahm damals sei-

---

64. 1984 wurde die Gurtanlegepflicht erstmals sanktionsbewehrt; binnen weniger Wochen lag die Quote derjenigen, die sich anschnallten, bei mehr als 90 Prozent.
65. Ein größerer Teil dieser staatlichen Hilfe wurde ausgerechnet in der Zeit der Präsidentschaft des Neoliberalen Ronald Reagan ausgereicht.

nen Anfang – exzellent erzählt in dem Film »Roger & Me« von Michael Moore aus dem Jahr 1989. Die Arbeitslosenquote in der weltweit führenden Autometropole erreichte Ende 1982 25 Prozent – sie war damit so hoch wie im Depressionsjahr 1933.[66] Der Aufstieg der Automacht Japan, der damals unaufhaltsam erschien, führte zu protektionistischen Maßnahmen und der Androhung eines Handelskrieg. Lee A. Iacocca, der damalige außerordentlich populäre Chef des Chrysler-Konzerns, der vom *Wall Street Journal* als Präsidentschaftskandidat gehandelt wurde, äußerte: »Wir befinden uns in einem neuen Krieg mit Japan [...] Der gegenwärtige Krieg ist ein Handelskrieg. Wir gebaren mit unserer Hilfe für Japan nach dem Krieg ein Monster. Heute ist es etwa 35 Jahre alt [...], mit starken Muskeln. Es läuft auf dem amerikanischen Automarkt Amok.«[67]

Im Gefolge dieser Krise kam es zu einer zweiten internationalen Reformdebatte. In den USA standen dabei deutlich gesenkte Grenzwerte für Schadstoffemissionen im Zentrum, verbunden mit dem großangelegten Einstieg japanischer und koreanischer Autokonzerne in die Pkw-Fertigung auf US-Boden (»transplants«). In der Bundesrepublik Deutschland gab es lange Debatten über das – damals dramatische – »Waldsterben«, zu dem der wachsende Autoverkehr nachweislich und in erheblichem Maß beitrug. Es folgte im Februar 1985 ein »Großversuch Tempo 100«. Mit ihm sollte geprüft werden, wie stark sich die Schadstoffemissionen im Straßenverkehr durch eine Geschwindigkeitsbegrenzung reduzieren ließen. Da der »Versuch« – ähnlich wie bei der ersten Etappe der »Gurtanlegepflicht« – auf freiwilliger Basis stattfand, lagen die »Befolgungsquoten« auf den Strecken, die für den Großversuch ausgewählt worden waren, bei weniger als 30 Prozent.[68] Ende November 1985 konnte *Bild* schlagzeilen: »Millionen Bundesbürger

---

66. Siehe ausführlich: Winfried Wolf, Auto-Krieg. Konzerne rüsten für die Zukunft, Hamburg 1986.
67. Lee A. Iacocca, Eine amerikanische Karriere, Düsseldorf und Wien 1985, S. 386.
68. Der »Großversuch« war bewusst von vornherein als Groteske angelegt. Es gab zu diesem Zeitpunkt längst belastbare wissenschaftliche Untersuchungen (erstellt von der TU Berlin zusammen mit dem IFEU-Institut Heidelberg und eine weitere, erstellt vom Umweltbundesamt), die belegten, dass Tempo 100 zu einer erheblichen Schadstoffreduktion führen würde. Weitgehend ausgeklammert wurde in der Debatte, dass ein Tempolimit zu einem erheblichen Rückgang der Zahl der im Straßenverkehr Getöteten führt. Als in dieser Zeit in Dänemark ein striktes Tempolimit eingeführt wurde, halbierte sich die Zahl der Straßenverkehrsopfer.

können aufatmen«. Laut TÜV bestehe durch Tempo 100 »nur ein äußerst geringes Einsparpotential bei den Schadstoffemissionen«. Die Forderung nach einem Tempolimit, die seit Mitte der 1970er-Jahre von einer deutlichen Mehrheit der westdeutschen Bevölkerung unterstützt wurde, war damit vom Tisch. Stattdessen wurde über mehrere Etappen hinweg – und aufgrund des massiven Drucks der Autolobby mit immer neuen Verwässerungen – auch in Westdeutschland der Katalysator Pflicht. Die Schadstoffgrenzwerte in der EG (der späteren EU), die zugleich für westdeutsche Pkw verpflichtend wurden, lagen dabei dreimal höher als die Maximalwerte, die inzwischen in den USA und in Japan Gültigkeit hatten. Der damalige Bundesinnenminister Friedrich Zimmermann konnte als Bilanz dieser Reformdebatte verkünden, dass nunmehr »schadstoffarme Autos in Europa eine absolut steigende Zukunft« haben würden.[69]

Es kam zu einem neuen Boom in der Autoproduktion. In diesem verstummte die Kritik an der Pkw-Mobilität zunehmend. Dazu trug auch bei, dass in diesen Jahren der Ölpreis dramatisch sank und für zwei Jahrzehnte, bis Mitte der 2000er-Jahre, auf einem sehr niedrigen Niveau verharrte. Dies war auch eine Folge des achtjährigen irakisch-iranischen Krieges 1980-1988, auch als erster Golfkrieg bezeichnet. In seinem Verlauf warfen die beiden Ölförderländer zur Finanzierung des Kriegs Öl zu Dumpingpreisen auf den Markt. Der Westen unterstützte sinnigerweise beide Seiten - das Saddam-Hussein-Regime in Bagdad und die Chomeini-Regierung in Teheran – mit Rüstungsgütern und Krediten. Die de facto Gegenleistung bestand darin, dass der Ölpreis auf ein extrem niedriges Niveau fiel. Gleichzeitig sanken die Preise für Autokraftstoffe (Benzin und Diesel) und Kerosin. Letzteres war im Übrigen – zusammen mit der international vereinbarten Steuerfreiheit für Kerosin und der Liberalisierung des Flugverkehrs – ein wichtiger Treibsatz für das Entstehen der Billig-Airlines.

Die Weltautoproduktion boomte. Sie erreichte 1990 mit einer Fertigung von 48,2 Millionen Pkw weltweit ein neues Rekordniveau.

---

69. Angaben und Zitate im vorangegangenen Abschnitt nach: Winfried Wolf, Eisenbahn und Auto-wahn, Hamburg 1992, S. 386ff.

Krise 1991/92 - dritter globaler Zyklus der Weltautoindustrie – Reformdebatte um »Telematik« und das »Swatch-Mobil«

1991/92 gab es eine dritte zyklische Krise des internationalen Fahrzeugbaus. Sie fiel mit einem Einbruch von 7 Prozent (und einem absoluten Rückgang der weltweiten Kfz-Produktion um 2,5 Millionen Einheiten) deutlich milder aus als im Fall der beiden vorangegangenen Branchenkrisen. Grund dafür waren die neuen Expansionsmöglichkeiten des westlichen Kapitals nach Osteuropa, Russland und China, die mit dem Zusammenbruch der nichtkapitalistischen Systeme 1990/91 möglich geworden war.

Es gab einen neuen, den dritten Zyklus der Reformdebatte. Unter anderem wurden nunmehr die »integrierte Verkehrsplanung«, eine »integrierte Verkehrslogistik« und »Telematik« propagiert. Da »wir uns den Stau volkswirtschaftlich nicht mehr leisten können« und da »die Mobilität Grundlage der freien Persönlichkeitsentfaltung eines jeden Einzelnen und unabdingbare Voraussetzung für die volle Entfaltung der Wirtschaft« sei, müsse es zur »Anwendung elektronischer Zielführungssysteme« kommen, bei denen der »tatsächliche Fahrtverlauf von Ausgangspunkt bis zum Ziel ›mitgeschnitten‹ wird, um auch bei Abweichungen von der ursprünglich geplanten Fahrtstrecke erneut eine berichtigte Zielführung aufnehmen zu können«. Das ist nicht der Text aus einem Handbuch für autonomes Fahren aus dem Jahr 2018. Es handelt sich vielmehr um Passagen aus dem Programm des »Deutschen Verkehrsforums« aus dem Jahr 1992. Man war sich damals ganz sicher, dass »spätestens bis zum Jahr 2000 [...] Autoradio, Mobiltelefon und Navigation zu einem neuen Ganzen zusammenwachsen« und die Steuerung der Pkw weitgehend übernehmen würden. Eine vergleichbare Reformdebatte gab es im damaligen Autoland Nummer 1: »Here comes the thinking car«, lautete eine Überschrift im US-Blatt *Business Week*, in dem es hieß: »Noch in diesem Sommer werden GM und Motorola 5000 Autos mit einem auf Satelliten-Steuerung basierten Navigationsgerät ausstatten und ein Textprogramm mit dem Namen Advance durchführen.«[70]

---

70. *Business Week* vom 25. Mai 1992. Das Zitat wurde einem Artikel mit der Überschrift »Den elektronischen Beifahrern weisen Signale vom Himmel den Weg« aus der *Frankfurter Rundschau*

Dann gab es in den Jahren 1990 bis 1994 einen Hype um ein geplantes Swatch-Mobil, ein Stadtauto auf Basis eines Elektro-Motors oder eines Hybrid-Motors. Sein Protagonist war der Schweizer Uhren-Produzent Nicolas Hayek, zugleich Erfinder der Swatch-Uhr. Obgleich es bereits eine gemeinsame Firma von Hayek mit VW gab (SMH Volkswagen AG mit Sitz in Biel, Schweiz), machte am Ende Daimler (Mercedes) das Rennen. Doch heraus kam – mit Produktionsstart 1998 – ein Mini-Benziner mit der Bezeichnung »Smart«. Erst seit 2008 gibt es den Smart auch mit Elektromotor – er ist in der realen Autowelt jedoch nur in homöopathischer Dosierung unterwegs. Interessant und für die heutigen Debatten wichtig: Es ging so gut wie immer um Zweitwagen im Stadtverkehr (in der Werbung oft verbunden mit der Idee des »Querparkens«). Und es ging darum, die Debatte über Automobilität in kritischen Zeiten mit »neuen Ideen« zu füttern. So schrieb die *Wirtschaftswoche* damals: »Selbst wenn aus dem Swatch-Mobil nichts wird, kann der Uhrenprofi einen Triumph auf jeden Fall für sich verbuchen: Er hat der Branche mit wenig Aufwand viele neue Denkanstöße für das Auto der Zukunft geliefert.«[71] Im Rahmen dieser neuen Reformdebatte wurde auch mit »autofreien Innenstädten« experimentiert (»autofreies Bologna«).

Entscheidend aus Sicht der Autokonzerne war bei all diesen Reformdebatten erneut nur das eine: Ende 1993 begann ein neuer Autoboom. Auf seinem Höhepunkt kam es zur Übernahme von Chrysler durch Daimler, bald darauf ergänzt um die Übernahme von Mitsubishi durch Daimler. Beide Übernahmeprojekte scheiterten im Übrigen später kläglich – so wie die Übernahme von Nissan und Mitsubishi durch Renault bei Redaktionsschluss dieses Buches zu scheitern droht. Im Jahr 2000 wurde dann mit 58,4 Millionen Kfz ein neuer Produktionsrekord erreicht.

vom 23. September 1995 entnommen. Die Broschüre des Deutschen Verkehrsforums trug den Titel »Thesenpapier – Integrierte Verkehrslogistik« und datiert auf November 1993.
71. *Wirtschaftswoche* vom 12. Juli 1991. Übernommen wurde übrigens Hayeks Idee der »Speichertürme«. Gemeint sind die gläsernen turmartigen Parkhäuser für Smart-Automobile, die es längst auch für VW-Modelle und die Modelle anderer Autohersteller gibt. Wikipedia: »Hayek hatte die Vision, dass jeder, der alles hat, mindestens zusätzlich ein Smart-Automobil als Kultgegenstand besitzt, ›für zwei Personen und zwei Kasten Wasser‹ und dieses quasi im Vorbeigehen erwirbt (in Analogie zu den Swatch-Uhren).« Das entspricht ziemlich genau der Mentalität »Wir fahren durch die Welt, als hätten wir eine zweite Welt im Kofferraum.«

Krise 2000/01 - vierter globaler Zyklus der Weltautoindustrie – neue Reformdebatte mit »Biosprit« und Tesla-Gründung

Die vierte Branchenkrise 2000/2001 fiel noch milder aus als die vorangegangene. Es gab einen Rückgang der Weltautoproduktion um 3,5 Prozent (oder absolut um 2 Millionen Kfz). Der massive Auto-Boom, der inzwischen in China eingesetzt hatte und die weiter hohe Nachfrage nach Pkw in Osteuropa federten den Rückgang in der Krise ab.

Mit der Krise und vor allem in den Jahren ab 2002, als der Rohölpreis deutlich anstieg und das Thema »peak oil« immer drängender erschien, entwickelte sich eine neue Reformdebatte. Nunmehr wurden »Biokraftstoffe« als Lösung für die Verknappung der Ölvorräte und als Beitrag zur Reduktion der das Klima schädigenden Emissionen propagiert. Bereits 2001 hatte sich der Weltklimarat der Vereinten Nationen (IPCC) grundsätzlich positiv zum Einsatz »flüssiger Biokraftstoffe« geäußert. In späteren Stellungnahmen machte dieses UN-Gremium dann zwar weitreichende Rückzieher. Doch seither werden weltweit immer größere Flächen, die zur Lebensmittelproduktion dienten oder dienen könnten, für solche Agrokraftstoffe eingesetzt. Raps, Palmöl und Soja sind die wichtigsten Pflanzen für sogenannten Biodiesel. Aus Gerste, Mais, Weizen, Zuckerrübe und Zuckerrohr wird der pflanzliche Zusatz für Benzin wie E10 gewonnen. 2014 wurde in der EU der Biosprit-Anteil im Benzin und Diesel auf 6 Prozent festgelegt. E10 enthält sogar bis zu 10 Prozent Ethanol.[72]

In der neuen Reformdebatte spielte nun auch das Elektroauto erstmals eine gewisse Rolle. US-Konzerne hatten in den vorausgegangenen Jahren bereits erste Elektromodelle entwickelt, für die eine Serienfertigung vorgesehen waren, so GM das Modell HX3. Und im Gegensatz zur Idee des Stadtautos und des »Swatch-Mobil« war dies bereits ein »Elektro-Riese mit Hilfsmotor«; das GM-Modell brachte es auf ein Gewicht von 1,8 Tonnen.[73] Der Milliardär Elon Musk knüpfte an dieser Entwicklungslinie an und gründete 2003, am

---

72. Zur Kritik des »Biosprits« siehe: Bernhard Knierim, Essen im Tank, Warum Biosprit und Elektroantrieb den Klimawandel nicht aufhalten, Wien 2013 (Promedia), Seiten 27-70.
73. Rolf Häring, 3 Motoren – amerikanische Autozukunft, in: ADAC *Motorenwelt* 5/1991.

Beginn des neuen Aufschwungs der Branche, das Elektroauto-Unternehmen Tesla. Er setzte damit ebenfalls auf die Herstellung großer, schwerer und teurer Elektro-Pkw – und damit bewusst auf den Luxus-Sektor. Das erste von Tesla produzierte Modell, Model S, wog dann 2,1 Tonnen – knapp das Doppelte eines durchschnittlichen Pkw bzw. das Dreifache des VW-Käfers – und hatte einen Grundpreis von 78.000 Euro. Musk knüpfte damit auch an der Hayek-Swatch-Idee an: das neue Auto als luxuriöses Extra. Ferdinand Dudenhöfer vom Car-Center Automotive Research an der Universität Duisburg-Essen brachte das wie folgt auf den Punkt: »Tesla ist nicht mit Müsli-Autos zum Hype geworden, elektrische Kleinwagen wie der Mitsubishi i-MiEV sind selbst mit hohen Rabatten nicht zu verkaufen.« Und Dudenhöfer meint, dass solche Kleinwagen mit Elektromotor *heute* nicht zu verkaufen seien; schließlich benötige »das Elektroauto Tesla-Gene.« [74]

So verblüffend es zunächst klingen mag, doch die Tesla-Strategie fügt sich durchaus in die SUV-Strategie ein. Und der Tesla-Boom findet auch gleichzeitig mit dem SUV-Boom statt. Da Tesla in fast allen Fällen Zweitwagen sind, könnte sich in den entsprechenden Garagen durchaus zu dem schicken Tesla-Modell ein SUV gesellen. In den USA wurden 1989 erstmals mehr als 1 Million SUVs zugelassen. 1998 waren es 2,8 Millionen. In den ersten zwei Jahrzehnten des neuen Jahrhunderts kam es dann zu dem explosionsartigen SUV-Wachstum. 2017 wurden in den USA 11 Millionen SUVs neu zugelassen. Inzwischen stellen diese besonders schweren und besonders durstigen Autos in den USA das größte Segment unter allen Pkw. In diesem, 2002 einsetzenden neuen Auto-Boom kam die SUV-Welle erstmals auch in vollem Umfang in Europa an. Die alte Begeisterung über einen »American way of life«, wie sie nach dem Zweiten Weltkrieg in Westeuropa gefeiert wurde, erlebte eine Renaissance. Oder, wie es in einem Artikel über den SUV-Boom in der *Frankfurter Allgemeinen Zeitung* zu lesen war: »Eine gute Freundin sagte uns, sie fühle sich immer wie in Amerika, wenn sie am Lenkrad ihres SUV sitze.«[75]

74. Interview in: *Süddeutsche Zeitung* vom 7. September 2018
75. FAZ.net vom 22.8.2011 https://www.faz.net/aktuell/technik-motor/motor/sport-utility-vehicles-ueber-das-amerika-gefuehl-im-suv-11108183.html [abgerufen am 12.1.2019].

Die Steigerung der Produktionskapazitäten für Kraftfahrzeuge, zu der es in dem neuen Branchenboom kam, war so groß wie nie zuvor. 2007 wurde mit 73,2 Millionen neu produzierter Kfz ein neuer Rekord der Weltautofertigung erreicht. Das waren knapp 15 Millionen Pkw mehr als im Jahr 2000, auf dem vorherigen Höhepunkt.

Krise 2008/09 - fünfter globaler Zyklus der Weltautoindustrie – der »Biosprit«-Anbau wird weiter gesteigert; in der neuen Reformdebatte rückt die »Elektromobilität« ins Zentrum

In den Jahren 2008 und 2009 kam es zur fünften Krise der Weltbranche Auto. Diese erwies sich als die tiefste Krise in der Geschichte des internationalen Fahrzeugbaus. Erneut verband sich die Branchenkrise mit derjenigen des weltweiten Kapitals, die als neue Weltwirtschaftskrise 2008/2009 in die Geschichte einging.

Am Ausgangspunkt der Krise stand – ähnlich wie 1973 und 1989 – ein massiver Anstieg des Rohölpreises. Im Verlauf dieser Krise brach die Weltautofertigung um 23 Prozent ein; es gab einen Rückgang von den zitierten 73,2 Millionen Kfz im Jahr 2007 auf 56,3 Millionen Kfz 2009. Dabei ist zu berücksichtigen, dass die Autofertigung in China auch in diesen Jahren weiter anstieg, was in der angeführten Weltautoproduktion bereits berücksichtigt ist. Die chinesische Autofertigung betrug 2007 8,9 Millionen Kfz, 2008 9,3 Millionen und 2009 10,5 Millionen Kraftfahrzeuge.[76]

In dieser Krise veränderte sich die Struktur der Weltautoproduktion radikal; China wurde fast über Nacht zum weltweit größten Autohersteller und zum wichtigsten Autoabsatzmarkt.

Die Krise war der Auftakt für eine neue Reformdebatte. Dabei spielte in der Öffentlichkeit »Biosprit« nur noch am Rande eine Rolle. Die Behauptung, diese Art Rohölersatz sei »klimaneutral«, wie es Anfang des Jahrhunderts noch geheißen hatte, war widerlegt. Allerdings weiten sich seither die Flächen, auf

---

76. Ausführlich zur Weltwirtschaftskrise und zur Verschränkung weltweite Krise und Krise der Weltbranche Auto siehe: Winfried Wolf, Sieben Krisen – ein Crash, Wien (Promedia) 2009.

denen die Pflanzen für diese Biokraftstoffe angebaut werden, enorm aus. Allein in Deutschland wachsen schon heute auf 15 Prozent der Äcker Pflanzen für die Autotanks. Vor allem werden immer mehr agrarische Stoffe aus anderen Ländern importiert, um den Kraftstoffhunger der hiesigen Pkw-Flotte zu stillen.[77] Biosprit ist daher ein gutes Beispiel dafür, wie eine einmal angestoßene Debatte zur »inneren Reform« der Automobilität auch dann immer größere negative Folgen hat, wenn die ursprünglichen Behauptungen, wonach es sich um rationale Reformen für eine nachhaltige Verkehrsentwicklung handeln würde, widerlegt wurden. Es ist zu befürchten, dass wir Vergleichbares beim Thema Elektromobilität erleben werden.

Dieses Thema steht im Zentrum der neuen Reformdebatte. Seit dem Jahr 2010 wird die »Elektromobilität« als Zauberformel, mit der die offensichtliche Krise der Automobilität bewältigt werden könnte, gepriesen. Und es sind so gut wie alle Umweltverbände, die auf Elektromobilität setzen. Indem die europäische und die nordamerikanische Autoindustrie bei diesem Thema zunächst tatsächlich auf der Bremse stand, entstand der Eindruck, die »fossile Industrie« wehre sich, wohingegen die Umweltverbände im Bündnis mit den aufgeklärten Internet-Konzernen des »digitalen Kapitalismus« mit Elektromobilität eine nachhaltige Verkehrspolitik betreiben würden und dies gegen den Widerstand der fossilistischen Autokonzerne durchzusetzen hätten. In der Schrift »Das Auto im digitalen Kapitalismus« wird hierfür als Beleg sogar die Mitarbeiterin eines renommierten bürgerlichen Wirtschaftsinstituts in den Zeugenstand gerufen. Dort heißt es: »Die Öko-Bilanz von E-Autos sei schlecht, heißt es zuweilen. [...] Claudia Kemfert vom DIW sieht die Sache

---

77. Aus einem Infoblatt der NGO »Rettet den Regenwald«: »Durch die steigende Nachfrage fressen sich die Plantagen von Ölpalmen, Soja oder Zuckerrohr immer weiter in die Tropenwälder. [...] Die lokale Bevölkerung, darunter viele indigene Völker, wird gewaltsam vertrieben und verliert ihre Lebensquelle. Während auf der Erde 870 Millionen Menschen hungern, werden weltweit pro Jahr 142 Millionen Tonnen Getreide zu Biosprit verarbeitet – davon könnten sich 420 Millionen Menschen ein Jahr ernähren. Denn mit 50 Litern E10-Benzin verschwinden umgerechnet 18 Kilo Brot im Tank. Weil auf immer mehr Äckern Biospritpflanzen wachsen, sinkt das Nahrungsangebot weiter und die Preise steigen. [...] Bis zu 3.500 l Wasser (je nach Anbauregion) sind notwendig, um einen Liter Biosprit herzustellen [...] Heute haben 783 Millionen Menschen keinen Zugang zu sauberem Wasser.[...] Auch die Studien, die die EU-Kommission selbst in Auftrag gegeben hat, kommen zu dem Ergebnis: Agrosprit aus Palm-, Raps- oder Sojaöl ist für das Klima schädlicher als Erdöl.« Siehe: https://www.regenwald.org/files/de/e10-flyer-2014-web.pdf

eindeutig: ›Es ist offensichtlich, dass Elektroautos mit gezielten Kampagnen und PR schlecht geredet werden sollen – wie immer, wenn das fossile Kapital die Vergangenheit möglichst lange konservieren will. Fakt ist: Elektroautos sind schon heute viel umweltschonender als herkömmliche Fahrzeuge.‹«[78]

Tatsächlich sind die Investitionen, die die »fossilistischen« Autokonzerne spätestens seit dem Jahr 2016 für die Entwicklung und Produktion von Elektroautos vorsehen, gewaltig. Im März 2018 bilanzierte dazu ein Fachblatt: »Insgesamt [...] haben die 16 größten Autokonzerne der Welt im vergangenen Jahr [2017; W.W.] Projekte im Wert von 27,4 Milliarden Euro angekündigt, das waren 68 Prozent mehr als im Vorjahr.«[79] Da ließe sich noch sagen, Investitionen im niedrigen zweistelligen Milliardenbereich sind nicht ganz unüblich in dieser Branche, auch wenn sie auf das noch kleine Segment Elektromobilität zielen. Anfang 2019 wurden dann ganz andere Zahlen gemeldet. »Automobilhersteller investieren weltweit 300 Milliarden Dollar in Elektroautos«, so die Überschrift einer Meldung des Fachportals *Elektroauto-News*. Der Text: »Einer Analyse von Reuters zufolge planen die 29 größten Automobilhersteller der Welt in den nächsten fünf bis zehn Jahren ein beispielloses Maß an Ausgaben für die Entwicklung von Elektroautos und Batteriezellen bzw. den Kauf von Batterien. [...] Die mindestens 300 Milliarden US-Dollar (etwa 262 Milliarden Euro) [...] werden mit 135 Milliarden fast zur Hälfte in China ausgegeben, wo die Produktion und der Verkauf von Elektrofahrzeugen durch ein System von staatlich vorgeschriebenen Quoten, Krediten und Anreizen stark gefördert wird.« Die Gesamtsumme wird in dem Beitrag für die einzelnen Konzerne konkretisiert. Danach investiert der VW-Konzern mit 91 Milliarden US-Dollar fast ein Drittel der Gesamtsumme; alle drei deutschen Hersteller bringen es auf knapp 140 Milliarden US-Dollar, was gut 46 Prozent des Gesamtvolumens entspricht. Alle chinesischen Hersteller werden nach dieser Reuters-Studie weitere 58 Milliarden US-Dollar investieren. Auffallend ist, dass die japanischen Konzerne mit 24 Milliarden US-Dollar Investitionen sich eher zurückhaltend

---

78. Timo Daum, Das Auto im digitalen Kapitalismus, a.a.O., S.28. Zu dem Zitat der DIW-Frau heißt es hier allerdings in einer Fußnote: »Unveröffentlichtes schriftliches Interview mit Claudia Kemfert«, 1.9.2017.
79. *Next Mobility News* vom 12. März 2018; siehe: https://www.next-mobility.news/e-mobilitaet-die-investitionen-der-16-fuehrenden-autokonzerne-der-welt-a-694255/ [abgerufen am 12.1.2019]

verhalten (in Japan setzt die Autoindustrie primär auf die Brennstoffzelle). Ähnlich bescheiden nehmen sich die geplanten Investitionen von Ford, GM und Tesla mit insgesamt 28 Milliarden US-Dollar aus (Tesla will davon 10 Mrd. stemmen). Demgegenüber sind die Hyundai zugesprochenen zu erwartenden 20 Milliarden US-Dollar dann ein relativ großer Betrag.[80]

Einiges an diesen Zahlen mag übertrieben sein. Der beschriebene Zeitraum »in den nächsten fünf bis zehn Jahren« ist ausgesprochen unscharf umrissen. Und der Zusatz, es gehe da auch um »den Kauf von Batterien« ist methodisch nicht korrekt, da ein solcher Einkauf von Fahrzeugteilen nicht unter den Begriff »Investitionen« subsummiert werden kann. Dennoch bleibt es dabei, dass hier eine gewaltige Investitionssumme in Elektromobilität gesteckt wird – mit den deutschen Konzernen vorneweg. Das heißt im Klartext: Die führenden Autokonzerne haben längst begriffen, welche Chance ihnen mit der Elektromobilität und insbesondere mit der Politik der chinesischen Regierung geboten wird bzw. dass sie alles tun müssen, um hier »dabei« zu sein. Sie sind wie immer zynisch bereit, die nächste Welle in der jeweiligen Reformdebatte mit zu reiten, wenn dies nur zu einem neuen Boom und zur neuerlichen Profitmaximierung beiträgt.

Es war der VW-Chef Herbert Diess, der im Oktober 2018 Partei für die Verteidiger des Hambacher Forstes ergriff, sich als potenzieller Baumhaus-Bewohner ausgab und sich faktisch für einen schnellen Ausstieg aus der Braunkohleförderung aussprach. Diess im Interview: »Frage: Im Hambacher Forst gehören Ihre Sympathien also den Demonstranten? Antwort Diess: Absolut. Ich werde da vielleicht hingehen. Denn was die Energiewirtschaft da machen will, führt unsere ganze Elektrifizierungsstrategie ad absurdum. Es hat überhaupt keinen Sinn, Elektrofahrzeuge auf die Straße zu bringen, wenn wir gleichzeitig den Strom dafür aus Braunkohle produzieren. Dann fahren wir mit Kohle statt mit Erdöl und produzieren mehr CO_2 als heute. [...] Was da passiert, ist doch unglaublich. Wir investieren Milliarden in die

---

80. Die den deutschen Konzernen zugesprochenen Investitionen in Elektromobilität lauten im Einzelnen: VW 91 Mrd. US-Dollar, Daimler 42 Mrd. und BMW 6,5 Mrd. US-Dollar. Nach: https://www.elektroauto-news.net/2019/automobilhersteller-investieren-weltweit-300-milliarden-dollar-in-elektroautos [abgerufen am 18.1.2019]

Elektrifizierung der Fahrzeugflotten, weil wir denken, das ist der richtige Weg. Und dann erschließen wir Kapazitäten für die mit Abstand klimaschädlichste Energieerzeugung: Braunkohle.«[81]

Der Verlauf der Branchenkonjunktur gibt dem VW-Chef Diess Recht. Zunächst war der Einbruch in der Krise 2008/2009 so groß, dass eine schnelle Erholung ausgeschlossen erschien. Doch erneut kam – ergänzend zu den gigantischen staatlich finanzierten Programmen zur Bankenrettung – die Ölpreisentwicklung zu Hilfe: Der Ölpreis sank zunächst von 150 auf rund 100 US-Dollar je Barrel. Die Autoproduktion erholte sich. 2010 wurde erstmals das alte Produktionshoch aus der Zeit vor der Krise wieder überschritten. Ab Herbst 2014 fiel der Ölpreis dann nochmals – nunmehr drastisch – auf weniger als 45 US-Dollar. 2018 gab es dann mit rund 100 Millionen gefertigten Kraftfahrzeugen einen neuen Weltrekord der Weltautobranche.[82]

Damit kam es seit 1990 zu einer Verdopplung der Zahl der weltweit produzierten Kraftfahrzeuge. Das Gewicht dieses Outputs in Tonnen dürfte sich in diesem Zeitraum ebenfalls verdoppelt haben (wenn alles Tesla-Modelle wären, hätten wir die Verdreifachung). Der reale Wert der erstellten Kraftfahrzeuge dürfte sich tatsächlich verdreifacht haben. Gegenüber dem vorausgegangenen Produktionsrekord (im Jahr 2007) liegt das Plus bei mehr als 25 Milliarden Kfz. Das ist die mit Abstand größte absolute und die größte prozentuale Steigerung des Kfz-Outputs seit Mitte der 1970er-Jahre. Das heißt: Trotz dieser tiefgehenden Glaubwürdigkeitskrise boomt der Sektor wie selten zuvor, möglicherweise wie noch nie.

Ende 2018 vermeldete der ökologisch orientierte Verkehrsclub Österreich (VCÖ) Positives von der Verkehrsfront – und dies wie folgt: »Der Bezirk Liezen ist heuer Österreichs Champion bei den E-Autos, wie eine aktuelle VCÖ-Analyse zeigt. Fast zehn Prozent der neuzugelassenen Pkw fahren im obersteirischen Bezirk nur mit Strom. [...] Österreichweit liegt der Anteil der E-Pkw bei 1,9 Prozent. Jetzt im Finale von Österreichs EU-Präsidentschaft kann ein wichtiger Schritt gesetzt werden, damit die Zahl der E-Automodelle

---

81. »So eine Industrie kann schneller abstürzen, als viele glauben«, Interview mit dem Volkswagen-Chef Herbert Diess, in: *Süddeutsche Zeitung* vom 11. Oktober 2018.
82. Zahlen nach OICA.

rascher zunimmt. [...] 6.182 E-Pkw wurden laut Statistik Austria in den ersten elf Monaten in Österreich neuzugelassen, das sind 1,9 Prozent aller Neuwagen und um 1.227 mehr als zur gleichen Zeit des Vorjahres.«

Nun gibt es allerdings zwei ergänzende Meldungen, die den Optimismus, den der VCÖ damit verbreitet, beeinträchtigen sollten. Erstens konstatiert der VCÖ selbst: »Für die Verbreitung der E-Pkw spielen Firmenwagen eine zentrale Rolle. So wurden im Bezirk Liezen 98 Prozent der E-Pkw auf Firmen oder andere juristische Personen zugelassen.«[83] Im Klartext: Von den so hochgelobten »fast 10 Prozent« aller Pkw, die in Liezen neu zugelassen wurden, kamen nur 2 Prozent von Privaten. In absoluten Zahlen: 357 Elektroautos wurden in Liezen im genannten Zeitraum insgesamt neu zugelassen – nur sieben wurden von Privatpersonen gekauft.

Zweitens berichtet derselbe VCÖ, wenn auch an anderer Stelle, dass inzwischen in Österreich »jeder dritte neu zugelassene Wagen ein SUV oder Geländewagen« sei. Und dass dabei »der Bezirk Liezen Spitzenreiter ist [...] mit einem Anteil von mehr als 50 Prozent.«[84]

Deutlicher lässt es sich kaum in Worten fassen: Die E-Autos spielen noch keine wesentliche Rolle. Dort, wo solche in größerem Umfang angeschafft werden, ist es die öffentliche Hand, die sich die Elektromobile zulegt. Genau dort, wo sich die Elektro-Pkw des größten Zuspruchs erfreuen, liegt die Quote der SUV, die besonders viel Sprit fressen und die das Klima in besonders starker Weise schädigen, auf Rekordniveau.

Tabelle 2 fasst den Zyklus der Weltautoproduktion und den Zyklus der Debatten über eine »innere Reform« der Automobilität zusammen.

83. Siehe: https://www.vcoe.at/presse/presseaussendungen/detail/20181213-e-pkw-neuzulassungen
84. https://diepresse.com/home/wirtschaft/economist/5496434/In-diesen-Bezirken-ist-schon-jedes-zweite-neue-Auto-ein-SUV. In Deutschland gab es 2018 einen vergleichbaren Negativ-Rekord. »Mit 933.504 Geländewagen und SUV wurden so viele Offroader erstmals in Deutschland zugelassen wie noch nie zuvor. 3,44 Millionen waren es insgesamt. Bezogen auf den Gesamtfahrzeugmarkt haben es die SUV mit der Steigerung um 20,8 Prozent gegenüber dem Gesamtjahr 2017 geschafft, einen spürbaren Rückgang abzufedern. Denn von den Kleinwagen bis zur oberen Mittelklasse war 2018 jedes Fahrzeugsegment im Rückwärtsgang, so aber blieb es bei einem moderaten Minus von 0,2 Prozent im Vergleich zum Vorjahr. https://www.auto-motor-und-sport.de/verkehr/suv-neuzulassungen-deutschland-dezember-gesamtjahr-2018/ [abgerufen am 9.1.2019]

Tabelle 2: Zyklus der weltweiten Kfz-Produktion und wiederkehrende Debatten zur »inneren Reform« der Auto-Mobilität (1960–2018)

Jahr	Weltweite Jahres-Produktion in Mio. Kfz	Steigerung der KfZ-Jahres-Produktion im Zyklus bzw. der Einbruch der Kfz-Produktion in der jeweiligen Krise		Debatten zur inneren Reform der Auto-Mobilität
		in Mio	in vH	
1960	16,5	1960-1973		
Rekord 1973	30,0	+ 13,5 Mio	+ 82 %	Anfang vom Ende des VW-»Käfer«-Modells / Brasilien startet mit Sprit aus Zuckerrohr / In Westeuropa autofreie Sonntage – in der BRD und den Niederlanden Debatten über autofreie Städte
Erste Autokrise 1974-75		-4,5 Mio	-12 %	
Rekord 1980	40,0	1973-1980		
		+ 10,0 Mio	+25 %	Chrysler-Pleite.
Zweite Autokrise 1980-82		-5,0 Mio	-12,5 %	Neue Kleinwagen-Modelle/ Japanische und koreanische Konzerne starten Produktionen in Nordamerika / Neue US-Schadstoffgrenzwerte / BRD: Waldsterben + Tempolimit
Rekord 1990	48,2	1980-1990		
		+ 8,2 Mio	+ 20,5 %	
Dritte Autokrise 1991-93		-2,5 Mio	-7 %	Telematik /Swatch-Mobil-Idee in Schweiz und BRD – endet bei Smart / Autofreies Bologna / Erste Vorgaben für Elektro-Pkw-Quoten in Kalifornien, USA

		1990-2000		
Rekord 2000	58,4	+10,2 Mio	+ 21,2 %	Erste Elektroauto –
Vierte Autokrise 2000/01		-2,0 Mio	-3,4 %	Modelle der traditionellen Autokonzerne / Beginn des weltweiten SUV-Boom / Erste „Biosprit"-programme u.a. in der EU
Rekord 2007	73,2	2000-2007		
		+14,8 Mio	+ 25,3 %	Biosprit wird in großem Maßstab weltweit angebaut bzw. eingesetzt. Beginn Elektro-Pkw in Serienfertigung
Fünfte Autokrise 2008/2009		-14,8 Mio	-20,2 %	
		2007-2018		
		+26,8 Mio	+36,6 %	Elektro-Pkw-Offensive vor allem von China ausgehend / Im GroKo-Koalitionsvertrag vom Januar 2018 wird ÖPNV-Nulltarif für ausgewählte
Rekord 2018	rund 100			Städte vorgeschlagen

* Quellen: VDA – Verband der Automobilindustrie e.V., Frankfurt/M. 1990–2007; OICA – Organisation Internationale des Constructeurs d'Automobiles, Paris, Statistiken ab 2000.

Kapitel 4
Die dramatischen Verschiebungen in der Weltautobranche – China als das neue Zentrum

Eine Chaussee. Eine lange Autokette. In den Autos sitzen selbstverständlich Menschen. Der eine muß fahren, weil er Arzt ist, der andere, weil er einem Mädchen gefallen will. Ein dritter verkauft Glühbirnen. Und jener hat die Absicht, einen Juwelier zu ermorden. Sie alle fahren, weil sie ein Auto besitzen. Nicht sie fahren, sondern die Automobile. Plötzlich hält ein Wagen mitten in der tristen Vorstadt. Das Auto will fressen. Auf den Säulen sind verschiedene Zeichen. [...] Der Autofahrer, der mit dem Revolver in der Tasche oder der mit den Glühbirnen, blickt zerstreut auf Blitz und Flamme. Er braucht ganz einfach Benzin. Er zahlt 12,70 oder 12,80. Er denkt an Glühbirnen oder den Juwelier. Er tritt aufs Gaspedal. Grinsend rast das Auto weiter. Es weiß, wohin und warum.

Ilja Ehrenburg, Das Leben der Autos, 1934

Bis zur Krise 2007/2008 wurden knapp 60 Prozent aller Kraftfahrzeuge, die weltweit hergestellt wurden, in Europa, in den USA und in Japan gefertigt. Einschließlich der südkoreanischen Autoindustrie waren es sogar knapp zwei Drittel. Diese Regionen bzw. diese Länder beherbergen seit den 1970er-Jahren die traditionelle internationale Autobranche, vereinfachend gesagt die dem »Westen« zuzurechnende Autoindustrie.[85] Wobei wir hier von den Ländern

---

85. Natürlich zählte Japan bis in die 1960er-Jahre nicht zu diesem exklusiven Klub. Hier entwickelten sich ab Anfang der 1970er-Jahre ein halbes Dutzend Unternehmen zu weltweit konkurrenzfähigen Autokonzernen, von denen aktuell noch vier (Toyota, Honda, Suzuki mit Maruti und Mazda) als selbständige Weltkonzerne aktiv sind (Nissan und Mitsubishi sind auch Anfang 2019 noch in starkem Maß von Renault bestimmt). Dasselbe gilt für Südkorea, wo es bis Mitte der 1970er-Jahre keine relevante Autobranche gab und dann binnen kurzer Zeit zunächst drei international konkurrenzfähige Autokonzerne aufgebaut wurden. (Hyundai, Kia und Daewoo. Inzwischen wurden Daewoo von GM und Kia von Hyundai übernommen). Wenn ich all die oben aufgeführten Länder bzw. Regionen als »westlich geprägt« oder als »am Westen orientiert«

und Regionen, in denen diese Kfz-Produktionsstätten stehen, sprechen. Die Rede ist nicht von den Konzernen, die diese Kraftfahrzeuge herstellen, was einen wesentlichen Unterschied macht; die internationalen Autokonzerne behielten weitgehend ihre Marktmacht – sie produzieren nur inzwischen in einem wachsendem Umfang in Asien (siehe hierzu Kapitel 9).

Mit der Krise kam die Wende. Doch sehen wir uns die exakten Zahlen in Tabelle 3 an: 2007 entfielen noch 62,9 Prozent der Weltautoproduktion auf die USA, Japan, Südkorea und die EU. Nimmt man Brasilien hinzu, dann waren es 67 Prozent oder gut zwei Drittel. In der EU wurden damals noch 27 Prozent aller Kraftfahrzeuge hergestellt, in Deutschland – als Teil der EU – waren es 2007 noch 8,5 Prozent.

Bis 2017 sank der Anteil des so definierten »Westens« von 67 auf 47,8 Prozent. Im gleichen Zeitraum stieg der Anteil der in China gefertigten Kraftfahrzeuge von 12,1 Prozent auf 29,7 Prozent. Zusammen mit Indien vereinten diese beiden Länder 2017 bereits 34,6 Prozent der Weltautoproduktion auf sich. Der Anteil der in der EU (mit 27 Mitgliedsländern) hergestellten Kraftfahrzeuge sank von den erwähnten 27 Prozent auf 19,6 Prozent; der Anteil der deutschen Autofertigung sank von 8,5 auf 6,2 Prozent. Derjenige der österreichischen Autoproduktion wurde von 0,3 Prozent auf 0,1 Prozent auf ein Drittel reduziert. Übrigens fiel im gleichen Zeitraum die absolute Zahl der in der EU gefertigten Kraftfahrzeuge nur leicht; die Zahl der in Deutschland produzierten Kfz ging nur von 6,21 Millionen auf 6,09 Millionen zurück. Diejenige Österreichs reduzierte sich immerhin von 228.000 gefertigte Kfz auf 100.000 Einheiten. Da die Weltproduktion jedoch dramatisch anstieg - von 73,2 Millionen hergestellten Kfz im Jahr 2007 auf 97,7 Millionen 2017 – fiel der Rückgang der Anteile von EU und Deutschland entsprechend deutlich aus.

bezeichne, dann gibt es dafür trotz vieler Unterschiede durchaus handfeste Argumente. So sind die USA und fast alle EU-Mitgliedstaaten in dem militärischen Bündnis NATO zusammengefasst; Japan und Südkorea sind wirtschaftlich und vor allem militärisch eng mit den USA verbunden. Militärische Bündnisse sind letzten Endes im Rahmen der internationalen Konkurrenz von erheblicher Bedeutung. Thomas Friedman, der Berater der US-Außenministerin Madeleine Albright, brachte dies wie folgt auf den Punkt: »McDonald's cannot flourish without McDonnell Douglas, the designer of the F-15 – McDonalds kann wirtschaftlich keinen Erfolg haben ohne McDonnel-Douglas, den Hersteller [des US-Kampfflugzeugs] F-15.«

Zurück zur globalen Situation und zum Vergleich: Im Jahr 1999 machte die Autofertigung in China gerade einmal 3,3 Prozent der weltweiten Kfz-Fertigung aus, 2017 dann 29,7 Prozent. Einen vergleichbaren Aufstieg einer Branche – die Verneunfachung des Weltmarktanteils im Zeitraum von nicht einmal zwei Jahrzehnten – dürfte es in der Geschichte des Kapitalismus noch nie gegeben haben.

Und dieser Trend dürfte sich fortsetzen. Im Jahr 2025 dürfte auf diese beiden Aufsteigerländer China und Indien mehr als die Hälfte der weltweiten Kraftfahrzeugherstellung entfallen. Tabelle 3 liefert die Zahlen für diese dramatische Entwicklung.

Nächste Seite:

Tabelle 3: Globale Pkw- und Kfz-Produktion und die Kfz-Fertigung in einzelnen ausgewählten Regionen 1999–2017

Jahre	Gesamte Produktion		USA	EU-27*	BRD	AT	Japan	Südkorea	Brasilien	China	Indien	Kfz-Fertigung Regionen in %	
	Kfz in Tsd.	Pkw in Tsd.	jeweils in Tsd. Kfz und Anteile in %									Westen	China/Indien
1999	56.259	39.759	13.025 / 23,1 %	18.831 / 33,5 %	5.687 / 10,1 %	139/ 0,25	9.896/ 17,6 %	2.843/ 5,1 %	1.350/ 2,4 %	1.829/ 3,3 %	818/ 1,5 %	81,7%	4,8%
2000	58.374	41.216	12.800/ 21,9 %	18.977/ 32,5 %	5.526/ 9,5 %	141/ 0,24	10.141/ 17,4 %	3.115/ 5,3 %	1.681/ 2,8 %	2.069 / 3,5 %	801/ 1,4 %	79,9%	4,9%
2001	56.305	39.826	11.425/ 20,3 %	17.227/ 30,6 %	5.692/ 10,1 %	155/ 0,27	9.777/ 17,4 %	2.946/ 5,2 %	1.817/ 3,2 %	2.334/ 4,1 %	1.330/ 2,4 %	76,7%	6,5%
2007	73.153	53.049	10.780/ 14,7 %	19.724/ 27,0 %	6.213/ 8,5 %	228/ 0,31	11.596/ 15,6 %	4.086/ 5,6 %	2.977/ 4,1 %	8.862/ 12,1 %	2.306/ 3,2 %	67,0%	15,3%
2008	70.526	52.840	8.705/ 12,3 %	18.430/ 26,1 %	6.040/ 8,6 %	152/ 0,21	11.563/ 16,4 %	3.806/ 5,4 %	3.220/ 4,6 %	9.435/ 13,4 %	2.314/ 3,3 %	64,8%	16,7%
2009	56.305	39.826	5.709/ 10,1 %	17.227/ 30,6 %	5.209/ 9,3 %	72/ 0,13	9.777/ 17,4 %	3.512/ 6,2 %	3.182/ 5,7 %	13.791/ 24,5 %	1.330/ 2,4 %	70,0%	26,9%
2010	77.583	58.239	7.743/ 9,9 %	17.078/ 22,0 %	5.905/ 7,6 %	104/ 0,13	9.628/ 12,4 %	4.271/ 5,5 %	3.381/ 4,4 %	18.264/ 23,5 %	3.557/ 4,6 %	54,2%	28,1%
2013	87.354	65.462	11.066/ 12,7 %	16.246/ 18,6 %	5.718/ 6,6 %	166/ 0,19	9.630/ 11,0 %	4.521/ 5,2 %	3.712/ 4,3 %	22.116/ 25,3 %	3.880/ 4,4 %	51,8%	29,7%
2014	89.770	67.782	11.660/ 13,0 %	16.500*/ 18,4 %	5.907/ 6,6 %	152/ 0,17	9.775/ 10,9 %	4.525/ 5,0 %	3.146/ 3,5 %	23.732/ 26,4 %	3.845/ 4,3 %	50,8%	30,7%
2015	90.950	68.539	12.105/ 13,3 %	18.280/ 20,1 %	6.033/ 6,6 %	126/ 0,14	9.278/ 10,2 %	4.556/ 5,0 %	2.429/ 2,7 %	24.567/ 27,0 %	4.160/ 4,6 %	51,3%	31,6%
2016	94.977	72.105	12.198/ 12,8 %	18.886/ 19,8 %	6.062/ 6,4 %	108/ 0,11	9.204/ 9,7 %	4.229/ 4,5 %	2.156/ 2,3 %	28.119/ 29,6 %	4.489/ 4,7 %	49,1%	34,3%
2017	97.700	73.457	11.190/ 11,4 %	19.100/ 19,6 %	6.090/ 6,2 %	100/ 0,10	9.694/ 9,9 %	4.115/ 4,2 %	2.670/ 2,7 %	29.016/ 29,7 %	4.782/ 4,9 %	47,8%	34,6%

Quelle: OICA - Organisation Internationale des Constructeur d'Automobiles, Paris; Jahresstatistiken 2008-2017.

* EU +Serbien // ** Als »Westen« wurde hier definiert: USA + Europa + Japan + Südkorea + Brasilien.

In der Tabelle aufgeführt sind 82,5% der Weltproduktion. Weitere, in der Tabelle nicht aufgeführte Autoherstellerländer und deren Anteile wie folgt: Kanada (Anteil 2017: 2,3%), Mexiko (4,2%),Türkei (1,7%), Russland (1,6%), Indonesien (1,2%), Iran (1,6%), Thailand (2,3%) und Südafrika (0,6%). Der Rest von 2% (zu 100%) verteilt über ein Dutzend Länder.

Die im vorausgegangenen Kapitel geschilderten Debatten zur »inneren Reform der Autogesellschaft« waren immer stark von denjenigen Autoländern geprägt, die in der Weltautobranche die hegemoniale Rolle spielten.

Das waren, wie beschrieben, ein gutes halbes Jahrhundert lang – von Anfang des 20. Jahrhunderts, als in Nordamerika die Massenfertigung von Pkw begann, bis in die 1960er-Jahre hinein – die USA. Das Arbeitsregime des Fließbandes, wie es bei Ford und GM – übernommen von den Tötungs- und Verarbeitungstechniken in den Schlachthäusern von Chicago – in Dearborn und Detroit herrschte, wurde weltweit zum Goldstandard des Fahrzeugbaus. In vergleichbarer Weise wurden ab 1925 in Turin Autos produziert; der Fiat-Gründer Giovanni Agnelli, der mehrfach in den USA vor Ort in Ford-Fabriken war, gab die Parole aus: »Nach Ford handeln!« Ein gutes Jahrzehnt später wurde auf Anforderung des »Duce«, Benito Mussolini, das »Auto für die breite Schicht«, der »500«, im Volksmund »Topolino« (Mäuschen) genannt, auf den Markt gebracht.

Für die NSDAP waren die Strukturen der Ford'schen Fabrikorganisation das Vorbild schlechthin für die neue »KdF«-Fabrik – das »Kraft-durch-Freude«-Werk bei Fallersleben, heute Wolfsburg. Im Herbst 1936 besuchte Ferdinand Porsche das größte und produktivste Ford-Werk, die River-Rouge-Fabrik in Dearborn. 1937 weilte Porsche ein weiteres Mal in den USA. Danach wechselten knapp 20 deutschstämmige Manager, Techniker und Facharbeiter aus Dearborn nach Fallersleben. Offiziell wurden sie »abgeworben«. Tatsächlich sollten sie als eine großzügige Starthilfe verstanden werden, die Henry Ford den Nazis für deren große Autofabrik in Fallersleben/Wolfsburg gewährte. Henry Ford, ein überzeugter Faschist und Judenhasser, erhielt später den höchsten Orden, den das NS-Regime einem Nichtdeutschen verleihen konnte.[86]

Nach dem Zweiten Weltkrieg rückten Fiat in Italien und VW in Deutschland zu den größten Massenherstellern von Autos in Europa auf. Die US-Konzerne

---

86. Als Ford am 30. Juli 1938 seinen 75. Geburtstag feierte, bestand der Höhepunkt darin, dass ihm von den deutschen Konsuln Fritz Heiler und Karl Kapp der höchste deutsche Orden, den der NS-Staat unter Adolf Hitler einem Ausländer geben konnte, das »Großkreuz des Adlerordens«, verliehen wurde.

bauten ihrerseits ihre bereits bestehenden Werke in Westeuropa[87] aus (GM mit Opel in Deutschland und später Spanien und Ford in Deutschland bzw. als Vauxhall in Großbritannien) bzw. sie übernahmen europäische Autobauer und starteten auf diese Weise in Westeuropa mit der massenhaften Pkw-Fertigung (so im Fall des Chrysler-Konzerns, der den französischen Hersteller Simca übernahm[88]).

Wichtig war dabei immer: Die Produktionstechniken, die in Westeuropa zur Anwendung kamen, waren weitgehend identisch mit denen, die in Detroit und Dearborn praktiziert wurden. »Fordismus« eben. Das galt dann auch für Werke, die die europäischen Konzerne im Ausland errichteten – so für die VW-Werke in Brasilien und in Mexiko.

Auf die Vorherrschaft der US-Autoindustrie folgte eine eher kurze Periode, in der die japanische Autoindustrie den Ton angab – das war der Fall in den Jahren 1970 bis 1995. Ab Ende der 1960er-Jahre mischten die japanischen Autohersteller den Weltautomarkt auf. Nach der Branchenkrise 1974/75, in der nur einzelne japanische Hersteller (so der Konzern Toyo Kogyo mit der Marke Mazda) einen Absatzrückgang erlebten, stieg Japan zum vorherrschenden Autoland auf. 1950 gab es faktisch keine japanische Autoindustrie und bereits 1980 entfielen auf Japan 30 Prozent der weltweiten Autoproduktion. Der Erfolg der japanischen Autokonzerne in dieser Periode wurde vielfach mit dem Verweis auf das niedrige Lohnniveau in Japan – oder gar mit Lohndumping – erklärt. Das trifft nicht zu. So stieg das Lohnniveau in Japan im Zeitraum 1970 bis 1979 um 200 Prozent und damit fast doppelt so schnell wie dasjenige in Westdeutschland – dennoch erhöhte sich in eben diesem Zeitraum die Konkurrenzfähigkeit von Toyota, Nissan, Toyo Kogyo (Mazda) und Mitsubishi. Der wesentliche Grund für den Erfolg der japanischen Hersteller lag in dem wesentlich höheren Automatisierungsgrad, damals bereits mit einem großen

87. Die GM-Tochter Opel (u. a. mit Werken in Rüsselsheim und Brandenburg) und die Ford-Fabriken (u. a. in Köln und Berlin) produzierten in der NS-Zeit zu 99 Prozent Rüstungsgüter für das NS-Regime, u. a. Militärlastwagen, aber auch strategisch wichtige Bestandteile für den Kampfflieger ME 262. Dies wurde im Detail dokumentiert in dem Report, den Bradford C. Snell im Jahr 1974 für den US-Senat erstellte. Zusammengefasst bei: Winfried Wolf, Verkehr. Umwelt. Klima – Die Globalisierung des Tempowahns, Wien 2007 und 2009. S. 126ff.

88. Chrysler stieg 1958 bei Simca ein und baute seinen Anteil an dem französischen Hersteller bis 1971 auf 100 Prozent aus.

Anteil an Robotereinsatz, das heißt, es gab im Produktionsprozess eine massive Verdrängung von lebendiger Arbeit. Das klassische Fließband wurde vielfach ersetzt durch »Gruppenarbeit«.

Als die USA und die westeuropäischen Länder bzw. deren Zusammenschluss in der EG, heute EU, auf die japanische Offensive mit Protektionismus reagierten, erwiesen sich die japanischen Autohersteller als höchst flexibel: Sie reduzierten in eigener Initiative ihre Exporte, verkündeten »Selbstbeschränkungsabkommen« und schlossen damit eine Art Waffenstillstand mit der US-Regierung bzw. mit den Autoherstellerländern in Italien, Frankreich, Großbritannien und Westdeutschland. Sie begannen damit, eigene Fabriken in Nordamerika und Westeuropa zu errichten. In Nordamerika bildeten sie zusammen mit US-Herstellern joint ventures. Es entstanden die »transplants«. Diese basierten dann weitgehend auf japanischen Fertigungstechniken mit einem deutlich höheren Automatisierungsgrad. Dies war auch dann der Fall, wenn es sich um rein US-amerikanische oder rein europäische neue Fertigungsstätten (so im Fall des »Saturn«-Werks von GM in den USA) handelte. Selbst Autobosse, die sich zuvor rassistisch gegen die »japanische Offensive« gewandt hatten, schwenkten nun auf Kooperation ein. Noch in der Ära von Lee A. Iacocca als Chrysler-Boss errichtete dieser Konzern zusammen mit Mitsubishi ein gemeinsames Werk zum Bau von Kleinwagen. Die neuen japanischen Werke in Nordamerika, Großbritannien (Nissan in Sunderland) und Spanien kombinierten Hightech-Fertigung mit hoher Ausbeutung der Arbeitskraft; in Nordamerika war dies teilweise mit einem faktischem Verbot gewerkschaftlicher Organisierung verbunden.

Mitte der 1980er-Jahre waren die japanischen Autohersteller derart überlegen, dass sie ihre Modelle in Nordamerika und in Westeuropa mit höheren Preisen als die entsprechenden Modelle der einheimischen Konkurrenz anbieten konnten. Gleichzeitig kam es zu Ausgründungen von Luxusmarken wie Lexus (eine Toyota-Tochter) und Infiniti (ein Nissan-Ableger). Teilweise boten die japanischen Konzerne ihren Konkurrenten Verflechtungen an: Ford beteiligte sich an Toyo Kogyo (Mazda) und Chrysler an Mitsubishi.

Die japanische Vorherrschaft in der Weltautoproduktion wurde in den 1990er-Jahren durch eine Reihe von besonderen Faktoren fast abrupt beendet.

Mit Südkorea – und den damals dort existierenden Autoherstellern Hyundai, Kia und Daewoo[89] – hatte sich ein neuer Konkurrent herausgebildet, der vieles, was den japanischen Autoherstellern zum Siegeszug verholfen hatte, erfolgreich kopierte. Der Kollaps der Wirtschaftssysteme der Sowjetunion, der DDR und der osteuropäischen, bis dahin an Moskau orientierten Länder gewährte den westeuropäischen Konzernen – vor allem den deutschen Autoherstellern – eine Atempause im immer erbitterteren Konkurrenzkampf und bot die Basis für eine Expansion. Vor allem aber geriet der japanische Kapitalismus Anfang der 1990er-Jahre in eine tiefe Krise mit anschließender langer Stagnationsphase. Ende der 1990er-Jahre geriet Nissan in eine tiefe Krise – worauf Renault bei Nissan einstieg. 2000 stieg Daimler bei Mitsubishi ein. Die letztgenannte Fusion scheiterte;[90] das Bündnis Renault-Nissan-Mitsubishi erlebt Anfang 2019 eine harte Prüfung.

In der Weltwirtschaftskrise 2008/2009 wurde Japan zusätzlich schwer getroffen. Von diesen Rückschlägen konnte sich das Land bis heute nicht erholen. Die japanischen Autohersteller befinden sich weiter an der Spitze der Weltautoindustrie. Doch sie haben keinen starken Nationalstaat mehr hinter sich und sind damit strukturell geschwächt. Hinzu kommt, dass die japanischen Konzerne in China, dem mit Abstand wichtigsten Automarkt, aus historischen Gründen einen deutlich schwereren Stand haben als deutsche oder US-amerikanische Konzerne oder als der südkoreanische Produzent Hyundai.

Die deutschen Autohersteller hatten ab Mitte der 1990er-Jahre fast zwei Jahrzehnte lang versucht, das Vakuum zu nutzen und ihrerseits zur Weltspitze aufzusteigen, um in der führenden Branche der Weltindustrie tonangebend zu werden. Der langjährige VW-Chef und VW-Großaktionär Ferdinand Piech hatte für seinen Konzern auch ganz offen das Ziel formuliert, an die Weltspitze zu gelangen. Ein Bündnis mit Suzuki und eine wechselseitige Verflechtung des Aktienkapitals mit diesem japanischen Hersteller sollte dazu dienen. Die »Clean-Diesel«-Kampagne der deutschen Autoindustrie stand im Zentrum

89. In der »Tigerstaaten-Krise« 1997 geriet die südkoreanische Autoindustrie ins Straucheln. Kia ist inzwischen eine Hyundai-Tochter; Daewoo ist Teil des GM-Imperiums und produziert die GM-Modelle Chevrolet.
90. Allerdings pickte sich Daimler aus dem angeschlagenen Mitsubishi-Konzern den Lkw-Hersteller Fuso heraus, der weiterhin zum Daimler-Imperium gehört.

der deutschen Offensive. VW, Daimler und BMW scheiterten, wie in Kapitel 2 beschrieben, damit kläglich. Das Bündnis VW-Suzuki platzte.

In dieser Situation kommt China zum Zug. Denn dieses Land gibt im Weltautobau zunehmend den Ton an – als größter Absatzmarkt für Pkw und als Region mit der größten Autoproduktion. Dass dies teilweise unabhängig davon erfolgt, welche Autokonzerne weltweit an der Spitze stehen – und es sind, wie in Kapitel 9 gezeigt wird, weiterhin die »westlichen« Autokonzerne, die in Asien und in starkem Maß auch in China produzieren – mag zunächst als ein Beleg dafür gewertet werden, dass das Kapital kein Vaterland kennt. Es folgt nur einem Ruf: dem des maximalen Profits und im Fall der Elektro-Pkw auch dem Ruf der maximalen Subventionen.

Doch es geht um mehr. Die Führung der VR China will natürlich nicht nur der größte Autoabsatzmarkt und die Heimstatt für die weltweit größte Autofertigung sein. Das Ziel ist dasselbe, das vor 100 Jahren die USA, das vor 45 Jahren Japan und das vor zwanzig Jahren Deutschland verfolgte: China will über die Autobranche an die Spitze in der Weltindustrie aufzurücken. Größe und Wachstum allein sind dabei nicht ausreichend. Zumal es in der chinesischen Autoindustrie 2018 nach einem mehr als zwei Jahrzehnte währenden Wachstum erstmals zu einem erheblichen Einbruch kam: Während 2017 24,7 Millionen Pkw in China verkauft wurden – was gegenüber dem Vorjahr noch ein kleines Plus von 1,4 Prozent war, wurden 2018 nur noch 21,5 Millionen Pkw verkauft – was einem Minus von 13,1 Prozent entspricht. Der Markt war im Frühsommer 2018 eingebrochen. Wobei die ausländischen Hersteller – sei es in Form der Importe nach China, sei es in Form ihrer Produktion in China selbst – noch nicht ganz so stark getroffen wurden wie die rein chinesischen Hersteller. Daimler und BMW mit ihren Luxus-Pkw konnten ihren Absatz in China nochmals steigern – die immense Zunahme des Reichtums in dem Land bildet die Basis. Vieles spricht dafür, dass sich in Chinas Autobranche gewaltige brachliegende Kapazitäten türmen und eine Überproduktionskrise droht.[91]

91. Über eine Studie des Center of Automotive Research (CAR) vom Dezember 2018 heißt es: »So kommt der Experte [Prof. Ferdinand Dudenhöfer, CAR-Direktor, Universität Duisburg-. Essen; W.W.] [...] zum Resultat, dass die Zahl der Neuzulassungen [in China; W.W.] im Jahr 2019 gegenüber 2017 um 1,9 Millionen Fahrzeuge zurückgehen dürfte. Was den Herstellern ein dickes Problem beschert: weil diese mit durchschnittlich fünf Prozent Wachstum planen und

Dabei wurde der dramatische Rückgang im chinesischen Markt für Kraftfahrzeuge 2018 noch zweifach abgeschwächt: Erstens, indem der Absatz von Nutzfahrzeugen (Lkw und vor allem Busse) weitgehend stabil blieb.[92] Hier spielte die staatliche Nachfrage – über öffentliche Unternehmen der Stadtverwaltungen im Nahverkehr und über staatliche Unternehmen – eine große Rolle. Und zweitens, indem der Absatz von Elektrofahrzeugen nochmals massiv gesteigert wurde. Allerdings sind diese Elektrofahrzeuge ja bereits Teil der Gesamtproduktion. Und deren nochmals gesteigerter Absatz geht zum größten Teil auf die enorme Subventionierung – also erneut auf eine indirekte öffentliche Nachfrage – zurück.

Dabei soll aus Sicht der Führung der VR China just die Elektromobilität das Vehikel dafür sein, die Spitzenposition in der Top-Weltbranche Fahrzeugbau zu erringen.

---

entsprechend Produktionskapazitäten aufgebaut wurden und werden, dürften die Überkapazitäten bereits 2019 auf fünf Millionen Neuwagen steigen. Bedeutet: 19 Prozent der vorhandenen Produktionsanlagen bleiben ungenutzt. https://www.automobil-produktion.de/hersteller/wirtschaft/in-chinas-automobilproduktion-drohen-massive-ueberkapazitaeten-105.html [abgerufen am 18.1.2019]

92. 2018 wurden in China 3,94 Millionen Nutzfahrzeuge verkauft; 2017 waren es 4,16 Millionen. Hier liegt der Rückgang bei »nur« 5,3 Prozent.

Kapitel 5
Der weltweite Boom bei Elektro-Pkw und die Rolle Chinas als Mekka von e-mobility

Chinas Städte keuchen unter der Smogglocke. Im Dezember 2016 erlebte Peking einen der schlimmsten Monate. Zehntausende flohen aus der Hauptstadt, um der erdrückenden Schadstofflast wenigstens vorübergehend zu entkommen. Die brachiale Offensive für die Elektromobilität hat also durchaus Sinn, auch wenn der chinesische Strom, den die Elektroautos tanken, wegen der vielen Kohlekraftwerke alles andere als sauber ist. Aber die Emissionen entstehen dann eben nicht in den Herzen der Großstädte, sondern an den Standorten der Kraftwerke.«[93]

Manfred Kriener, »China elektrisiert«,
in: Le Monde diplomatique, Februar 2017

Die Euphorie über den Anstieg der Elektro-Pkw-Produktion und die im Anwachsen befindlichen Bestände mit Elektro-Autos ist allerorten groß. Dabei werden in erster Linie Prozentzahlen und absolute Zahlen, deren Ausgangspunkt ein niedriger ist, in den Mittelpunkt gerückt. So heißt es Anfang 2019 in einem Bericht der Tageszeitung *Die Welt*: »Der weltweite Elektroauto-Absatz hat 2018 erstmals die Zweimillionen-Grenze überschritten. Mehr als die Hälfte der geschätzt 2,1 Millionen reinen Batteriemodelle sowie Plug-in-Hybride wurden in China verkauft, so eine Studie des Center of Automotive Management (CAM) in Bergisch Gladbach. Insgesamt sind im Reich der Mitte demnach 1,255 Millionen E-Fahrzeuge neu zugelassen worden, 62 Prozent mehr als im Vorjahr. Davon waren 1,05 Millionen reine E-Modelle – ein Plus von 82 Prozent.«[94] Über den zweitgrößten Absatzmarkt für Elektro-Pkw, die USA, wird wie folgt berichtet: »2018 war ein aufregendes Jahr für den Absatz von Elektroautos in den USA. 360.800 Elektroautos wurden

---

93.   Manfred Kriener, »China elektrisiert«, in: *Le Monde Diplomatique*, Februar 2017.
94.   *Die Welt* vom 17. Januar 2019.

ausgeliefert – 81 Prozent mehr als 2017. Das war die höchste Wachstumsrate seit 2013. Bei reinen Elektrofahrzeugen (Batterie-Pkw) war das Wachstum am größten; diese stellen inzwischen 66 Prozent des Gesamtverkaufs an Elektroautos. 34 Prozent sind Hybride (»Plug-in-Hybrids«).«[95]

Wachstumsraten von mehr als 80 Prozent sind natürlich sensationell. Dass sie von einer sehr niedrigen Basis ausgehen, steht dann auf einem anderen Blatt. In China stieg der Anteil von Elektromobilen an den Neuzulassungen von 2,7 Prozent 2017 auf 4,6 Prozent im Jahr 2018. In den USA von 1,1 auf 2,1 Prozent. Der relativ hohe Anteil der Elektro-Pkw an den Neuzulassungen, der dabei in China zu verzeichnen ist, hat auch mit dem Einbruch im gesamten Pkw-Markt im Jahr 2018 zu tun (siehe Kapitel 4). Vor allem muss die Elektromobilität als Teil der gesamten Autoflotten betrachtet werden.

In Tabelle 4 werden zwei höchst unterschiedliche, aber zugleich doch recht repräsentative Automärkte, der chinesische und der deutsche, einander gegenübergestellt. China ist nicht nur der größte Automarkt, sondern auch der mit Abstand größte Absatzmarkt für Elektro-Pkw. Deutschland wiederum ist repräsentativ für die EU; der Elektro-Pkw-Bestand hierzulande und dessen Entwicklung sind zumindest typisch für Europa, teilweise auch für Japan (wo der Einsatz von Elektro-Pkw deutlich geringer ist) und für die USA (wo der beschriebene neue Boom allein auf das neue Tesla-Auto »Model 3« zurückzuführen ist und sich im Übrigen zur Hälfte auf den Bundesstaat Kalifornien konzentriert).

Dargestellt werden in der Tabelle alle in China und in Deutschland registrierten Pkw (also solche mit herkömmlichem und solche mit Elektroantrieb), und gesondert die Elektro-Autos. Es geht also jeweils um die Bestände, um die im Einsatz befindlichen und registrierten Personenkraftwagen bzw. Elektroautos.[96]

---

95. The Electric Vehicle World Sales Database; 10. Januar 2019. Siehe: http://www.ev-volumes.com/ [abgerufen am 17.1.2019]

96. Bei den Elektro-Autos, die hier dargestellt sind, handelt es sich um *alle* Elektro-Fahrzeuge, also um Elektro-Pkw und um Busse bzw. um andere Nutzfahrzeuge (das letztere meint meist Transporter). Für das Herausfiltern der reinen Elektro-Pkw erweist sich die Statistik als unzureichend. Indem es diese statistische Ungenauigkeit gleichermaßen für China und die BRD gibt, ist aber eine Vergleichbarkeit gegeben.

Tabelle 4: Pkw-Bestand und Elektro-Pkw-Bestand in China und Deutschland 2005-2017[97]

	China				Deutschland			
	Pkw-Bestand In Tsd.	Zuwachs in Tsd.	E-Pkw-Bestand absolut	E-Pkw in % Pkw-Bestand	Pkw-Bestand in Tsd.	Zuwachs in Tsd.	E-Pkw Bestand absolut	E-Pkw in % Pkw-Bestand
2005	21.300	-	-	-	45.375	-	-	-
2006	26.200	4.900	-	-	46.600	1.225	-	-
2007	31.900	5.700	-	-	41.100*	-5.500*	-	-
2008	38.400	6.500	-	-	41.300	200	-	-
2009	48.500	10.100	-	-	41.500	200	-	-
2010	61.600	13.100	15.000	0,02	41.737	237	1.588	0,004
2011	74.900	13.300	25.000	0,03	42.300	564	2.307	0,005
2012	87.400	12.500	50.000	0,05	42.928	626	4.541	0,01
2013	101.400	14.000	70.000	0,06	43.431	503	12.156	0,03
2014	117.500	16.100	100.000	0,09	43.851	420	13.049	0,03
2015	135.800	18.300	290.000	0,21	44.403	552	18.948	0,04
2016	155.000	20.200	680.000	0,44	45.071	668	25.502	0,06
2017	170.000	14.000	1.650.000	0,97	45.804	733	34.022	0,07
2018	172.000**	2.000**	2.500.000**	1,5**	46.475	671	53.861	0,12

*Änderung in der Statistik (ab 2007 ohne die »vorübergehend abgemeldeten« Pkw) // ** Schätzung

Letzteres ist deswegen wichtig, weil die für Deutschland berichteten Verkaufszahlen ein deutlich überhöhtes Wachstum unterstellen. Sehr viele Elektro-Autos, die in Deutschland verkauft werden, sind nach einiger Zeit nicht mehr auf deutschen Straßen und Plätzen zu sehen bzw. auch nicht mehr in Garagen in Deutschland zu finden. Sie tauchen in anderen Ländern auf – wobei jeweils vor dem Exodus möglicherweise die hiesigen steuerlichen Vergünstigungen abgegriffen werden. So nennt die Elektroautolobby für Deutschland einen

97. Angaben in der Tabelle nach: Laufende OICA-Statistik und EV Volumes.com – The Electrical Vehicle World Sales Database; und https://www.vox.com/energy-and-environment/2017/9/13/16293258/ ev-revolution und Kraftfahrzeugbundesamt (KBA), Januar 2019.

Zuwachs beim E-Auto-Absatz von 28 Prozent im Jahr 2018; es habe »68.000 Neuzulassungen« gegeben; 53 Prozent davon (das wären 36.040) seien »reine E-Autos« gewesen. Nun nennt die Statistik des Kraftfahrzeugbundesamtes in Flensburg für Anfang 2019 einen Bestand von 53.861 (reinen) Elektroautos. Ein Jahr zuvor waren es 34.022. Es gab demnach ein Wachstum von 19.830 E-Autos. Knapp die Hälfte des Zuwachses ist irgendwohin versickert oder statistischen Übertreibungen geschuldet.

Schließlich sind die beiden Länder insofern aussagekräftig, als der addierte Gesamtbestand der in China und in der BRD im Einsatz befindlichen Elektrofahrzeuge 55 Prozent der weltweit überhaupt in Einsatz befindlichen Elektroautos ausmacht.

Bei den Zahlen in Tabelle 4 sind die folgenden Aspekte bemerkenswert:

Erstens gibt es einen nennenswerten – in Zahlen messbaren – Bestand an Elektro-Pkw erst seit dem Jahr 2011. Dies steht in einem deutlichen Kontrast zur Tatsache, dass von Elektroautos und über »Elektromobilität« seit Jahrzehnten gesprochen wird und dass in den zitierten Debatten über die Reform der mit Pkw bewerkstelligten Mobilität immer wieder auf einen kommenden Boom der Elektroautos gesetzt wurde. Offensichtlich wurden auch bereits einmal beschlossene Quotenregelungen, so solche in Kalifornien, nicht umgesetzt. Die in Kapitel 1 angeführten 1500 Elektroautos in Dänemark, die es dort Mitte der 1990er-Jahre einmal gab, konnte man in diesem Land erst wieder 2013 zählen, nachdem zuvor ein teures Programm zur steuerlichen Förderung des Kaufs von Elektroautos verkündet worden war. 2017 und 2018 brach dann der Markt für Elektroautos in Dänemark fast komplett zusammen, weil die Subventionen zumindest zeitweilig gestrichen wurden.[98] Einen vergleichbaren Einbruch beim Absatz von E-Mobilen gab es 2017 in den Niederlanden, ebenfalls verursacht durch einen Rückgang der bislang großzügigen steuerlichen Förderung.

Zweitens liegt der Anteil der Elektroautos an allen im Einsatz befindlichen Pkw in diesen zwei weltweit führenden E-Pkw-Absatzmärkten 2018 mit

---

98. 2015 wurden in Dänemark 5000 E-Pkw verkauft; 2017 waren es noch 700. Die dänische Regierung, die für 2030 das Aus für Pkw mit Verbrennungsmotoren beschlossen hat, prüft die – teure – Wiederaufnahme der Subventionierung.

1,5 Prozent in China und mit 0,12 Prozent in Deutschland weiterhin extrem niedrig. Hier gibt es zwar deutliche Steigerungen, doch diese sind vor allem der niedrigen Ausgangsbasis geschuldet. Die Steigerung des E-Auto-Anteils in China ist in erheblichem Maß Resultat des geschilderten Einbruchs im dortigen Automarkt 2018.

Drittens sind Angaben zum E-Auto-Bestand als solchem oder zum Wachstum desselben hinsichtlich der entscheidenden Frage der Klima- und Umweltbelastung eher uninteressant. Wie im folgenden Kapitel darzustellen sein wird, ist die Differenz zwischen herkömmlichen Pkw und E-Mobilen hinsichtlich der Schadstoffemissionen wesentlich geringer als gemeinhin dargestellt. Interessant ist in diesem Zusammenhang die folgende Relation: In den Jahren 2017 und 2018 wurde der Bestand von Pkw in China um rund 17 Millionen Pkw erhöht Darunter befanden sich laut Statistik rund 1,9 Millionen zusätzliche Elektro-Kraftfahrzeuge (Pkw, Busse und Transporter), also die Differenz zwischen dem Elektro-Kfz-Bestand von 680.000 im Jahr 2016 und demjenigen von 2,5 Millionen Ende 2018. Das heißt, die Umwelt und das Klima werden Anfang 2019 wie folgt belastet:

1. mit den Schadstoffen des Altbestands an herkömmlichen Pkw mit Verbrennungsmotoren aus dem Jahr 2016[99]
2. mit den Schadstoffen von in den Jahren 2017 und 2018 zusätzlich neu zugelassenen rund 15,2 Millionen Pkw mit Verbrennungsmotoren (abzüglich der abgemeldeten Pkw)[100]
3. mit den Schadstoffen von 2,5 Millionen Elektrofahrzeugen, die ja ihrerseits mit (im folgenden Kapitel zu beschreibenden) Belastungen verbunden sind.

Vergleichbares gilt für Deutschland: Es gab 2018 gegenüber 2016 ein Plus im gesamten Bestand von 1,4 Millionen Personenwagen. Im gleichen Zeitraum gab es im Bestand ein Plus von rund 28.359 Elektro-Fahrzeugen. Wir haben also die klassischen Belastungen für Klima, Umwelt und Urbanität, die der

---

99. 155 Millionen Pkw abzüglich den damals registrierten 680.000 E-Autos.
100. Das Wachstum 2018 gegenüber 2016 in Höhe von 17 Millionen Pkw insgesamt abzüglich der zusätzlichen 1,8 Millionen E-Autos.

Altbestand an herkömmlichen Pkw und die rund 1,4 Millionen zusätzlichen Pkw mit herkömmlichen (Benzin- und Diesel-)Motoren mit sich bringen. Und es gibt noch im Einzelnen zu analysierende Belastungen durch eine Flotte von inzwischen knapp 54.000 Elektrofahrzeugen.

Für China und Deutschland gilt: Das Wachstum an herkömmlichen Pkw übersteigt um ein Vielfaches die Zahl der neuen Elektro-Autos. Wobei die implizite Behauptung, jedes zusätzliche Elektromobil sei ein Plus für Umwelt und Klima natürlich nicht belastbar, ja unsinnig ist. Auch ein zusätzliches Elektroauto ist zunächst einmal eine zusätzliche Belastung. Wie hoch diese zu bewerten ist, wird zu untersuchen sein.

Die chinesischen E-Pkw-Hersteller

Die in China aktiven Hersteller von Elektrofahrzeugen können in die drei Gruppen unterteilt werden: in die großen traditionellen chinesischen Hersteller, in »Ausländer« in China (deren Produktionen in der Regel in Form von joint ventures stattfinden) und in neue E-Auto-Start-ups. Die am 1. Januar 2019 in Kraft getretene Regelung, wonach 10 Prozent aller in China verkauften Autos Elektromobile sein müssen, führt zu einer erheblichen Neustrukturierung der chinesischen Autoproduktion und teilweise auch zu einer neuen Positionierung der einzelnen chinesischen Hersteller (einschließlich deren joint-venture-Partner).

Die etablierten chinesischen Autoproduzenten stellen überwiegend herkömmliche Kraftfahrzeuge mit Verbrennungsmotoren her. Spätestens seit dem 1. Januar 2019 haben sie in der Regel zusätzlich E-Mobile im Angebot oder eine auf Elektromobilität spezialisierte Tochter. Zu nennen sind hier – in der Reihenfolge ihrer Stärke – vor allem die Autohersteller Geely (mit den Töchtern Volvo und Lynk & Co.), SAIC (mit den Marken Wuling, MG und Roewe; das letztere meint »Rover«), Great Wall, GAC, BYD und BAIC.[101]

Insgesamt gibt es mehr als zwei Dutzend unabhängige chinesische Autohersteller; ein Dutzend von ihnen liegt in der Spannweite von 200.000

---

101. Hier geordnet entsprechend der Verkäufe 2018 auf Basis von carsalesbas.com [abgerufen am 20.1.2019]. Danach folgen Dongfeng, Chery, Zotye und FAW.

produzierten Autos im Jahr bis zu 1,5 Millionen hergestellten Autos. Wobei sich diese Zahlen auf die Autos beziehen, die als chinesische Pkw und Marken verkauft werden, also ohne die joint-venture-Fertigungen, die unter den Marken der ausländischen Partner in den Handel kommen.

Da inzwischen so gut wie alle diese Hersteller E-Pkw verkaufen bzw. verkaufen müssen, ist auch klar, dass die Zahl der Elektroautos, die von diesen verkauft werden, sich jeweils bei wenigen zehntausend, oft auch nur bei einigen tausend bewegt.

Geely beispielsweise nimmt 2018 auf dem chinesischen Markt hinter VW mit rund 1,4 Millionen gefertigten Fahrzeugen den Rang 2 ein. Bei diesem Unternehmen liegt der Anteil von reinen Elektroautos und Hybrid-Pkw bei wenigen Zehntausend. Die Geely-Tochter Lynk & Co, die, unterstützt vom Internet-Konzern Alibaba, mit »innovativen Vertriebsmodellen« Schlagzeilen macht und auch auf den europäischen und US-Markt zielt, will angeblich in Bälde nur noch Elektro-Autos herstellen. Faktisch produziert das Unternehmen teure SUVs mit viel Hightech und mit herkömmlichen Verbrennungsmotoren.

Gelegentlich werden BAIC und BYD als »große Hersteller von Elektroautos« angeführt. Ohne Zweifel sind dies Unternehmen, die im weltweiten Vergleich solche Großhersteller von E-Pkw sind. Dennoch lohnt ein Blick hinter die Werkstore. So wurden bei dem staatlichen Produzenten BAIC, der zugleich Partner von Hyundai und Daimler ist und der mit BJEV eine E-Auto-Tochter hat, im Jahr 2018 insgesamt 1,3 Millionen Autos gefertigt. Unter diesen gibt es gerade mal rund 100.000 E-Autos, wobei es sich hier vor allem um das Modell EC180/200 handelt. Einschließlich der Hybrid-Modelle liegt der Anteil der Elektro-Pkw-Sparte an der Gesamtproduktion bei rund einem Viertel.

BYD wird in den internationalen Medien in der Regel als ausschließlicher Hersteller von Elektro-Pkw oder als ein Hersteller, der vor allem Elektro-Pkw anfertigen würde, präsentiert. Diese Darstellung deckt sich nicht mit der real existierenden Produktion. BYD produzierte 2018 etwas mehr als 500.000 Fahrzeuge. Davon rund 120.000 Elektro-Autos und Plug-in-Hybrid-Pkw. Auch hier ist der Anteil der Elektro-Pkw-Produktion geringer als ein Viertel der Gesamtproduktion.

Die genannten Stückzahlen der Elektro-Pkw-Sparten der chinesischen Autokonzerne unterstreichen, dass sich das Elektroauto-Segment eines jeden chinesischen Autoherstellers auch im Jahr 2019 lediglich als Option auf die Zukunft versteht beziehungsweise dass sich dieses Engagement nur auf Basis der hohen staatlichen Subventionen (für Forschung, Bau und Direktförderung bei den Käufern) rechnet. Bei der überwiegenden Masse der Pkw der chinesischen Hersteller handelt es sich um herkömmliche Fahrzeuge, überwiegend um solche mit Benzin-Motoren. Und in diesem traditionellen Bereich wird der Profit erzielt.

Die zweite Gruppe im chinesischen Autogeschäft sind die ausländischen Hersteller, die in der Regel in joint ventures mit chinesischen Partnern auftreten. Ein halbes Dutzend produzieren mehr als eine Million Einheiten im Jahr (VW, Honda, Nissan, Toyota, Hyundai und Baojun/GM), drei weitere (Ford, Daimler und BMW) produzierten 2018 in China zwischen 500.000 und 850.000 Autos. Auch diese Unternehmen haben Elektro-Pkw im Programm, teilweise mit einer eigenen E-Mobile-Tochter. Bei Daimler ist dies Denza, bei BMW-Brilliance Zinoro oder Zhinou. VW verfügt im Segment E-Mobile »nur« über entsprechende Fertigungen in den zwei joint ventures vor Ort: Das eine wird zusammen mit dem chinesischen Hersteller SAIC, das andere gemeinsam mit dem chinesischen Produzenten FAW betrieben.[102] Auch hier sind die Elektromobile jeweils eine Zutat, die zu entwickeln und zu fertigen diese Hersteller faktisch genötigt wurden.

Seit wenigen Jahren existiert eine Reihe von Start-up-Unternehmen, die in der Weltautopresse erheblich Furore machen. Diese orientieren sich in der Art des Auftritts am US-amerikanischen Hersteller Tesla und dessen Boss Elon Musk (siehe Kapitel 8). Hinter diesen Start-up-Unternehmen stehen in der Regel chinesische Milliardäre, der chinesische Staat selbst beziehungsweise internationale Investmentgesellschaften. Sie verfügen oft über ein kompetentes Spitzenpersonal, das mit hohen Gagen von BMW, Audi, Tesla und Daimler abgeworben wurde. Zu nennen sind hier Nio (finanziert von dem Milliardär

---

102. Hier gibt es einen Disput zwischen VW und Peking, inwieweit VW die E-Mobile, die bei diesen Joint Ventures gefertigt werden, als Teil der eigenen Produktpalette zumindest anteilmäßig reklamieren kann.

William Li, dem IT-Konzern Tencent und dem US-Risikokapitalgeber Sequoia). An der Management-Spitze steht hier der Ex-BMW-Top-Manager Kris Thomasson. Dann gibt es die neue Marke Byton mit der Muttergesellschaft Future Mobility Corporation, erneut kofinanziert von Tencent, aber auch unterstützt von dem weltgrößten Elektronikzulieferer Foxconn. Hier steht Carsten Breitfeld, ebenfalls ein ehemaliger BMW-Manager, an der Spitze des Unternehmens. Anzuführen sind noch das Elektro-Pkw-Start-up Faraday Future (finanziert von dem chinesischen Milliardär Jia Yueting, mit dem Ex-Tesla-Top-Mann Nick Sampson), der Hersteller von Elektro-SUVs Yudo, hinter dem mehrere Staatskonzerne und die Provinzregierung von Fujian stehen und Xpeng Auto, u. a. finanziert von dem Internetriesen Alibaba und erneut von der Foxconn Technology Group.

All diesen Unternehmen ist gemein, dass sie – auch hier mit Tesla vergleichbar – auf den oberen Mittelstand setzen. Sie bieten ausschließlich Elektro-Pkw an – und dies im Fall des jeweiligen Einstiegsmodells mit Preisen ab 50.000 US-Dollar aufwärts. Gleichzeitig erzielen sie, übrigens wie dies Henry Ford vor 110 Jahren tat, mit Geschwindigkeitsrekorden Aufmerksamkeit. Das Modell Nio EP 9 bringt die bescheidene Leistung von 1360 PS auf den Asphalt; auf dem Nürburgring wurde mit dem Modell ein neuer E-Pkw-Weltrekord mit 313 Stundenkilometer gefahren. Schließlich und endlich profitieren diese Unternehmen in gewaltigem Umfang von der staatlichen Subventionierung für diese »e-mobility«. Es liegt auch nahe, dass Peking das Entstehen dieser Start-up-Unternehmen gezielt fördert, um die am Ende dieses Kapitels skizzierte globale Strategie Chinas im Bereich Weltautobau zu flankieren.[103] Damit könnte die Hoffnung verbunden sein, dass, nachdem die traditionellen chinesischen Autohersteller dies nicht schafften, sich aus einem solchen Start-up mit meist westlichem Top-Management-Personal ein neuer chinesischer Global Player in der Weltautobranche etablieren könnte.

103. Angaben nach: Rüdiger Köhn, »Der chinesische Elon Musk«, in: *Frankfurter Allgemeine Zeitung* vom 30. Mai 2017; Roland Lindner, »China drängt auf den Markt für E-Autos«, in: *Frankfurter Allgemeine Zeitung* vom 9. Januar 2018; Christopher Giesen und Max Hägler, »Smartphones auf Rädern«, in: *Süddeutsche Zeitung* vom 23. April 2017; Tom Grünweg, »Chinas Erfolgsstrategie«, in: *Spiegel online* vom 26. April 2017. Zu »Weltmeister« siehe: https://carnewschina.com/2016/11/29/new-chinese-car-brand-wm-motors-to-bring-evs-to-the-masses/

Die Elektro-Pkw-Offensive in China – Subventionsbetrug und Statistik-Mogelei

Untersucht man die Ergebnisse der Politik zur Förderung der Elektro-Pkw-Mobilität in China, so sind diese überwiegend ernüchternd. Bereits 2016 berichtete die *Wirtschaftswoche*, gut dokumentiert mit Beispielen und Zitaten aus China, über »Die Mär vom Elektroauto-Wunderland China« und darüber, dass die vermeintlichen Erfolge in diesem Bereich »eine Mischung aus Bluff und Betrug« seien.[104] Fasst man die inzwischen zu dem Thema vorliegenden Berichte zusammen, dann kommt der beschriebene Anstieg der Pkw-Auto-Zahl in China in einem großen Umfang auf der Grundlage von vier verschiedenen, dirigistischen und teilweise halb-betrügerischen Maßnahmen zustande.

Nummernschild gratis

Wer in China ein Elektroauto erwirbt, bekommt in der Regel sofort und gratis ein Nummernschild, also die Zulassung zum Straßenverkehr. Das ist in China wie ein Sechser im Lotto. Normalerweise werden – als Resultat der hohen Umweltbelastung durch Autos in den Städten und der deshalb verfügten Begrenzung der Zunahme des Autoverkehrs – die Schilder verlost. Teilweise können sie auch für viel Geld auf dem Schwarzmarkt erworben werden. In Schanghai kostete 2018 beim Kauf eines Pkw mit Verbrennungsmotor eine Zulassung umgerechnet 15.000 Euro. Dort lag zu diesem Zeitpunkt »die Chance auf Zuteilung eines Nummernschilds bei 3 Prozent«.[105] Der Kauf eines E-Mobils hebt diese restriktiven Beschränkungen auf. In Shanghai wurden 2015 rund 5000 (der landesweit 43.000) Plug-in-Hybride zugelassen, vor allem, weil man mit diesen Fahrzeugen ohne weitere Prüfung sofort ein Nummernschild bekam. 2016 wurde ein solcher Kauf dann an eine wichtige Bedingung geknüpft: Der Halter musste ab diesem Zeitpunkt nachweisen, dass er im realen Leben elektrisch unterwegs ist und dass er sein Auto regelmäßig an

104. *Wirtschaftswoche* vom 25. April 2016.
105. Hendrik Ankenbrand, Die verordnete Auto-Revolution, in *Frankfurter Allgemeine Zeitung* vom 2. Mai 2018.

der Steckdose auflädt. Kaum war dies beschlossen und verkündet, schrumpfte der Verkauf der Hybride dramatisch zusammen. Die meisten E-Pkw in der Region Shanghai sind in dem Außenbezirk Pudong registriert – weil dort der Bezirk zusätzlich E-Mobilität subventioniert.[106]

Der Pkw-Kaufpreis wird bis zur Hälfte von der öffentlichen Hand bezahlt

China leistet sich – zusammen mit Norwegen – weltweit die höchsten absoluten und prozentualen Subventionen für Elektro-Kraftfahrzeuge. Dabei müssen die auf zentraler Ebene bezahlten Subventionen kombiniert werden mit den regionalen. Ein Beispiel aus dem Jahr 2016: Ein SAIC-Hybrid-Pkw, der laut Preisschild umgerechnet 54.000 Euro kostet, kommt nach Abzug der Subventionen durch Zentral- und Lokalregierung auf umgerechnet 24.000 Euro. Darüber hinaus wird ein sehr günstiger Kredit für dessen Finanzierung angeboten. Und dann gibt es das begehrte Gratis-Nummernschild.[107]

Öffentliche Gelder für öffentliche Käufe

Ein großer Teil der Elektrofahrzeuge wird von öffentlichen Einrichtungen und Unternehmen gekauft. Der eigentliche Zweck, den privaten Pkw-Verkehr auf E-Pkw umzustellen, wird damit verfehlt. Die Käufer von E-Fahrzeugen erfüllen damit lokale und regionale Quoten, die von der Zentralregierung vorgegeben werden – und kassieren dabei noch staatliche Subventionen.

Für das Jahr 2015 wurde bekannt, dass rund 80 Prozent der öffentlichen Subventionen für »Elektromobilität« landesweit von 25 Busgesellschaften eingesackt wurden (pro Elektro-Bus wurde im Vergleich mit einem Pkw ein Vielfaches an Subventionen bezahlt; rund 80 Milliarden Renminbi). In dem genannten Jahr machten Elektrobusse fast ein Drittel aller vom Autohersteller-Verband gezählten elektrischen Fahrzeuge aus. Als unmittelbare Folge dieses E-Bus-Skandals wurden die Subventionen für dieses Segment halbiert. In einem Bericht aus Shanghai aus dem Jahr 2018 heißt es: »Nur 62 Prozent der

106. *FAZ* vom 2. Mai 2018.
107. *Wirtschaftswoche* vom 25. April 2016.

E-Auto-Fahrer in Shanghai, zeigen Daten, sind Privatpersonen, von denen dann die meisten private Taxen fahren – der Rest entfällt auf Flotten von Behörden und Staatskonzernen.«[108]

Manipulierte Statistiken

Chinesische Medien berichten regelmäßig darüber, dass die offiziellen Zahlen über verkaufte E-Mobile erheblich geschönt sind. Im Februar 2016 rief die Zentralregierung eine Untersuchungskommission ins Leben, die die Berichte über 70.000 registrierte, aber nicht produzierte E-Autos aufklären sollte. Chinesische Zeitungen schrieben offen über »Geisterautos«. Der *Economic Observer*, ein angesehenes Wirtschaftsmagazin in China, berichtete über Autohersteller, die ihre E-Autos mehrfach verkauften: Nach Abschluss des Geschäfts wurden die Batterien ausgebaut und an die nächste Gesellschaft verkauft, die dafür erneut Subventionen einstrich.[109] Grundsätzlich ist der für 2018 berichtete Anstieg des Verkaufs von Elektroautos verblüffend. Auf Basis der Zahlen für die ersten drei Monate 2018 war der Verkauf von Elektro-Pkw im Vergleich zum Vorjahr noch rückläufig gewesen.[110] Es muss in der Folge beim E-Auto-Kauf eine wahre Aufholjagd gegeben haben.

✱✱✱

Bei all dem ist bemerkenswert: Trotz der relativ großen Stückzahlen, trotz der dirigistischen Maßnahmen zur Durchsetzung hoher Verkäufe, trotz der Tatsache, dass der chinesische E-Pkw-Markt zu 98 Prozent von den chinesischen Herstellern abgedeckt wird, und trotz (oder auch wegen) der massiven Subventionierung … gibt es kein einziges chinesisches Elektro-Pkw-Modell, das international konkurrenzfähig ist. Das ist kein arrogantes Urteil aus dem

---

108. *FAZ* vom 2. Mai 2018.
109. Rebecca Eisert und La Deuber, »Die Mär vom Elektroauto-Wunderland China«, in: *Wirtschaftswoche* vom 25. April 2016.
110. In dem zitierten Bericht von Hendrik Ankenbrand werden dafür die konkreten und offiziellen Zahlen genannt: Verkauf von 7 Millionen Fahrzeugen in den ersten drei Monaten, wobei darunter 143.000 E-Autos waren. (*FAZ* 2. Mai 2018).

Westen – das äußert so offen und ehrlich der Boss des chinesischen Auto-
herstellers Chery, Chen Anning. Im Vorfeld der Frankfurter Internationalen
Automobil-Ausstellung (IAA) im Jahr 2017 stellte er die rhetorische Frage:
»Wo sind denn alle diese E-Autos in China?« und lieferte die Antwort gleich
mit: »… in den Flotten von Regierung, Taxiunternehmen und Mietwagenfir-
men.« Die günstigen E-Autos, die von Herstellern wie BYD mit Hilfe hoher
Subventionen in den Markt gedrückt wurden, seien von »schlechter Qualität«.
Chen, der im Übrigen lange Zeit für Ford in den USA gearbeitet hatte und
der nun an der Spitze eines staatlichen chinesischen Autoherstellers steht,
meint: »Niemand würde die in Shanghai kaufen.«[111]

Im Jahr 2018 war unter allen Elektro-Pkw das Modell der BAIC-Tochter
BJEV mit der Bezeichnung EC180 der Bestseller. Es kam auf knapp 100.000
verkaufte Einheiten, womit sein Anteil am chinesischen Gesamtmarkt bei
gut 8 Prozent liegt. Dieses Modell ist damit also charakteristisch für den
chinesischen Markt. Die Daten sehen wie folgt aus: Der Pkw ist 3,67 Meter
lang – ähnlich wie ein Fiat Panda. Er verfügt in der meistverkauften Variante
über eine 22-Kilowatt-Lithium-Ionen-Batterie. Die Reichweite liegt bei »maximal 200 Kilometern«. Für ein Aufladen der Batterie werden sieben Stunden
veranschlagt. Die Spitzengeschwindigkeit liegt bei 120 Stundenkilometern,
wobei die Reichweite bei Geschwindigkeiten über 70 km/h sich sehr schnell
deutlich reduziert. Zwei nicht zu übersehende Vorteile beim Kauf des EC180
sind: Erstens kostet das Auto mit allen Subventionen nur umgerechnet 7000
Euro (offizieller Preis: 20.000 Euro). Zweitens erhält man beim Kauf des
E-Pkw-Winzlings umgehend eine Zulassung.[112]

Quotenregel und Erpressung

Bis Sommer 2017 hatte die chinesische Führung für die Umsetzung der ehrgeizigen Elektro-Pkw-Ziele umgerechnet mehr als 4 Milliarden Euro an direkten
Subventionen und weitere rund 10 Milliarden für Infrastrukturausgaben

---

111. Gespräch in: *Frankfurter Allgemeinen Zeitung* vom 13. September 2017.
112. Angaben nach Martin Seiwert, Das erfolgreichste Elektroauto Chinas, in: *Wirtschaftswoche* vom
     18. Dezember 2018.

verbucht. Nach einer Hochrechnung müssten bis zum Jahr 2020 umgerechnet weitere 53 Milliarden Euro an Subventionen und ergänzenden Investitionen ausgegeben werden, um bis zu diesem Zeitpunkt die anvisierte Zahl von 5 Millionen E-Autos auf die Straßen zu bringen. Das wäre, wenn es zwischenzeitlich zu keiner neuen Wirtschaftskrise kommt, sicher mit Bordmitteln zu stemmen. Dennoch stellt diese Summe auch für chinesische Verhältnisse einen ziemlich hohen Betrag dar – zumal für das eigentlich bescheidene Ergebnis eines 2-Prozent-Anteil von Elektro-Pkw an einem dann erreichten Gesamt-Pkw-Bestand mit 250 Millionen Einheiten. Allein mit staatlicher Unterstützung in Form von Subventionen scheint auch in China eine umfassende Elektromobilität nicht realisierbar. Und so verkündete im Herbst 2016 das Pekinger Industrieministerium eine Quotenregelung. Diese sollte zunächst bereits am 1. Januar 2018 in Kraft treten. Sie wurde dann im August 2017 leicht abgemildert. Insbesondere trat die Quotenregelung erst am 1. Januar 2019 in Kraft.

Zusammengefasst laufen die neuen, nunmehr festen Vorgaben auf das Folgende hinaus: Alle Autobauer und alle Importeure werden verpflichtet, einen festgelegten Anteil alternativer Antriebe bei Produktion und Verkauf einzuhalten. Die Anteile werden über ein Punktesystem festgelegt, an das sich alle Hersteller, die mehr als 30.000 Fahrzeuge im Jahr produzieren und im Markt absetzen, halten müssen. Dabei zählen die reinen Elektroantriebe (Batterie-Pkw; BEV) mehr als Plug-in-Hybride (PHEV), die mit einem Mix aus Verbrennungs- und Elektromotor bewegt werden. Auch höhere Reichweiten bringen mehr Punkte. Zunächst – für 2019 – gilt eine Quote von 10 Prozent; 2020 sollen es 12 Prozent sein. Perspektivisch könnte es auch – zunächst für die großen Städte – ein generelles Verbot für die Zulassung von Autos mit Verbrennungsmotoren geben, möglicherweise in weiterer Ferne auch ein Verbot für das Fahren von Pkw mit Verbrennungsmotoren in einzelnen Städten.

Und jetzt kommt der spannende Punkt: Wenn ein Hersteller die Elektroquote nicht erfüllen kann, muss er entweder »Kreditpunkte« von anderen (in aller Regel chinesischen) Herstellern, die solche E-Mobile bauen, erwerben (und dafür zahlen) oder direkt an den Staat Strafzahlungen leisten.[113]

---

113. Nach: *Frankfurter Allgemeine Zeitung* vom 29. August 2017; und: https://www.autozeitung.de/china-elektroquote-136922.html#

Gegen diese Quotenregelung gab es massiven Widerstand. Mehrere internationale Autoverbände, auch chinesische Autokonzerne, und nicht zuletzt die deutsche Kanzlerin in persona intervenierten. Erreicht wurden eine gewisse Modifizierung und die angeführte bescheidene zeitliche Verzögerung. Der für die deutschen Konzerne wichtige Aspekt der Strafzahlungen und des möglichen Freikaufs von der Quote durch den Erwerb von Punkten von anderen Herstellern blieb weitgehend erhalten. Wobei diese Regelung durchaus vorteilhaft für die Konzerne ist. Sie ist offensichtlich dem Ablassmodell aus dem Mittelalter nachgebildet ist (»Wenn das Geld im Kasten klingt, die Seele aus dem Feuer springt.«).

Für Massenhersteller wie GM und VW ist diese Quote zumindest in den Jahren 2019 und 2020 nicht einhaltbar. VW verkaufte 2016 in China 3,98 Millionen Autos; 2017 waren es 4,18 Millionen. 2018 dürften es rund 4,3 Millionen Autos gewesen sein.[114] Damit müsste VW 2019 mehr als 400.000 Elektro-Pkw in China (= 10 Prozent der Importe und der Produktion in China) verkaufen. Dafür hat VW weder die entsprechenden Modelle noch die nötigen Produktionskapazitäten. Der Konzern ist vielleicht in der Lage, 100.000 Elektro-Modelle im Rahmen seiner joint ventures abzusetzen, aber nicht die laut Quote geforderte Zahl.[115]

Bei BMW und Daimler sieht die Lage etwas günstiger aus. Diese Konzerne setzen ihre Pkw in deutlich kleineren Stückzahlen ab, auch wenn die Umsätze deutlich näher an den VW-China-Umsatz heranreichen. BMW konnte 2017 in China 590.000 Modelle verkaufen; 2018 etwas mehr als

114. VW verkaufte 2018 3,129 Millionen Autos, die in China gefertigt wurden. Das waren 10.000 Autos weniger als 2017. Hinzu kamen 352.000 Škoda- und 620.300 Audi-Modelle, die jeweils ebenfalls in chinesischen Fabriken gefertigt wurden. Hinzu kamen Exporte aus unterschiedlichen VW-Werken nach China.
115. Die »VW Group« stellte nach VW-Angaben 2016 in China 63.674 »Batterieelektro- und Plug-in-Hybrid-Autos« her. Das dürften jedoch E-Autos gewesen sein, die im Rahmen der zwei VW-joint ventures hergestellt wurden. Da gibt es einerseits die Haltung der chinesischen Behörden, wonach VW bei diesen joint ventures nur Minderheitspartner ist, weswegen diese E-Autos nicht anrechenbar wären. Zum anderen gilt dann, wenn bei diesem Thema ein Kompromiss erzielt wird, dass höchstens die Hälfte dieser Zahl, also gut 30.000, bei VW angerechnet werden können. Angaben nach: *Handelsblatt* vom 9. Februar 2018.

600.000. Bei Daimler waren es 2017 610.000 Einheiten; 2018 rund 650.000.[116] BMW müsste also 2019 gut 60.000 E-Mobile in China absetzen; bei Daimler wären es dann rund 65.000.

In der Summe werden allein die angeführten deutschen Konzerne ab dem 1. Januar 2019 pro Jahr enorme Beträge – möglicherweise einige Milliarden Euro – an Strafzahlungen an den chinesischen Staat oder an mit ihnen konkurrierende chinesische Unternehmen für den Kauf von »Krediten« zu zahlen haben. Doch das könnten dennoch am Ende Gelder aus der Portokasse sein. Die Gewinne der ausländischen Autohersteller in China sind überproportional im Vergleich zu denen auf anderen Märkten. Und vor allem beziehen die internationalen Autokonzerne heute den größten Teil ihrer Gewinne aus ihrer Produktion in China bzw. aus den Exporten für den chinesischen Markt. Ein Verzicht auf dieses China-Geschäft ist für diese Hersteller in absehbarer Zeit überhaupt nicht vorstellbar. Unter den gegebenen Bedingungen sind VW, BMW, Daimler, GM, Ford und Toyota auch bereit, die chinesische Konkurrenz finanziell zu unterstützen. Der eingangs zu diesem Kapitel zitierte Umweltjournalist Manfred Kriener bilanzierte zutreffend wie folgt: »Im Kern bedeuten die Pläne der Volksrepublik nichts anderes als eine ausgeklügelte Subvention der eigenen Autoindustrie auf Kosten der ausländischen Mitbewerber.«[117]

Tatsache ist: China hat es – anders als Japan in den 1970er-Jahren und anders als Südkorea in den 1980er-Jahren – nicht geschafft, in einem Autoboom, der in China selbst seit mehr als einem Vierteljahrhundert anhält und vor dem Hintergrund eines gigantischen inneren, teilweise abgeschotteten Marktes, auch nur einen einzigen, international konkurrenzfähigen Autokonzern hervorzubringen. Und es ist nicht absehbar, dass es hier in den nächsten Jahren einen Durchbruch geben könnte – es sei denn, es gelänge einem chinesischen Autounternehmen einen großen Autokonzern im Westen aufzukaufen – etwa Fiat-Chrysler.

Geely soll 2017 just dies versucht haben, dabei jedoch von dem damaligen (inzwischen verstorbenen) Fiat-Boss Sergio Marchione abgewiesen worden

---

116. Quellen u. a. VDA, McKinsey und Center of Automotive Management; nach: *Handelsblatt* vom 9. Februar 2018.
117. Manfred Kriener, China elektrisiert, in: *Le Monde diplomatique*, a. a. O.

sein. Die Geely-Tochter Volvo als Technologie-Lieferant und Standbein auf den westlichen Märkten könnte eine zu schmale Basis für den Kampf an die Spitze der Weltbranche darstellen. Und die Übernahme des malaysischen Autoherstellers Proton, die Geely Ende 2017 vollzog, verschlechtert eher die Ausgangsbedingungen in dem internationalen Konkurrenzkampf. Geely droht sich zu verzetteln. Dem bereits angeführten Staatskonzern Chery und seinem Boss Chen Anning werden ähnliche Ambitionen nachgesagt.[118]

Die aktuelle Offensive Chinas auf dem Sektor der Elektroautomobile ist vor diesem Hintergrund zu sehen. Tatsächlich hat die chinesische Staatsführung nach Angaben der britischen Wirtschaftszeitung *Financial Times* 2017 den NEV-Sektor – die Branche der New-Energy-Vehicles – als eine von zehn Industrien identifiziert, in der »China einen nationalen Champion, der auf dem Weltmarkt wettbewerbsfähig ist, schaffen« will.[119]

Eine solche Strategie mündet dann in eine dramatische Wende, wenn diese Politik mit der klaren Ansage kombiniert wird, dass ab dem Jahr X jede Produktion, jeder Import und jeder Verkauf von Personenkraftwagen, die mit Benzin oder Diesel betrieben werden, in China, also auf dem weltweit mit Abstand größten Automarkt, verboten sein werden. Es gibt zwar inzwischen eine Reihe von Ländern und Städten, die in jüngerer Zeit ein solches Ende für Autos mit Verbrennungsmotoren verkündet haben. Doch das betraf bislang entweder eher kleine Länder ohne relevante Autoindustrie und mit einem kleineren Absatzmarkt wie Norwegen und die Niederlande (Deadline jeweils 2025) oder es ging, wie im Fall von Indien (Deadline 2030) bzw. Frankreich und Großbritannien (Deadlines jeweils 2040), um relativ weit in der Ferne liegende Zeitpunkte für ein solches Aus für Kraftfahrzeuge mit traditionellen Antriebsarten.

Ein vergleichbares Diktat aus China würde einen tiefen Einschnitt für die Weltautoindustrie darstellen. Und es spricht einiges dafür, dass es zu einer

---

118. Chery konnte 2017 120.000 Pkw aus eigener Fertigung – allesamt Benziner – exportieren. Eine größere Rolle spielte dabei sein Winzig-Modell »QQ«, das mit einem Preis von umgerechnet 3000 Euro lange Zeit das günstigste Auto der Welt war. Inzwischen setzt Chery auch auf SUV-Pkw und will damit eine Exportoffensive starten. Angaben nach: *Frankfurter Allgemeine Zeitung* vom 13. September 2017.

119. Charles Clover, »China eyes ban on petrol and diesel cars«, in: *Financial Times* vom 11. September 2017.

solchen Richtungsentscheidung kommen wird. Die Ankündigung der Quoten für Elektroautos war bereits verbunden mit einem Verbot zur weiteren Produktion von 553 (!) Auto-Modellen, was mit deren zu hohen Emissionen begründet wurde. Auch ein VW-Modell wurde dabei aufgeführt.[120] Faktisch war dies jedoch eine Farce, da die meisten der dabei aufgeführten Modelle ohnehin seit geraumer Zeit gar nicht mehr produziert werden. Doch es war gleichzeitig ein kaum zu übersehendes Signal dafür, dass in China ein Verbot für Autos mit Verbrennungsmotoren auf der Tagesordnung gelangen kann. Hinzu kommt: Die massive staatliche Förderung für den Kauf von Elektro-Autos kommt in dem Maß, wie die Produktion solcher Autos gesteigert wird, teurer. Diese Förderung soll, insoweit es um die direkte Subventionierung geht (und nicht um Gelder für den Aufbau der Ladeinfrastruktur) nur noch bis 2020 Gültigkeit haben und dann ganz oder weitgehend beendet werden. Die Beispiele Niederlande, Dänemark und Shanghai lehren, dass in einem solchen Fall der private Kauf von Elektroautos weitgehend zusammenbrechen könnte – es sei denn, es gibt ein Verbot für den Einsatz von Pkw mit Verbrennungsmotoren in den großen Städten.

---

120. Dazu erklärte ein VW-Sprecher am 2. Januar 2018: »Es betrifft keines der aktuell in Produktion befindlichen Modelle.« Ohne die Liste im Einzelnen zu kennen, tippe ich auf das Modell VW Santana. Nach: Alexander Koch, »China verbietet erste Verbrenner«, in: *Autozeitung* vom 2. Januar 2018.

Kapitel 6
E-Pkw – Basics: Klimabelastung und Bumerang-Effekte

Ein bisschen Pech haben die Veranstalter dann doch gehabt. Das hätten sie ja schlecht voraussehen können: dass sich der US-Senat ausgerechnet am Tag vor dem Auftakt der fünften Saison darauf festlegt, dass Mohammed bin-Salman, der Kronprinz von Saudi-Arabien, verantwortlich für den Mord an dem Journalisten Jamal Khashoggi ist. [...] Für alle Rennfahrer, Sponsoren und Hersteller ist es insofern eine unglückliche Situation, wenn an diesem Samstag nun der mutmaßliche Auftraggeber eines Mordes als Gastgeber aus seiner Loge winken wird, wenn die Formel E, die Serie für Rennwagen mit Elektromotoren, zum ersten und wohl nicht zum letzten Mal in Ad Diriyah rollen wird, einem Vorort von Saudi-Arabiens Hauptstadt Riad. [...] Saudi-Arabien fokussiert sich darauf, der Formel E kolportierte 260 Millionen Euro zu überweisen. [...] Nun kreisen am Samstag die modernsten Autos der Geschichte in einem der moralisch und ethisch rückständigsten Länder der Welt. Und finanziert wird die emissionsfreie, elektrische Veranstaltung mit den Erlösen der Ölindustrie, die weltweit Verbrennungsmotoren am Laufen hält.

*Philipp Schneider, Mordsidee. Die Rennserie der Zukunft –
nachhaltig, emissionsfrei modern – feiert ihren
Saisonstart im Öl-und Folterstaat Saudi-Arabien.*[121]

Die Nationale Plattform Elektromobilität, seit dem Jahreswechsel 2018/2019 »Nationale Plattform Zukunft der Mobilität«, die in Deutschland die Durchsetzung der Elektromobilität betreibt, geht Anfang 2019 davon aus, dass das Ziel von einer Million Elektroautos in Deutschland im Jahr 2022 erreicht wird. Das wäre zwei Jahre später als bislang angestrebt, aber immer noch eine höchst ambitionierte Zielsetzung. Sie könnte dann erreicht werden, wenn die Subventionierung der Elektromobilität so gesteigert wird, wie von

121. In: *Süddeutsche Zeitung* vom 15. Dezember 2018.

der Autoindustrie und den meisten Umweltverbänden gewünscht. In diesem Sinn wurden von unterschiedlicher Seite Optimismus verbreitet und neue Subventionen angekündigt. Die *Süddeutsche Zeitung* schrieb Ende 2018, das neue Jahr 2019 werde »das Jahr der Steckdose«; es brächte »den Durchbruch für Elektro-Autos« und werde damit zum »entscheidenden elektrischen Jahr« werden. Am 1. Januar 2019 traten in Deutschland neue steuerliche Vorteile beim Kauf eines elektrisch betriebenen Dienstwagens in Kraft.[122] Das klingt zunächst wie die Subventionierung einer Nischen-Mobilität. Tatsächlich werden in Deutschland pro Jahr 800.000 Firmenwagen neu zugelassen. Gut 60 Prozent aller Neuzulassungen mit Pkw deutscher Hersteller sind Dienstwagen. Damit könnten Firmenwagen, die aufgrund der grundsätzlichen steuerlichen Förderung bereits seit langem Motor bei der inländischen Automotorisierung sind, einen zusätzlichen Schub bekommen. Die Standardforderung, die Subventionierung von Dienstwagen bzw. von Firmenwagen grundsätzlich zu beenden, wird somit auf eine groteske Art und Weise konterkariert.

In Österreich, wo die Bahn eine recht populäre »VorteilsCard« anbietet, was in Deutschland der BahnCard50 entspricht, verkündete die ÖVP-FPÖ-Regierung im Oktober 2018 ein »Vorteilspaket« für Elektroautos: Für E-Pkw-Fahrer soll künftig ein »eingeschränktes Tempolimit« gelten; ihnen ist eine Mitbenutzung von Busspuren erlaubt; für sie wird es in Städten vielfach Gratisparken geben. »Der Weg zur Erreichung der Klimaziele führt nicht über Verbote, sondern über Anreize. Wir wollen mit unseren Vorhaben die Menschen davon überzeugen, dass es sich in mehrfacher Hinsicht auszahlt, auf ein E-Fahrzeug zu wechseln«, betonten die Umweltministerin Elisabeth Köstinger und der Verkehrsminister Norbert Hofer bei der Vorstellung des neuen Maßnahmenpakets.[123]

All diese Neuerungen zur Begünstigungen der Elektromobilität werden von Regierungen vorgetragen, die eng mit der Autobranche, die zu Recht als

---

122. Normalerweise muss ein Dienstwagennutzer monatlich ein Prozent des Listenpreises als geldwerten Vorteil versteuern. Für Elektro-Pkw muss künftig nur noch ein halbes Prozent versteuert werden. Zitat zuvor: *Süddeutsche Zeitung* vom 12. Dezember 2018.

123. Konkret sollen E-Mobil-Fahrer in Österreich auf Autobahnabschnitten mit Tempolimit 100 130 Stundenkilometer schnell fahren dürfen. Das betrifft immerhin 440 Kilometer im österreichischen Autobahnnetz oder exakt ein Viertel des Gesamtnetzes. Nach: *E-Mobil-Server* vom 3. Oktober 2018. https://www.emobilserver.de/nachrichten/politik/1231-%C3%B6sterreich-beschlie%C3%9Ft-vorteilspaket-f%C3%BCr-elektroautos.html [abgerufen am 20.1.2019]

»Dino-Industrie« bezeichnet wird, kooperieren. Die Begründung in Berlin, Wien und Brüssel für alle Maßnahmen zur Förderung der Elektromobilität lautet: »Elektrofahrzeuge sind im Betrieb generell emissionsfrei.« Laut Fahrzeugverzeichnis des deutschen Kraftfahrzeugbundesamtes stoßen rein elektrisch betriebene Autos tatsächlich nullkommanull Kohlendioxid aus. Und wenn Stromer komplett sauber sind, dann sollten sie auch massenhaft als Dienstwagen unterwegs sein dürfen, gratis parken, Strom kostenlos oder verbilligt »tanken« können, vom Verbot der Nutzung von Busspuren ausgenommen werden, ja dann müssen sie ein umfassendes »Vorteilspaket« erhalten.

Dabei müsste sich spätestens bei der Frage, wie denn ein Tesla S mit 2108 Kilogramm Leergewicht ohne jegliche Umwelt- und Klimabelastung mit bis zu 225 Stundenkilometer bewegt werden kann, der gesunde Menschenverstand einschalten. Das tut er offensichtlich nicht. Angesichts der Propagandaoffensive über eine angeblich »klimaneutrale Elektromobilität«, wie sie von vielen Regierungen, von den Autokonzernen und von einem größeren Teil der Umweltszene betrieben wird, wird die eigentlich entscheidende Frage kaum mehr debattiert: Können Elektroautos tatsächlich als strategischer Bestandteil einer Verkehrsorganisation gewertet werden, die den Zielen von Nachhaltigkeit, Klimaverträglichkeit, Umweltfreundlichkeit und Stadtqualität gerecht wird? Belasten E-Autos tatsächlich die Umwelt nicht oder zumindest massiv weniger als der vorherrschende motorisierte PKW-Individualverkehr mit Verbrennungsmotoren?

Dagegen muss *dreierlei* vorgebracht werden:

Erstens startet ein Elektro-Pkw mit einen gewaltigen »ökologischen Rucksack«. Die Herstellung eines E-Pkw ist im Vergleich mit der Herstellung eines traditionellen Pkw mit extrem viel mehr Klima-Äquivalenten verbunden.

Zweitens verbraucht ein Elektroauto natürlich auch Energie. Selbst wenn es sich um 100 Prozent »Ökostrom« – Strom erzeugt ausschließlich auf Basis von Sonnenenergie, Wind- oder Wasserkraft – handeln würde, so sind mit der Herstellung von entsprechenden Stromerzeugungsanlagen auch CO_2-Emissionen verbunden. Vor allem aber ist die Annahme, der Strom für Elektromobile sei ausschließlich oder primär Ökostrom, auf absehbare Zeit – in den nächsten zehn bis zwanzig Jahren – illusionär. Entscheidend ist der bestehende Strom-Mix bzw. der für die nächsten ein bis zwei Dekaden zu erwartende Strom-Mix. Dabei spielt die Tatsache eine besondere Rolle, dass Elektromobilität im Weltmaßstab verbunden ist mit einem Festhalten an Atomstrom und in einigen Regionen mit einer massiven Ausweitung der Produktion von Atomstrom.

Drittens sind Elektro-Pkw mit Rebound- oder Bumerang-Effekten verbunden, die die Umwelt- und Klimabelastungen zusätzlich erhöhen.

Ökologischer Rucksack: sechs Tonnen CO_2 bei Tachostand Null

Die meisten Debatten über die Klimabelastung eines Elektrofahrzeugs starten beim Thema Stromverbrauch im Betrieb. Autos haben jedoch – neben der Vorstufe (mit dem Abbau der Rohstoffe) und neben einem Nachleben (mit der Entsorgung) – ein Produktions- und ein Betriebsleben. Das ist im Fall eines Elektroautos besonders wichtig. Beim E-Pkw ist der Energiebedarf für die Produktion des Fahrzeugs enorm. Ursache dafür ist vor allem die Batterie.

Grundsätzlich ist inzwischen unbestritten, dass ein Elektroauto mit einer entsprechenden CO_2-Hypothek aus der Akkuproduktion startet. Die Rede ist hier auch von einem »ökologischen Rucksack«, der im Verlauf der Betriebszeit des E-Pkw abzutragen wäre. Auch VW und BMW gestehen dies in ihren Mitteilungen zu den jeweiligen Modellen e-Golf und i3 ein. Die unterschiedlichen Studien gestatten die verallgemeinernde Annahme, dass bei der Herstellung eines Elektromobils rund doppelt so viele Kilogramm CO_2-Äquivalente[124] wie bei einem konventionellen Vergleichsprodukt freigesetzt werden. Im Fall des e-Golf sind es gut neun anstelle von vier Tonnen CO_2-Äquivalente. Dabei spielt natürlich die Motorisierung und damit die Größe der Batterie eine wichtige Rolle. Wobei es hier zu immer neuen – vom Publikum geforderten und vielfach steuerlich zusätzlich geförderten – Nachrüstungen kommt. Der e-Golf war in seiner ersten Marktversion zunächst mit einer Batterie von 24 Kilowattstunden ausgestattet, was 3 bis 5 Tonnen zusätzlich ausgestoßenem

124. Bei dem Maß »CO_2-Äquivalente« werden außer den CO_2-Emissionen auch deutlich stärker wirkende Klimagase, die von einem Pkw zusätzlich zu CO_2 emittiert werden, auf die Wirkung von Kohlendioxid umgerechnet.

CO_2 gleichkam. Als Resultat der Forderungen nach größerer Reichweite wird dieses Elektroauto inzwischen mit 36 Kilowattstunden Kapazität angeboten. Die Menge an zusätzlich bereits bei der Herstellung emittierten CO_2-Äquivalenten erhöht sich damit auf rund 4,5 bis 7 Tonnen.

Eine jüngere Studie, verfasst von Mia Romar und Lisbeth Dahllöf und erstellt im Auftrag des schwedischen Umweltministeriums, kommt zu dem Ergebnis, dass sich ein Elektro-Auto von der Größe eines Tesla Model S ökologisch erst dann rechnet, wenn man mit diesem acht Jahre lang gefahren ist. Die Autorinnen haben ausgerechnet, dass bei der Herstellung pro Kilowattstunde Speicherkapazität rund 150 bis 200 Kilo Kohlendioxid-Äquivalente freigesetzt werden. Im Fall des Tesla Model S mit 85 kWh wären das bis zu 17 Tonnen CO_2. Zum Vergleich: Der jährliche Pro-Kopf-Ausstoß an CO_2 in Deutschland beträgt 8,9 Tonnen. In Österreich sind es 6,9 und in der Schweiz 4,3 Tonnen. Die Bilanz der Studie: Ein Fahrzeug mit einem benzinbetriebenen Motor vom Typ Golf könne acht Jahre gefahren werden, bevor es die Umwelt so stark belastet wie die Akku-Produktion für ein Tesla Model S. Bei einem kleineren E-Fahrzeug wie dem Nissan Leaf wären es noch etwa drei Jahre.[125]

Zu vergleichbaren Ergebnissen kam 2017 eine Studie des Trancik Lab am Massachusetts Institute of Technology (MIT) bei einem Vergleich zwischen dem Benzin-Pkw-Modell Mitsubishi Mirage mit dem E-Pkw-Modell Tesla S (P100D). Danach kam das Benzin-Modell auf den Lebenszyklus umgerechnet auf 51.891 kg CO_2-Äquivalente; der Elektro-Tesla auf 61.115. Umgerechnet auf einen gefahrenen Kilometer ist der Benziner für 191 Gramm CO_2, der Elektro-Pkw für 226 Gramm CO_2-Äquivalente verantwortlich. Ein Plus von 17 Prozent.

---

125. Mia Romare und Lisbeth Dahllöf, The Life Cercle Energy Consuption and the Greenhouse Gas Emissions from Lithium-Ion-Batteries. A Study with focus on current Technology and Batteries for light-duty vehicles, IVL – Swedish Environmental Research Institute, Stockholm 2017. Im Übrigen sind die Forscherinnen keineswegs erklärte E-Pkw-Gegnerinnen. Ihre Forderungen lauten: Die Hersteller und Verbraucher müssten mit kleineren Batterien auskommen. Dies steht jedoch in einem offensichtlichen Widerspruch zu der allgemeinen Orientierung, immer reichweitenstärkere Autos herzustellen. Auch die Richtlinien, die in China am 1. Januar 2019 für die Förderung von Elektroautos in Kraft traten, laufen ebenfalls auf eine Bevorzugung von Elektroautos mit größeren Reichweiten hinaus. Unter den gegebenen Bedingungen heißt dies, der Trend zu großen und schweren E-Autos verstärkt sich.

Die Studie ist insofern interessant, da sich auch das erwähnte Institut, angeführt von Jessica Trancik, zu den Promotern der Elektromobilität rechnet.[126]

Ein zusätzliches Problem ist das Gewicht der Batterien: Obwohl es auf diesem Gebiet in den letzten Jahren einige Fortschritte gab, kann in einer Batterie bei gleichem Gewicht noch immer 70-mal weniger Energie gespeichert werden als in Benzin oder Diesel. Entsprechend mehr Batteriegewicht ist erforderlich, um die – immer noch eher geringen Reichweiten – zu gewährleisten. Das hohe Gewicht macht die Autos schwer – womit wiederum zusätzliche Energie beim Transport benötigt wird. Selbst der eher kleine e-Golf, Baujahr 2018, bringt es auf ein Leergewicht von 1,6 Tonnen. Die Reichweite liegt laut VW bei 230 km. Im Winter und bei laufender Heizung liegt die Reichweite deutlich unter 200 Kilometern. Der realistische Preis liegt laut einem aktuellen Testbericht bei mindestens 37.820 Euro oder, nach Abzug der staatlichen Förderung, bei 33.820 Euro.[127] Beachtlich sind auch die Ladezeiten, die bis zu 17 Stunden betragen; die Besitzer von Garagen oder Car-Ports mit einer Wechselstrom-Wallbox (die aber auch installiert werden muss und mit Kosten verbunden ist) müssen mit gut fünf Stunden Ladezeit rechnen. Selbst bei Nutzung eines Schnellladesystems (»CCS«) gibt VW als Ladezeit 45 Minuten an, wobei selbst dann nur 80 Prozent der Batterie wieder aufgeladen sind (oder die Reichweite um 20 Prozent unter dem offiziellen Wert liegt). [128]

126. Siehe Patrick McGee, »Green driving´s dirty secret«, in: *Financial Times* vom 9. November 2017.
127. In dem Testbericht werden unterschiedliche Extras aufgeführt, die ein Normal-Elektroauto-Besitzer ordert (u. a. um schneller Strom laden zu können). Das liest und addiert sich dann wie folgt: »Pflichtextras sind die […] CCS-Buchse (625 Euro), die Wärmepumpe (975 Euro) sowie das ACC (320 Euro). Macht zusammen 37.820 Euro bzw. 33.820 Euro nach staatlicher Förderung. Oder 2320 Euro mehr als der vergleichbare Hyundai Ioniq electric. Das sind ungefähr 300 Euro für jede Kilowattstunde, die der e-Golf mehr bietet. Der Vollständigkeit halber noch den Testwagenpreis: 44.335 Euro.« Testbericht bei Heise-Auto; siehe: https://www.heise.de/autos/artikel/Der-VW-e-Golf-im-Test-3774086.html?artikelseite=2 [Abgerufen am 20.1.2019].
128. O-Ton-VW-Werbung:»Möchten Sie Ihren e-Golf über eine handelsübliche Haushaltssteckdose zu 100 Prozent laden, beträgt die Ladezeit ca. 17 Stunden. Mit einer Installation der optional erhältlichen Wechselstrom-Wallbox an einem Hausanschluss mit min. 32A erhalten Sie eine höhere Ladeleistung, die dem Laden an öffentlichen Wechselstrom-Ladestationen entspricht. Hier beträgt die Ladezeit lediglich etwa 5 Stunden und 20 Minuten. Am schnellsten startklar machen Sie den e-Golf an öffentlichen Ladestationen mit Gleichstrom, die mit dem optional erhältlichen CCS-Schnellladesystem eine Ladezeit von gerade einmal 45 Minuten ermöglichen, um die Batterie auf 80 Prozent zu bringen.« Nach: Offizielle VW-Werbung für den e-Golf; Stand: Januar 2019.

E-Autos im Betrieb: entscheidend ist der Strom-Mix

Die E-Autos werden, wie erwähnt, mit dem Slogan »null Emission« beworben. Tatsächlich entstehen zwar nicht beim Fahren auf der Straße, jedoch bei der Stromerzeugung Emissionen, die das Klima belasten – CO_2-Äquivalente. Schließlich muss die Energie in die Batterien geladen werden. Dazu dient Energie aus dem Stromnetz, die natürlich nicht emissionsfrei ist: Noch immer wird in Deutschland über die Hälfte des Stroms aus fossilen Quellen gewonnen, an erster Stelle aus Kohle. Das Ende des Steinkohleabbaus in Deutschland, das im Dezember 2018 begangen wurde, bedeutet noch lange nicht ein Ende der Verfeuerung von Steinkohle. Diese wird weiter in großem Maß nach Deutschland importiert. Ein Ausstieg aus dem Abbau und der Verfeuerung von Braunkohle – der hinsichtlich des Klimas schmutzigsten Form von Energiegewinnung – soll laut Beschluss der deutschen Kohlekommission vom 26. Januar 2019 erst »bis spätestens 2038« vollzogen sein.

In Österreich sieht die Bilanz deutlich besser aus: Beim Strom-Mix kommen 83 Prozent aus erneuerbaren Energien. In der Schweiz haben wir eine ausgesprochen spezifische Situation. Hier kommen zwar beim Strom-Mix knapp 60 Prozent aus Wasserkraft und weitere 5 Prozent aus (anderen) »erneuerbaren Energien«. Doch 33 Prozent des Strom-Mixes besteht aus Atomstrom. Die bestehenden Atomkraftwerke sollen, so das Ergebnis einer Volksabstimmung im Jahr 2017, erst 2029 abgeschaltet werden.

Nun führen Befürworter der E-Autos oft ins Feld, dass sie ihr Auto ja ausschließlich mit Ökostrom betanken würden. Das ist jedoch eine fragwürdige Rechnung, denn dieser Ökostrom steht dann an anderer Stelle nicht zur Verfügung. Höhere Nachfrage nach elektrischer Energie heißt auf lange Zeit noch immer, dass Kohlekraftwerke länger laufen. Überdies wird der weitere Ausbau von erneuerbaren Energien zunehmend schwierig, da insbesondere für Windkraftanlagen die Standorte knapp werden und in Deutschland die Ausbaugeschwindigkeit durch die Novellierung des Erneuerbare-Energien-Gesetzes mit der Reduktion der Zuschüsse gedrosselt wurde. Wer sich extra seine eigene Solaranlage für das Laden des Elektroautos aufs Dach schraubt – was ja bereits heißt, dass er sich im Vergleich mit der durchschnittlichen

Wohnbevölkerung in einer ausgesprochen privilegierten Situation befindet –, würde mit einer Einspeisung dieser Energie in das Netz – auch wenn sich das finanziell immer weniger lohnt – deutlich mehr für das Klima tun, weil damit die Nachfrage nach Kohlestrom verringert würde.

Die nachfolgende Grafik illustriert die CO_2-Emissionen je Personenkilometer[129], die nach einer Studie des Umwelt- und Prognose-Instituts (UPI-Institut) in Heidelberg bei Nutzung der verschiedenen Verkehrsmittel in der Gesamtbilanz entstehen. Bei den Angaben wurde jeweils der »ökologische Rucksack«, der in der Herstellung der Verkehrsträger jeweils entsteht, und der Strommix bei E-Pkw und Tram in Deutschland berücksichtigt.

Grafik 1: Kohlendioxidausstoß im Vergleich[130]

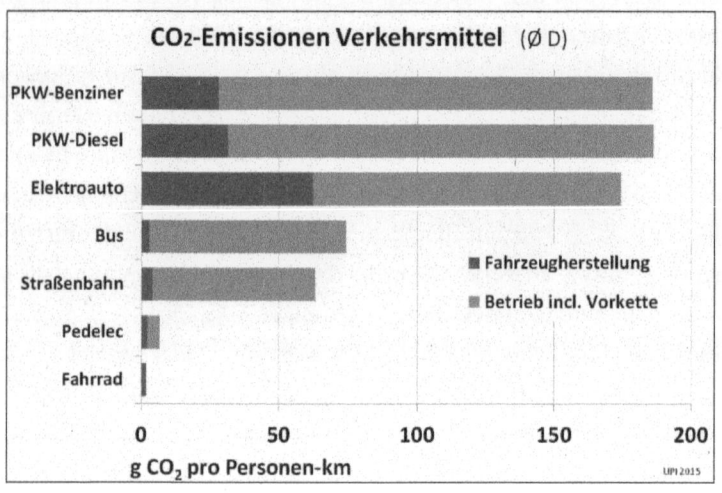

---

129. Personenkilometer (Pkm) = Zahl der Personen multipliziert mit der Zahl der mit einem Fahrzeug (oder zu Fuß) zurückgelegten Kilometer.
130. Entnommen der Studie »Ökologische Folgen von Elektroautos – ist die staatliche Förderung von Elektro- und Hybridautos sinnvoll?« des Umwelt- und Prognose-Instituts (UPI) in Heidelberg, UPI-Berichte Nr. 79, 2. Aktualisierte Auflage August 2017, Seite 6. Autorinnen und Autoren: Dieter Teufel, Sabine Arnold, Petra Bauer und Thomas Schwarz. (http://www.upi-institut.de/ UPI79_Elektroautos.pdf).

Die hier wiedergegebenen Berechnungen des UPI-Instituts erfolgten teilweise auf eher konservativer Basis. Es wurden Faktoren unterstellt, die den Energieverbrauch von Elektro-Pkws eher beschönigen. So wurde für einen Elektro-Pkw der durchschnittliche Besetzungsgrad eines herkömmlichen Pkw unterstellt. Dies ist eine optimistische Annahme, da, wie unten noch gezeigt wird, die Mehrzahl der Elektro-Pkw im städtischen Verkehr eingesetzt und viele dieser Autos Zweit- und Drittwagen sind. Urlaubsfahrten mit einem höheren Besetzungsgrad, mit denen der durchschnittliche Besetzungsgrad bei Pkw deutlich angehoben wird, entfallen bei Elektro-Pkw fast vollständig.

Einige Berechnungen zur durchschnittlichen CO_2-Belastung durch Elektro-Pkw kommen zu günstigeren Werten für E-Mobile. So bilanziert das Öko-Institut, das mit Verve für Elektromobilität eintritt und Studien im Auftrag der deutschen Regierung bzw. des Bundesumweltministeriums in Berlin erstellt, wie folgt: »Ersetzt man ein mittleres Diesel-Fahrzeug mit einer Lebenslaufzeit von 180.000 Kilometern durch ein vergleichbares Elektroauto, so spart man über die gesamte Lebensdauer des Fahrzeugs etwa ein Drittel der Treibhausgasemissionen ein.«[131] Einschränkend heißt es dort jedoch auch: »Die Reduktion der Klimawirkung von etwa einem Drittel gegenüber ihrem konventionellem Pendant weisen vor allem kleinere und mittlere Elektrofahrzeige auf, während es bei großen Fahrzeugen mit den üblicherweise angebotenen großen Batteriekapazitäten und Reichweiten von 300 und 400 Kilometern nur rund zehn Prozent sind.« Anzumerken ist, dass Elektroautos mit Reichweiten unter 300 Kilometer primär Stadtwagen und keine Allrounder sein werden – was für ihren starken Einsatz als Zweitwagen spricht (siehe unten).

Es gibt durchaus neue Studien von angesehenen Instituten, die aufgrund des beschriebenen »ökologischen Rucksacks«, den Stromer zu schultern haben, weiterhin bei Autos mit Verbrennungsmotoren eine bessere Klimabilanz sehen als bei Elektrofahrzeugen.[132]

131. Öko-Institut e.V., Elektromobilität – Faktencheck, Stand: 12. April 2018.
132. So in einer IFEU-Studie, erstellt im Auftrag des Umweltbundesamtes und veröffentlicht 2016, in der es heißt: »Bei Berücksichtigung des heutigen durchschnittlichen Strommixes in Deutschland ist die Klimabilanz des BEV 100 [Elektroauto; W.W.] gegenüber dem konventionellen Otto-Pkw zwar ebenfalls günstiger (ca. 20 %), gegenüber dem konventionellen Diesel ergibt sich heute jedoch noch keine Verbesserung.« Umweltbundesamt, 27/2016, Weiterentwicklung und vertiefte

Berücksichtigt man alle vorliegenden seriösen Berechnungen zur Klimabelastung von Elektrofahrzeugen, so ändert sich an der Grundaussage einer relativ bescheidenen Reduktion der Klimabelastung nichts. Danach bringt in der Gesamtbilanz ein Elektro-Pkw im Vergleich zu einem Pkw, der mit einem Diesel- oder Benzinmotor ausgerüstet ist, nur eine höchst bescheidene Einsparung der Emissionen, die das Klima schädigen. Diese liegt zwischen 10 und 30 Prozent. In einer vergleichenden Bilanz der Zeitschrift *Spektrum der Wissenschaft* heißt es: »Viele seriöse Ökobilanzen sehen Elektroautos, die normalen deutschen Strom tanken, derzeit ungefähr auf gleicher Höhe mit sparsamen Verbrennern. Die Nationale Plattform Elektromobilität und das Umweltministerium [in Berlin; W.W.] bescheinigen dem Akkuantrieb einen 12- bis 16-prozentigen Vorteil.«[133]

Bei all diesen Berechnungen und Vergleichen wurde der Strommix in Deutschland als Ausgangsbasis genommen. Im weltweiten Vergleich dürften diese Werte besser sein als der Durchschnitt. In Ländern, in denen der Anteil der Kraftwerke, die auf Basis fossiler Energieträger (Steinkohle, Braunkohle, Gas, Mineralöl) betrieben werden, größer ist, verschlechtert sich die Klimabilanz eines Elektro-Pkw. In China ist sie beispielsweise nochmals wesentlich schlechter als in Deutschland. Eine jüngere Studie zu Österreich kommt für den reinen Fahrbetrieb zu deutlich besseren Werten; rechnet man den »ökologischen Rucksack« mit ein, reduziert sich der Vorsprung gegenüber Pkw mit Verbrennungsmotoren auf 30 bis 35 Prozent.[134]

Analyse der Umweltbilanz von Elektrofahrzeugen, Dessau 2016. Siehe: https://www.umweltbundesamt.de/sites/default/files/medien/378/publikationen/texte_27_2016_umweltbilanz_von_elektrofahrzeugen.pdf [abgerufen am 2.1.2019]

133. Christopher Schrader, Die Ökobilanz der E-Mobilität, in: *Spektrum der Wissenschaft* Nr. 5/2018, S. 16.

134. In einer jüngeren Publikation zur »Lebenswegeanalyse der CO_2-Emmissionen eines Mittelklasse-Pkw – Betrachtung ohne Fahrzeugherstellung [!]« kommt der Autor Werner Tober zu den folgenden Ergebnissen: Ein solcher Pkw emittiert auf Basis des (im Vergleich zur BRD deutlich klimafreundlicheren) österreichischen Strom-Mixes 60 g CO_2 je gefahrenen Kilometer, auf Basis des EU-Strom-Mixes sind es 82 g/CO_2/km, auf Basis des deutschen Strom-Mixes 130 g/CO_2/km und auf Basis des Strom-Mixes der VR China 190 g/CO_2/km. Nach: Hans-Peter Lenz (Hrsg), Werner Tober, Praxisbericht Elektromobilität und Verbrennungsmotor. Analyse elektrifizierter Pkw-Antriebskonzepte, Wiesbaden 2016, S. 19. Unter Einbezug der Fahrzeugherstellung liegen die Werte höher; die Spanne bei den Vergleichen bleibt jedoch weitgehend dieselbe.

Entscheidend sind – wie die Grafik 1 verdeutlicht – die CO_2-Reduktionen, wenn *grundsätzlich andere Verkehrsarten* als der motorisierte Individualverkehr betrachtet werden. Massiv weniger CO_2-Emissionen im Vergleich zu Diesel-, Benzin- und zu Elektro-Pkw fallen bei der Nutzung von Bussen an, wobei hier herkömmliche Busse (mit Dieselmotoren) gemeint sind. Eine nochmals deutlich bessere Klimabilanz ergeben Fahrten mit der Tram: hier gibt es im Vergleich zum Elektroauto nur rund 35 Prozent CO_2-Emissionen. Und dann gibt es diesen gewaltigen Spareffekt im Fall von Fahrten mit dem Elektro-Fahrrad oder dem herkömmlichen, ausschließlich mit Muskelkraft betriebenen Rad.

Elektrobusse und Autobahnen mit Oberleitung

Es stellt sich hier eine grundsätzliche Frage: Warum wird beim Thema Elektrofahrzeuge nicht das Problem angesprochen, dass bei dieser Form von Elektromobilität jedes Fahrzeug seine Energie »getankt« mit sich führen muss? Schließlich ist das damit verbundene Gewichtsproblem bei der seit rund einem Jahrhundert existierenden Elektromobilität mit der Eisenbahn, bei Straßenbahnen, bei U-Bahnen und auch bei Oberleitungsbussen elegant gelöst: Bei diesen traditionellen Elektromobilitätsverkehrsmitteln wird Energie immer genau dann zugeführt, wenn sie benötigt wird. Sie muss nicht mittransportiert werden.

Hier ist interessant, dass selbst im Bereich von Bussen nur von Elektrofahrzeugen mit Batterien bzw. Akkus die Rede ist. Das Öko-Institut beispielsweise schreibt: »Elektrische Linienbusse spielen in Deutschland noch eine untergeordnete Rolle, haben aber große Potenziale, wie das Beispiel China zeigt.«[135] Es gab in jüngerer Zeit Dutzende Beiträge mit wahren Lobliedern auf Elektrobusse. Berichtet wurde über ein »E-Wunder von Shenzhen« und darüber, dass nunmehr »Elektrobusse durch immer mehr [europäische; W.W.] Städte rollen.« Wer die Texte aufmerksam durchliest, der ahnt, wie problematisch und teuer diese Verkehrsart zu werden verspricht. Im

135. Öko-Institut, Elektromobilität – Faktencheck, a. a. O.

Shenzhen-Bericht heißt es etwa: »Die Busmodelle in Shenzhen laden ihre Lithiumbatterie typischerweise für fünf Stunden und kommen damit 250 Kilometer weit. Die Stadt braucht auf langen Linien nun mehr Busse als vorher.« In Europa legen viele im ÖPNV eingesetzte Busse pro Tag 300 und mehr Kilometer zurück. Chinesische Städte sind eher größer als deutsche. Dann heißt es da: »Der Kampf gegen die Kälte kostet eine immense Energie. Aber der GX 337 [ein Elektrobus der Marke Heuliez, die wiederum zum Hersteller Iveco gehört; W.W.] hat einen kraftstoffbetriebenen Zuheizer (60 Liter Tank) und vermeidet so, dass das Heizen auf Kosten der Reichweite geht. Was aber dem Bestreben der zumindest lokal völlig emissionslosen Fahrt widerspricht.« Man ist geneigt hinzuzufügen: Und was die Elektrobusse, die wesentlich teurer sind als Dieselbusse und oft doppelt so viel wie diese kosten, weiter verteuert. Dabei muss bedacht werden, dass im Winter im Busbetrieb bis zu 50 Prozent der Energie für Heizen benötigt wird. Ohne Zusatzheizung mit Benzinmotor »fällt die sichere Reichweite im Winter auf 110 Kilometer«, so ein weiterer Bericht über ein Mercedes-Citaro-Elektrobusmodell, das im Übrigen selbst im Sommerbetrieb nur eine »sichere Reichweite« von 150 Kilometern hat. Flixbus setzt seit Mitte 2018 auch auf Elektrobus – als Beitrag zur allgemeinen E-Mobility-Show: Es befindet sich gerade mal ein einziger E-Bus in der hübsch grün lackierten Flixbus-Flotte mit insgesamt rund 2000 Fahrzeugen. Hier wird der besagte Flix-E-Bus nach einer 115-Kilometer-Fahrt wieder ans Ladekabel gehängt – wobei der Ladevorgang trotz besonders leistungsstarker Stromzufuhr »drei bis vier Stunden in Anspruch nimmt.«[136]

Dass es gerade im ÖPNV mit den O-Bussen, auch als Trolley-Busse bezeichnet, eine deutlich effizientere Lösung als Elektrobusse gibt, wird unterschlagen. Auch heute noch sind in drei deutschen Städten (Solingen, Esslingen und Eberswalde) O-Busse unterwegs. In der Schweiz gibt es O-Bus-Systeme

136. *Frankfurter Allgemeine Zeitung* vom 25. Oktober 2018. Wobei kein einziges der 2000 Fahrzeuge in der Flixbus-Flotte dem Unternehmen Flixbus gehört – bis auf den erwähnten einen Elektrobus. Alle anderen befinden sich im Eigentum kleiner Unternehmen bzw. von Kleinstunternehmen. Die vorausgegangenen Zitate nach: *Frankfurter Allgemeine Zeitung* vom 28. Dezember 2018 (zu E-Bussen in deutschen Städten), dieselbe Zeitung vom 3. April 2018 (zu Bussen mit Zusatztanks zum Heizen) und *Tagesspiegel* (Berlin) vom 26. April 2018 (zu den Shenzhen-E-Bussen).

in einem halben Dutzend Städten, darunter in der Bundeshauptstadt Bern (ansonsten noch in Lausanne, Genf, St. Gallen, Zürich und Winterthur). In jüngerer Zeit gab es in St. Gallen und Winterthur Volksabstimmungen, in denen sich die Bevölkerung deutlich für den O-Bus entschied. In Salzburg existiert seit Jahrzehnten ein weitgehend perfektes System mit 106 Obussen, wobei dieses ÖPNV-System auf eine hohe Akzeptanz bei Fahrgästen und Bevölkerung stößt. Die Salzburger Stadtwerke werben für ihr System wie folgt: »Damit die Attraktivität der Salzburger Öffis weiter steigt, investieren wir konsequent in den Streckenausbau und in neue Fahrzeuge. Die modernen Obusse bieten schon heute in Salzburg viel Komfort. Mit USB-Ladestationen fürs Aufladen von Handy und Tablet, barrierefreien Ein- und Ausstiegen oder Klimaanlage für wohltemperiertes Vorankommen sind Obus und Albus eine echte Alternative im Stadtverkehr. Seit 1940 bringt der Obus unzählige Fahrgäste bequem und sicher durch die Stadt Salzburg. Gab es damals nur eine Linie, wurde das Obus-Netz mittlerweile auf 12 Linien verteilt, auf 124 Kilometer Linienlänge ausgebaut und auf den neuesten Stand der Technik gebracht. Seit 2015 profitieren über 41,5 Millionen Fahrgäste jährlich von der kostenlosen Fahrplan-App qando Salzburg, welche Fahrplanauskunft in Echtzeit gibt, Routenplanung und Handyticketing ermöglicht.«[137]

Und warum wird der Obus systematisch ignoriert? Stören da die Oberleitungen? Ist man deshalb gerne bereit, enorm höhere Kosten in Kauf zu nehmen, deutlich mehr Busse, deutlich schwerere Busse und damit ein größeres Totgewicht je Bus, Zusatzmotoren für die Heizung, lange Ladezeiten und anderes mehr einzuplanen? Tatsächlich kann die Kritik an Oberleitungen nicht der Grund für diese ignorante Haltung sein. Denn diese Sicht der Dinge ändert sich ja dann schlagartig, wenn es um Lkw mit Elektroenergie geht. Da sich im schweren Güterverkehr über größere Strecken die mangelhafte Effizienz des Akkubetriebs besonders deutlich zeigt – Elektro-Lkw kommen auf maximal 200 Kilometer Reichweite; sie erweisen sich als deutlich unwirtschaftlich und ausgesprochen ineffizient – setzen die Befürworter dieser Form von Elektromobilität hier plötzlich ... auf die Oberleitung. Das

---

137. https://www.salzburg-ag.at/bus-bahn/stadtverkehr/obus.html [abgerufen am 20.1.2019]. Siehe auch: Gunter Mackinger: *Der Obus in Salzburg.* Verlag Kenning, Salzburg 2005.

Öko-Institut schreibt: »Eine vielversprechende Technologie für den Straßengüterverkehr stellen Oberleitungs-Lkw dar, die während der Fahrt und über lange Streckenabschnitte über Oberleitungen entlang der Autobahnen mit Strom versorgt werden. Die volkswirtschaftlichen Gesamtkosten für einen CO_2-neutralen Straßenfernverkehr fallen am geringsten aus, wenn Teile des Autobahnnetzes mit Oberleitungen elektrifiziert werden und eine direkte Stromnutzung somit auch für Lkw möglich wird.«[138] Die deutsche Regierung lässt bereits in Schleswig-Holstein und in Hessen zwei Autobahnabschnitte »elektrifizieren«, also mit Oberleitungen versehen.

Seit dem 1. Januar 2019 sind in Deutschland E-Lkw generell von der Maut ausgenommen. Das muss als Beitrag zur Förderung des Güterverkehrs auf der Straße verstanden werden. Schließlich macht der Bund keine Anstalten, die seit Jahrzehnten vorgetragenen Forderungen zu erfüllen, und die Ungleichbehandlung der Schiene u. a. bei Steuern umzusetzen. Wie folgt zusammengefasst von der »Allianz pro Schiene«: »Die Bahn zahlt Stromsteuer, Ökosteuer, EEG-Umlage, Schienenmaut, hat die umfangreichsten Fahrgastrechte aller Verkehrsmittel und muss für 100 Prozent der CO_2-Zertifikate im Emissionshandel kostenpflichtig aufkommen. Die konkurrierenden Verkehrsträger hingegen genießen eine Reihe von komfortablen Privilegien: So leisten sie etwa keinen Beitrag zur Energiewende. Luftverkehr und Binnenschiff sind von der Mineralöl- und Ökosteuer befreit und nur 15 Prozent der CO_2-Zertifikate sind für den Luftverkehr kostenpflichtig.«[139]

Vier Bumerang-Effekte

Ein besonders kritischer Punkt beim Verkehr mit Elektroautos sind sogenannte Rebound-oder Bumerang-Effekte: Es handelt sich dabei um Nebenwirkungen oder Rückkopplungseffekte einer Maßnahme, die die eigentlichen Zielsetzungen konterkarieren und letztendlich auch mal zum Gegenteil des ursprünglich

---

138. Öko-Institut, Elektromobilität – Faktencheck, a. a. O. Interessant ist der Begriff »klimaneutrales Straßenfernverkehr«.
139. https://www.allianz-pro-schiene.de/themen/personenverkehr/wettbewerbsbedingungen/ [abgerufen am 22.1.2019]

Beabsichtigten führen. »Übersteigt der Rebound-Effekt den Einsparungseffekt quantitativ, wird er auch als Backfire-Effekt bezeichnet.«[140] Die im folgenden skizzierten vier Rebound- oder Bumerang-Effekte rechtfertigen die Aussage, dass zumindest unter den gegebenen Bedingungen – weltweit, in Europa und insbesondere in Deutschland – die Verbreitung der E-Pkw in größerem Umfang, so wie dies aktuell von der offiziellen Verkehrspolitik betrieben wird, einem Backfire-Effekt gleichkommt.

Finanzieller Rebound – Zunahme von Pkw-Fahrten: Die steuerliche Ungleichbehandlung von Benzin und Elektrizität kombiniert mit günstigen Lademöglichkeiten für Elektro-Pkw führt dazu, dass die Betriebskosten von Elektro-Pkw in der Regel wesentlich niedriger liegen als diejenigen von Pkw mit Benzinmotoren. Inzwischen gibt es fast flächendeckend die Möglichkeit, den Strom gratis zu beziehen: es gibt eine regelmäßig aktualisierte Karte mit »kostenlosen Stromtankstellen in Österreich«.[141] Tausende Geschäfte (so die Hombach-Baumärkte, das Möbelgeschäft Ikea, die Lebensmittelketten Lidl, Aldi, Rewe und Kaufland und andere mehr) werben damit, dass man während des Einkaufs »seinen Stromer gratis aufladen« könne. Die auf die Fahrleistung bezogenen Betriebskosten eines Elektro-Pkw in Deutschland betragen auch bei »normalem« Strombezug weniger als die Hälfte der Betriebskosten eines herkömmlichen Pkw. Offensichtlich können sie gegen Null tendieren. In jedem Fall sind sie auch niedriger als die herkömmlichen ÖPNV-Kosten. Es wird daher parallel mit der wachsenden Zahl von Elektro-Pkw »zu einer Neuinduktion von Autoverkehr und zu einer Verlagerung von Personenverkehr von der Schiene auf die Straße kommen«.[142]

In diesem Zusammenhang ist eine Studie der Technischen Universität Dresden von Interesse, bei der die Fahrleistungen von 685 Besitzern von Elektroautos ausgewertet wurden. Danach »überschreitet die Jahresfahrleistung der Befragten den bundesdeutschen Durchschnitt um das Zwei- bis Dreifache.«[143]

---

140. UPI-Studie, S. 36.
141. Siehe: https://www.goingelectric.de/stromtankstellen/Oesterreich/kostenlos/ [abgerufen am 24.1.2019]
142. UPI-Studie, S. 38.
143. https://tu-dresden.de/bu/verkehr/ivw/kom/ressourcen/dateien/forsch_berat/elmob_lang/ Broschuere_Emob_Langstrecke_A5_druckbogen.pdf?lang=de [abgerufen am 20.1.2019]. In der

Gleichzeitig wird in der Studie deutlich, dass die Elektro-Pkw überwiegend im Nahverkehr – bei Einkaufs- und Berufswegen und im Freizeitverkehr – eingesetzt werden. Wenn es dennoch einen gewissen Anteil mit Fahrten auch über längere Strecken gab, dann dürfte dies damit zusammenhängen, dass rund ein Drittel der Befragten Besitzer eines Tesla waren (was bislang nur heißen kann: eines »Model S«). Dieses Modell, dessen Reichweite bei gut 400 Kilometern liegt, weist angesichts des Gewichts von deutlich mehr als zwei Tonnen und der gewaltigen Menge an verbauten Akkus eine äußerst negative Klimabilanz auf.

Die deutlich höheren Fahrleistungen bei den Stromern im Vergleich zu herkömmlichen Pkw haben viel zu tun mit den deutlich höheren Anschaffungspreisen eines Elektroautos. So heißt es in einem Fahrbericht: »Weil Elektrofahrzeuge in der Anschaffung teurer sind, müssen sie Kilometer schrubben, um sich zu amortisieren [...] Die Elektromobilität bleibt vorerst eine Form von Liebhaberei für den Klimaschutz. Noch gibt es keinen wirklich erschwinglichen, voll funktionalen Volksstromer.«[144]

Im Übrigen trägt Elektromobilität damit auch zur Zersiedelung bei. Zunächst können auch im Stadtzentrum einzelne Ladesäulen stehen. Sobald jedoch die Zahl der Elektroautos eine gewisse Größe überschritten hat, wird es nicht möglich sein, im verdichteten Stadtgebiet öffentlich zugängliche Ladesäulen in größerem Maßstab anzubieten. Es sei denn, die dafür in Anspruch zu nehmende Fläche wird anderen Nutzungen (Parks, Grünflächen, Spielplätzen usw.) entzogen. Die zunehmende Zahl an Gratisladesäulen von Einkaufsmärkten, Baumärkten, Möbelhäusern usw. befinden sich vielfach außerhalb der dicht besiedelten Zentren. Ein kleineres Einkaufsgeschäft, gar ein Tante-Emma-Laden, kann sich keine Gratisladesäule leisten, einmal abgesehen davon, dass diese Läden nicht einmal über herkömmliche Pkw-Stellplätze verfügen.

Funktionaler Rebound – Wachstum von Zweit- und Drittwagen: Da die Reichweite von Elektro-Pkw nach wie vor gering ist, verwendet ein großer

UPI-Studie (2. Auflage, 2017) heißt es, die Jahresfahrleistung läge »um 80 Prozent« über dem Durchschnitt (dort Seite 41), was immer noch fast einer Verdopplung gleichkommt.
144. Joachim Becker, Kleine Kilometerfresser, in: *Frankfurter Allgemeine Zeitung* vom 3. Juli 2018.

Teil der Nutzenden sie nicht etwa als Ersatz für ein herkömmliches Auto, sondern als zusätzliches Fahrzeug. Eine Befragung in Deutschland 2014 unter 3000 Besitzern von Elektroautos hatte das folgende Resultat: 43 Prozent der Käufer von Hybrid-Pkw und sogar 59 Prozent der Käufer reiner Batterie-Pkw nutzten ihr Elektrofahrzeug als zusätzlichen Pkw. Nur rund die Hälfte schaffte mit dem Kauf eines solchen Pkw einen herkömmlichen ab. In einem aktuellen Bericht in der Wochenzeitung *Die Zeit* war zu lesen: »Umfragen bestätigen: Der typische E-Auto-Käufer ist 51 Jahre alt, männlich, gebildet und wohnt auf dem Land. Der Stromer steht für das gute Gewissen im Carport. Lange Wochenend- und Überlandfahrten legt er im Erstwagen mit Verbrennungsmotor zurück. Das ist auch in Norwegen so. Der Weg zum Wochenendhäuschen ist weit und steil. Und Ladesäulen gibt es in der Einsamkeit von Fjord und Fjell kaum. Entsprechend geben im Stromerparadies zwei Drittel aller Neuwagenkäufer dann doch lieber etwas mehr Geld aus – und entscheiden sich für einen Verbrennungsmotor.«[145]

Mentaler Rebound – ÖPNV-Verluste: Da Elektro-Autos als »grüne Mobilität« und als »Null-Emissions-Fahrzeuge« propagiert werden, führt dies vielfach zu einer Verhaltensänderung in *der Organisation der individuellen Mobilität*: Wer sich ein E-Auto anschafft, legt in der Regel ab diesem Zeitpunkt sehr viel mehr Fahrten mit dem eigenen Auto zurück als zuvor. Der Anteil der Fahrten mit dem öffentlichen Verkehr geht massiv zurück. Vor allem bei den Wegen zur Arbeit nutzen Besitzer von Elektro-Autos deutlich häufiger das Auto als öffentliche Verkehrsmittel oder das Fahrrad oder die eigenen Füße. Ein »Vorher-Nachher-Vergleich« verdeutlicht den Einfluss des E-Pkw-Kaufs auf das Nutzerverhalten. Grafik 2 liefert dafür die Ergebnisse von Untersuchungen im europäischen Elektroautoparadies Norwegen.

---

145. http://www.zeit.de/wissen/2017-07/e-auto-elektromobilitaet-praemie-umwelt-kosten/seite-2 [abgerufen am 15., 2.2018] In Norwegen, wo aufgrund der unterschiedlichen Subventionierungen Pkw mit Verbrennungsmotoren in der Regel teurer als E-Pkw sind, ergab eine Erhebung, dass 59 Prozent der E-Autobesitzer das E-Auto als zusätzliches Auto erworben haben. UPI-Studie, S. 44.

Grafik 2: Änderung der Verwendung der Verkehrsmittel vor und nach dem Kauf eines Elektroautos[146]

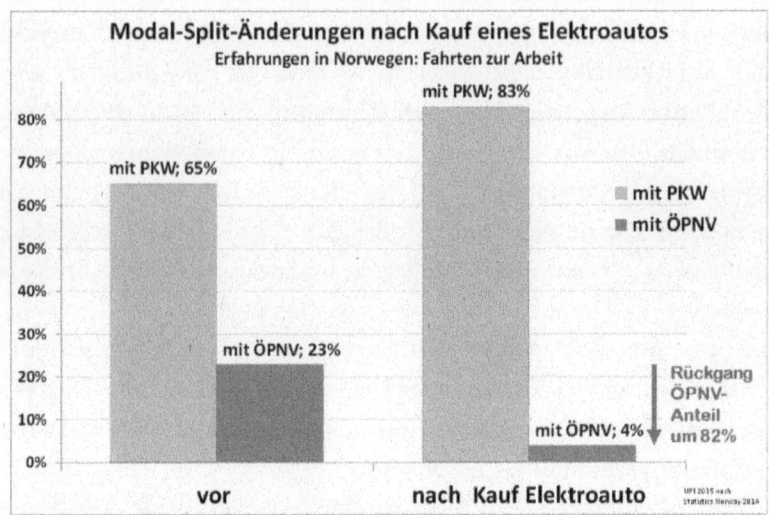

Die norwegischen Erfahrungen dürften grundsätzlich auf andere Länder übertragbar sein. Zumal es sich weltweit um das Land mit dem relativ höchsten Elektro-Pkw-Park (E-Pkw als Anteile an 1000 Einwohnern) handelt.

Ein solches Ergebnis der E-Pkw-Verbreitung ist aus Sicht einer nachhaltigen Verkehrspolitik kontraproduktiv. Damit wird der Flächenbedarf von Pkw in Städten erhöht. Der motorisierte Individualverkehr in den Ballungszentren nimmt deutlich zu – und damit die davon ausgehenden Gefahren u. a. für Fußgänger und Fahrradfahrer. Schließlich kommt es zu wachsenden Defiziten der ÖPNV-Unternehmen.

Regulatorischer Rebound – E-Autos als Null-Emissionsautos verlängern den SUV-Boom: Die Energieeffizienz neuer Pkw wird in Europa energiepolitisch über deren spezifische Emission gesteuert. Gleichzeitig werden Elektroautos fälschlich, aber regulatorisch wirksam, als »Null-Emission-Pkws« definiert. Autokonzerne können nun mit dem Verkauf einer gewissen Zahl von E-Pkw

146. Entnommen aus der UPI-Studie, S. 40.

die höheren und hohen Emissionen bei großen Pkw und SUVs kompensieren. Dieter Teufel vom Heidelberger Umwelt- und Prognose-Institut (UPI): »Bei den Elektroautos ist es [...] der Lobby der deutschen Automobilwirtschaft gelungen, bei der EU-Gesetzgebung bei den Grenzwerten für CO_2 durchzusetzen, dass Elektroautos nicht mit ihrem realen Emissionsverhalten, das heißt, mit den CO_2-Emissionen, die bei der Stromerzeugung entstehen, eingehen in die Berechnung des Flottenemissionsgrenzwertes, sondern mit einer angeblichen Null-Emission. Sie gelten per definitionem – per Gesetz – als Nullemissionsfahrzeuge. Und damit können die Automobilfirmen die Grenzwertüberschreitungen bei schweren Fahrzeugen – SUVs, Geländewagen und so weiter – durch die Berechnung der Nullemissionsfahrzeuge, von Elektroautos, ausgleichen. Wenn man das durchrechnet, ergibt sich, dass mit jedem gekauften Elektroauto die Automobilwirtschaft die Grenzwertüberschreitung von etwa sieben großen SUVs kompensieren kann und ohne Strafzahlungen davonkommt.«[147]

Die mehrfach zitierte UPI-Studie bringt in einer Tabelle das Rechenbeispiel eines fiktiven Autoherstellers, der 50.000 SUVs und 2000 Elektroautos verkauft. Der Hersteller müsste auf Grundlage der EU-Vereinbarungen wegen der CO_2-Grenzwertüberschreitungen durch SUVs und Geländewagen zunächst mit 60 Millionen Euro Strafzahlungen rechnen. Er erhält jedoch gleichzeitig eine CO_2-Gutschrift für den Verkauf der angeblich emissionsfreien 2000 E-Pkw in Höhe von 44 Millionen Euro. Es verbleiben theoretische Strafzahlungen in Höhe von 16 Millionen Euro, die entweder durch den ergänzenden Verkauf von Hybrid-Pkw vermieden werden können oder aufgrund der hohen Gewinne im SUV-Geschäft leicht zu verschmerzen sind.[148]

Und so kommt es zum Bau von einem guten Dutzend elektrisch betriebenen SUVs. Schließlich gelten diese auch als Null-Emissionsfahrzeuge. Seit Mitte 2018 gibt es den Hyundai Kona Elektro ab 35.000 Euro, 1,7 Tonnen schwer und 204 PS stark. Die Beschleunigung: in 7,6 Sekunden auf Tempo

147. Interview mit Dieter Teufel, UPI, Deutschlandfunk-Kultur-Interview vom 2. August 2017, nach: http://www.deutschlandfunkkultur.de/forscher-ueber-gesamtbilanz-von-fahrzeugen-elektroauto-ist.1008.de.html?dram:article_id=392519 [abgerufen am 17.2.2018]
148. UPI-Studie, S. 30f.

100. Mercedes bringt 2019 den Elektro-SUV EQC zum Verkauf – 204 PS und 400 Newtonmeter stark. Beschleunigung: in fünf Sekunden auf Tempo 100. Das Leergewicht beträgt 2,6 Tonnen. Die Preise beginnen bei 70.000 Euro. Die VW-Tochter Audi bringt 2020 einen Audi e-tron GT, der 590 PS haben wird und in 3,5 Sekunden auf Tempo 100 sein soll – Spitzengeschwindigkeit 240 km/h. Porsche will noch 2019 das Modell Taycan zum Verkauf bringen – 600 PS stark; hier wird gleich die Beschleunigung auf Tempo 200 mitgeliefert: nach 12 Sekunden soll diese Geschwindigkeit erreicht sein. Der Einstiegspreis liegt bei 82.000 Euro. Es handelt sich im Übrigen dabei nicht um Nischenprodukte. Allein Porsche will vom Taycan – es handle sich hier um »nachhaltige Mobilität«; das Fahrzeug werde in »CO_2-neutraler Produktion« gefertigt – jährlich 40.000 Exemplare bauen und hatte Anfang 2019 vor dem Produktionsstart bereits Vorbestellungen (mit Anzahlungen) von mehr als 25.000 Fahrzeugen.[149]

✳✳✳

Eine vorläufige Bilanz lautet: Der Wechsel des Antriebssystems löst die Probleme, die mit dem Autoverkehr verbunden sind, nicht. Das Gegenteil ist der Fall.

Erstens ist die Reduktion an Emissionen bei einer rein vergleichenden Betrachtung eines Verbrenner-Pkw mit einem Stromer, den Lebenszyklus berücksichtigend, auch unter optimalen Bedingungen deutlich geringer als gemeinhin angenommen und offiziell dargestellt. Selbst in Ländern wie Österreich, der Schweiz oder Norwegen, die hinsichtlich der Klimabelastung einen ausnahmsweise günstigen Strommix haben, reduzieren sich die CO_2-Emissionen bestenfalls um 30 Prozent, wobei der ökologische Rucksack damit eingerechnet ist. Im EU-Durchschnitt kommt es bei einem solchen Vergleich maximal zu einer Reduktion von 15 bis 20 Prozent.

Zweitens schwindet dieser Vorteil spätestens dann, wenn die beschriebenen vier Rebound-Effekte berücksichtigt werden: Ein sehr großer Teil der E-Autos sind Zweitwagen: damit vergrößert sich die Pkw-Flotte. Die Eigentümer

---

149. Angaben zu den Elektro-SUVs auf Basis aktueller Ausgaben von *Auto Bild*, *Auto-Motor-Sport* und *Welt am Sonntag* bzw. (im Fall Taycan) auf Basis der Porsche-Eigenwerbung.

der E-Autos fahren deutlich mehr Kilometer mit ihren Stromern als sie mit einem Pkw mit Verbrennungsmotor fahren würden: Damit nehmen die mit Pkw zurückgelegten Fahrzeugkilometer zu. Die ÖPNV-Nutzung wird reduziert. Damit verschärft sich die oftmals tiefe Krise des ÖPNV in den Städten. Gleichzeitig reduziert sich im Fall eines breiten E-Auto-Einsatzes der Anteil des nicht motorisierten Verkehrs: Damit verschlechtern sich die Möglichkeiten zur Realisierung einer nachhaltigen Verkehrswende, bei dem der Ausbau des Anteils der nichtmotorisierten Verkehrsarten eine zentrale Rolle spielt. Die offiziellen Vorgaben der EU zur Förderung der Elektromobilität erlauben es den Autoherstellern, den SUV-Boom zu befeuern. Und schließlich geht der Trend beim Bau von Elektromobilen – vielerorts auch noch staatlicherseits gefördert durch die Betonung der Notwendigkeit größerer Reichweiten – zu immer größeren und im Übrigen auch immer teureren E-Autos.

Drittens bleiben bei einer Umstellung der Antriebsart alle strukturellen Probleme des Autoverkehrs bestehen:

Es gibt bei E-Mobil-Fahrten vergleichbar viele Unfälle pro Jahr. Damit bleibt es bei EU-weit rund 25.000 Straßenverkehrstoten und rund zehnmal so vielen Verletzten. Der mit dieser Verkehrsart verbundene Blutzoll ist um ein Vielfaches höher als im Fall eines mit öffentlichen Verkehrsmitteln organisierten Verkehrs.[150]

Auch bei einem hundertprozentigen Einsatz von Elektro-Pkw kommt es weiter zu massiven gesundheitlichen Auswirkungen: der Feinstaub im Pkw-Verkehr entsteht beispielsweise zu einem hohen Prozentsatz durch den Reifenabrieb. Der Lärm, der von Autos ausgeht, ist ab Tempo 35 in erster Linie auf die Rollgeräusche und den Luftwiderstand zurückzuführen. Es bleibt weitgehend bei der bisher gegebenen Lärmbelastung durch den Straßenverkehr. Dort, wo Elektroautos sich weitgehend ohne Lärm bewegen, bei weniger als Tempo 35, gibt es gerade dadurch zusätzliche Gefahren vor allem für die nichtmotorisierten Verkehrsteilnehmer. (Siehe Kasten auf Seite 114.)

Vor allem gilt: Der Pkw-Verkehr, egal ob mit herkömmlichen Autos oder mit E-Pkw realisiert, ist mit einem enormen Flächenverbrauch und damit

---

150. Die EU selbst geht davon aus, dass die »sozioökonomischen Kosten« von Toten und Verletzten im Straßenverkehr der EU auf 120 Mrd. Euro im Jahr zu veranschlagen sind.

mit einer immensen Belastung des Stadtklimas, der Urbanität, verbunden. Im Fall einer E-Pkw-Mobilität, die in starkem Maß den Bestand an Zweit- und Drittwagen erhöht, kommt es sogar zu einem besonderen Schub beim Flächenverbrauch und dem Vorrang von Beton vor Stadtgrün.

Schließlich gibt es einen in der aktuellen Debatte weitgehend ausgesparten sozialen Aspekt beim Thema Elektromobilität: So preiswert Elektromobile im Betrieb sind, die Einstiegskosten in diese Art Mobilität sind hoch – deutlich höher als im Fall des Verkehrs mit Pkw mit Verbrennungsmotoren. Wenn gleichzeitig mit der Verbreitung von Elektro-Pkw der ÖPNV ausgedünnt oder auch nur deutlich verteuert wird, wird die Mobilität derjenigen, die geringe Einkommen haben und ihr Leben in prekärer Lage fristen, deutlich einge-schränkt werden. Jüngst äußerte dazu der Aufsichtsratschef des VW-Konzerns Hans Dieter Pötsch: »Wir haben das klare Ziel, die Elektromobilität auch für breite Bevölkerungsschichten zugänglich, das heißt erschwinglich zu machen. Das Thema Einstiegsfahrzeuge« werde in diesem Zusammenhang jedoch »ohne Zweifel schwierig«. Deren heutiges Preisniveau sei nicht zu halten, wenn auch diese Autos mit Elektromotor ausgestattet werden sollen. Daher werde es vor allem im Kleinwagensegment zu erheblichen Preiserhöhungen kommen müssen, so Pötsch.

Die Frage, ob sich Menschen mit niedrigem Einkommen künftig noch einen eigenen Pkw leisten können, dürfte somit »ein Thema werden«. Der erste als reines Elektroauto entwickelte Pkw von Volkswagen, der I.D., soll offiziell ab einem Preis von 30.000 Euro zu haben sein. Im Übrigen habe Volkswagen »keine Alternative« zum Bau von Elektroautos. Die Ende 2018 von der EU beschlossene weitere Absenkung des CO_2-Ausstoßes um 37,5 Prozent bis 2030 bedeutet, dass Pkw dann im Schnitt nur noch 60 Gramm Kohlenstoffdioxid pro Kilometer ausstoßen dürfen. »Das ist auch mit den allerbesten Verbren-nungsmotoren nicht möglich. Wir brauchen also Elektroautos«.[151]

Der Mann redet nach der Devise, was stört mich unser Geschwätz und unser Geschäft von gestern. VW entwickelte in den 1990er-Jahren das Modell

---

151. Quelle: Welt – VW-Aufsichtsratschef bereitet Kunden auf steigende Preise vor. https://www. elektroauto-news.net/2019/vw-aufsichtsratschef-wir-brauchen-elektroautos [abgerufen am 20.1.2019]

Lupo. Es wurde bis 2001 in Europa (u. a. in Wolfsburg und Brüssel) gefertigt, später als »Fox« bei VW do Brasil. Die VW-Tochter Seat bot ein vergleichbares Modell mit der Bezeichnung Arosa an. Die VW-Tochter Audi hatte ebenfalls ein solches Sparmodell im Angebot (Audi A2/3L). Der Lupo wurde als 3-Liter-Auto vermarktet. Der CO_2-Ausstoß betrug laut VW – und so auch vom Kraftfahrzeugbundesamt eingestuft – 81 Gramm je Kilometer. Er lag damit auf dem Niveau des EU-Grenzwertes, der ab 2025 gelten soll (80,75 Gramm CO_2 je Kilometer). Die Ausstattung war durchaus auf dem Stand der Technik bzw. dem damals erreichten hohen Komfort-Niveau entsprechend: Spitzengeschwindigkeit bis zu 165 km/h; Motorleistungen ab 44 PS aufwärts; ein Leergewicht ab 820 Kilogramm.

Und natürlich könnte es auch bei dieser Technologie weitere Schadstoff-Reduktionen geben, sodass auch die für 2030 von der EU verkündeten CO_2-Emissionsgrenzwerte von 61,75 Gramm CO_2 je Kilometer erreicht werden könnten. So äußerte Bernd Bohr, der vormalige Autovorstand bei Bosch: »Gegenüber heute können wir noch mindestens 40 Prozent weniger Kraftstoffverbrauch erreichen.« Er sagte dies 2010.[152] Just zu dem Zeitpunkt, als VW die Produktion des Fox zurückfuhr, um sie 2011 ganz einzustellen. Dies wurde damit begründet, dass sich das Modell für VW nicht rechne. Tatsächlich verkaufte VW vom Lupo 490.000 Fahrzeuge – das ist das Siebenfache des gesamten Bestands an Elektrofahrzeugen, die es aktuell Anfang 2019 in Deutschland gibt. 2002 stellte VW sogar das Modell eines 1-Liter-Autos vor (»XL-1«). Bei einer werbewirksamen Probefahrt zu einer VW-Hauptversammlung im April 2002 erreichte der damalige VW-Chef Ferdinand Piëch einen Durchschnittsverbrauch von 0,89 Liter Diesel auf 100 km bei einer Durchschnittsgeschwindigkeit von rund 72 Stundenkilometern. VW-Vorstandschef Martin Winterkorn bestätigte im Jahr 2007, dass VW ein solches Ein-Liter-Auto ab dem Jahr 2010 in Serie bauen würde. Der Verbrauch sollte bei 1,38 Liter Diesel auf 100 km, der CO_2-Ausstoß bei 36 Gramm je Kilometer liegen.

---

152. *Focus* vom 23. August 2010. https://www.focus.de/auto/neuheiten/tid-19815/verbrennungsmotor-totgesagte-leben-laenger_aid_544137.html

Sicherheitsfragen und Unfallgefahren

Als ein Vorteil von E-Autos wird in der Regel der deutlich geringere Straßenverkehrslärm genannt. So lauten die einleitenden Sätze in einem aktuellen Artikel: »Es ist eigentlich einer der großen Vorteile von Elektroautos: Wenn der Fahrer aufs Gas drückt, kommen nicht nur keine Abgase aus dem Auspuff, es entsteht auch fast kein Lärm. Leise gleiten die E-Autos im langsamen Stadtverkehr dahin.«[153]

Das ist ein bisschen richtig, aber auch doppelt falsch. Falsch zum einen, weil nach einer Studie des Umweltbundesamtes bei Elektro-Pkw – ähnlich wie bei herkömmlichen Pkw – ab einer Geschwindigkeit von rund 40 km/h das Abrollgeräusch der Reifen und das Fahrgeräusch als Resultat des Luftwiderstandes dominieren. Bei normalen und hohen Geschwindigkeiten gibt es zwischen herkömmlichen Pkw und E-Mobilen also keinen Unterschied hinsichtlich der Lärmbelastungen.[154] Falsch zum anderen, weil bei niedrigen Geschwindigkeiten der geringere Lärm oder auch mal die Fast-Lautlosigkeit vor allem ein erhebliches Sicherheitsproblem darstellen.

Laut dem UPI-Bericht erhöht sich dadurch »das Unfallrisiko für Fußgänger und Fahrradfahrer im Stadtverkehr.« Wobei Kinder, sehbehinderte und blinde Menschen besonders gefährdet sind. Bislang gibt es dazu nur in den USA umfangreiche, belastbare Untersuchungen. Danach gefährden Hybridautos Fußgänger um 44 Prozent stärker als normale Pkw. Im Fall von Fahrradfahrern ist das Unfallrisiko sogar um 72 Prozent größer. Ergebnis: »Am 16. Dezember 2010 verabschiedete der US-Kongress deshalb ein Gesetz, wonach geräuscharme und Hybridfahrzeuge im Straßenverkehr deutlich hörbar sein müssen. Die Geräusche müssen automatisch ertönen, wenn das Fahrzeug mit niedriger Geschwindigkeit fährt. Der Fahrer darf diese Technik nicht ein- und ausschalten können.«[155]

153. Philipp Vetter, in: welt.de vom 15. November 2016. https://www.welt.de/wirtschaft/article159523481/Bald-muessen-auch-Elektroautos-kraeftig-Laerm-erzeugen.html
154. https://www.umweltbundesamt.de/themen/verkehr-laerm
155. UPI-Bericht, a. a. O., S. 36. Daimler hat einen Sound-Generator entwickelt, der jedoch nur in Elektro-Daimler-Pkw in den USA und in Japan serienmäßig zum Einsatz kommt. Schließlich gibt es in der EU und in Deutschland diesbezüglich keine gesetzliche Verpflichtung. Dass die

Für einige Überraschungen gut dürfte das Thema »Unfälle mit Elektro-Pkw« sein. Aus einem Bericht von Anfang 2018: »Elektro-Unfall auf der A5 bei Karlsruhe. Ein Tesla rutscht unter einen Baustellenanhänger und verkeilt sich. Die Freiwillige Feuerwehr rückt an. Doch statt schnell mit Reparaturarbeiten zu beginnen, steht die Truppe abwartend um das Wrack. [...] Brennende Fragen tauchen auf: Ist die Hochleistungsbatterie beschädigt? Steht die Karosserie unter Strom? Wo verlaufen die Hochleistungskabel? [...] Um sicher zu sein, dass keine Gefahr für die Rettungskräfte besteht, ruft der Einsatzleiter bei Tesla in den USA an. Wertvolle Zeit verrinnt. Kein Einzelfall: Feuerwehrleute haben Angst vor Elektroautos! In einem Stromer herrschen mehr als 600 Volt Hochspannung. Schon 120 Volt können lebensgefährlich sein. [...] Statt mit auslaufendem Kraftstoff oder Öl haben es Rettungskräfte mit einem chemischen Kraftwerk zu tun, der Lithium-Ionen-Batterie. So kam es bei Tesla [...] immer wieder zu spektakulären Unfällen. [...] So lässt sich auch ein spektakulärer Unfall in der Schweiz erklären [...] Ein E-Sportwagen brannte vollständig aus. Noch fünf Tage später entzündete sich das Wrack ohne äußere Einwirkung immer wieder. In Not geriet kürzlich auch die Feuerwehr in Reutlingen, als sich ein brennender Elektro-Smart nicht auf Anhieb löschen ließ. Man entschloss sich, den ganzen Wagen in einen mit Wasser gefüllten Container zu tauchen. So konnte die Batterie abkühlen – und das Problem war bis auf weiteres aus den Augen.«[156]

zitierte US-Untersuchung sich nur auf Hybrid-Pkw bezog, mindert die Aussagekraft nicht; ihre Ergebnisse lassen sich 1:1 auf Elektro-Pkw übertragen, da Hybrid-Pkw im langsamen Stadtverkehr in erster Linie mit dem Elektromotor betrieben werden. Eher gilt, dass die größere Unfallgefahr erst recht für Elektro-Pkw zutrifft, da diese ausschließlich mit Elektromotor, also bei langsamer Fahrweise weitgehend ohne Fahrgeräusch betrieben werden.

156. *Auto Bild* vom 9. Februar 2018. Es handelt sich um ein strukturelles Sicherheitsrisiko, das seit einem Vierteljahrhundert bekannt ist und nicht lösbar zu sein scheint. Als im Jahr 1993 batteriebetriebene Testwagen mit ABB-Natrium-Schwefel-Batterien wiederholt in Brand gerieten, wurden weltweit alle Hochtemperaturbatterien dieser Machart für längere Zeit aus dem Verkehr gezogen. (*Wirtschaftswoche* vom 20. Mai 1993). Das Smartphone Galaxy Note 7 hatte dem südkoreanischen Hersteller Samsung im Herbst 2016 ein beispielloses Fiasko eingebracht. Nach wiederholten und oft gefährlichen Akku-Bränden gab es eine weltweite Rückruf-Aktion. Auch vermeintlich sichere Ersatzgeräte mussten wieder eingezogen werden, weil auch sie Feuer fingen. Das Smartphone-Modell musste schließlich wegen Sicherheitsrisiken komplett vom Markt genommen werden. Siehe u.a. http://www.faz.net/aktuell/wirtschaft/agenda/samsung-sieht-akku-von-galaxy-note-7-als-grund-fuer-brand-14731878.html [abgerufen am 15.2.2018]

Es gab bereits eine Reihe schwerer Unfälle mit Elektro-Pkw, die Todesopfer forderten. Beispielsweise brannte im Mai 2012 ein Elektro-Taxi vom Typ E6 des chinesischen Herstellers BYD nach einem Zusammenprall mit einem Sportwagen komplett aus; die drei Insassen wurden Opfer der Flammen. Und es war auch hier ein Kurzschluss in der Lithium-Ionen-Batterie, die für den Brand, der mit regelrechten Explosionen verbunden war, verantwortlich war. Damals urteilte das *Handelsblatt*: »Das Unglück wirft ein grelles Licht darauf, dass auf dem Weg in die Elektromobilität längst noch nicht alle Probleme gelöst sind.«[157]

---

157. Carsten Herz, »Auf der Holperstrecke«, in: *Handelsblatt* vom 20. Juli 2012. Kurz zuvor, im November 2011, war es in den USA zu Batterie-Bränden beim GM-Modell Volt (in Europa als »Ampera« vermarktet) gekommen. Der Verkauf des Modells musste zeitweilig eingestellt werden. GM reagierte mit einer Verstärkung des Stahlrahmens um die Batterie und mit dem Einbau neuer Sensoren. Das sind jedoch nur Maßnahmen, die nachträglich die Brand- und Explosionsgefahr eindämmen sollen. Diese Gefahren an sich bleiben jedoch bestehen. Nach: Matthias Ruch, Chevrolet Volt wird zum Politikum, in: *Financial Times* vom 23. Januar 2012.

Kapitel 7
E-Auto-Kohle-Strom,
E-Auto-Atomstrom und
E-Auto-Rohstoffe

Totgesagte leben länger. Nach zwei Jahren mit rückläufiger globaler Steinkohleförderung und rückläufigem Welthandel hat sich der Markt deutlich erholt. [...] In vielen Schwellen- und Entwicklungsländern werden neue Kraftwerke gebaut [...] Dies unterstreicht, dass derzeit nicht über Peak Coal zu reden ist. Vielmehr hat der Kohleverbrauch global ein Hochplateau erreicht. [...] Die Washington Post vom 7. Februar 2018 wollte [...] verdeutlichen, dass mit dem geplanten Zubau von Kohlekraftwerken die globalen Klimaziele kaum noch erreichbar seien. Damit wurden zugleich die ehrgeizigen Kraftwerksausbauprogramme in Weltregionen mit dynamischem Wirtschaftswachstum bestätigt, nachdem diese Entwicklung von Umweltorganisationen regelmäßig geleugnet wurde, um mit dem moralischen Zeigefinger auf europäische Kohlekraftwerke zeigen zu können. [...] Die globalen energiebedingten CO_2-Emissionen werden sich [...] von 32 Mrd. t im Jahr 2014 auf 35,7 Mrd. t im Jahr 2040 erhöhen.

Jahresbericht des Vereins der Kohleimporteure 2018 [158]

Eine Umfrage im Auftrag des deutschen staatlichen Finanzinstituts Kreditanstalt für Wiederaufbau (KfW) vom Sommer 2018 ergab, dass in Deutschland 16 Prozent der 4000 befragten Haushalte die »Anschaffung eines Elektroautos« ins Auge fassen (wobei hier Hybrid-Pkw eingeschlossen sind). Interessant ist in diesem Zusammenhang, was den größten Teil der Deutschen bislang davon abhält, sich für einen Elektro-Pkw zu entscheiden: 84 Prozent bemängeln die »lückenhafte Ladestruktur« gefolgt von 81 Prozent, die die

158. https://www.kohlenimporteure.de/files/user_upload/jahresberichte/vdki_jahresbericht_2018. pdf [abgerufen am 5.1.2019]

»mangelnde Reichweite« und schließlich 79 Prozent, die den »zu hohen Kaufpreis« kritisieren.[159]

Anfang 2019 gab es in Deutschland insgesamt rund 30.000 Elektroladepunkte – an knapp 20.000 Ladestationen. Hier sind jedoch solche Ladestationen, die nur privat zugänglich sind, inbegriffen. Weniger als die Hälfte waren »öffentlich zugänglich«.[160] Unter diesen öffentlich zugänglichen rund 10.000 Ladestationen gab es 1500 Schnellladestationen, darunter knapp 70 Tesla-»Supercharger«, die jedoch nur für eine spezifische Klientel zugänglich sind. Der Tesla-Supercharger schafft den Ladevorgang in 20 Minuten, eine Schnellladestation benötigt mindestens eine halbe Stunde. Diese Art Ladezeiten werden beschönigend mit »einer Kaffeepause« gleichgesetzt, was schon ein recht langer Kaffee-Longo oder ein XXL-Latte Macchiato sein dürfte. Bei den herkömmlichen, öffentlich zugänglichen Ladesäulen beträgt die Ladezeit zwischen zwei und vier Stunden. Was bereits einem ziemlich gründlichen Großeinkauf entspricht. Beim Laden mit der Haushaltssteckdose sind zehn bis 14 Stunden zu veranschlagen. Wobei es bei den Ladevorgängen an öffentlich zugänglichen Ladepunkten meist darum geht, den Akku auf rund 80 Prozent aufzuladen.

In Österreich war zum gleichen Zeitpunkt die Abdeckung mit 3800 öffentlich zugänglichen Ladestationen (und 4900 Ladepunkten) besser als in Deutschland; in der Schweiz waren es Anfang 2019 1600 Ladestationen. In jedem Fall gibt es für Elektro-Pkw-Fahrer im Vergleich zu einem Dino-Automobilisten, der seinen Pkw mit Benzin oder Diesel betankt, die folgende kritische Kombination: Der Zeitaufwand, um eine Ladestation mit freiem Ladepunkt zu finden, ist erheblich; die Zeit, die man für den »Tank«-Vorgang selbst benötigt, ist ebenfalls beträchtlich. Im Übrigen soll ja auch nicht »einfach so« Strom getankt werden; gefordert wird das »intelligente Stromladen«. Spätestens bei einer massenhaften Verbreitung der Stromer wird es erforderlich, dass Elektroautos »intelligent«, also zeitversetzt und vor allem in Zeiten mit geringem Strombedarf ihre Energiezufuhr beziehen. In einem Stuttgarter Vorort wurde Mitte 2018 ein

159. KfW-Befragung nach ecomento.de vom 22. August 2018. https://ecomento.de/2018/08/22/kfw-energiewendebarometer-2018-jeder-sechste-haushalt-will-elektroauto-anschaffen/ [aufgerufen am 20.1.2019]
160. Im Januar 2019 gab es in Deutschland öffentlich zugänglich 7349 Ladestationen mit rund 13.000 Ladepunkten.

»Testfeld Elektromobilität« eingerichtet und zehn Familien in einer Straße –
eine Eigenheimsiedlung in Ostfildern – gratis, wenn auch »nur« für ein halbes
Jahr – mit nagelneuen Elektroautos (»vom BMW i3 bis Tesla«) ausgestattet, um
in dieser »E-Mobility-Allee« intelligentes Stromtanken zu testen. Schließlich
stelle »die Belastung des Stromnetzes durch viele gleichzeitige Ladevorgänge
von Elektrofahrzeugen die Netzstabilität vor neue Herausforderungen«, so die
Projektleiterin beim baden-württembergischen Energieversorger ENBW.[161] Man
stelle sich einmal vor, eine Kommune würde ihre autofahrenden Bürgerinnen
und Bürger auffordern, bloß nicht nach Dienstschluss mal im kollektiven Tross
zur Tankstelle zu fahren. Oder eine Regierung in Wien, Berlin oder Bern würde
bei Urlaubsbeginn erklären, man müsse, um bei den Tankstellen keine Strom-
rationierung auszulösen, nach Anfangsbuchstaben der Familiennachnamen
zu unterschiedlichen Stunden und Tagen in den Urlaub starten. Nur so könne
einem Zusammenbruch des Stromnetzes vorgebeugt werden.

Dass sich die Situation einer eher kargen Abdeckung mit Ladestationen in
den nächsten Jahren wesentlich verbessern wird, ist eher unwahrscheinlich.
Der Zubau an Ladestationen verlangsamte sich 2018 in vielen Ländern Europas.
Die Planungen für Deutschland sehen vor, dass es bis Ende 2020 maximal
38.000 öffentlich zugängliche Ladepunkte an rund 20.000 Ladestationen
geben soll. Wollte man in Deutschland »nur« eine Million E-Autos (von 2019
gut 47 Millionen Pkw) einigermaßen mit Ladepunkten abdecken, müsste es
rund doppelt so viele Ladepunkte geben. Es sieht eher so aus, dass die Zahl
der Elektromobile schneller zunehmen wird als die Zahl der Ladestationen.
Um diese Problematik zu mildern, hat VW »mobile Schnellladesäulen« entwickelt, die bereits 2020 in Serienproduktion gehen sollen. Diese Stationen
funktionieren nach dem Prinzip der Powerbank, wie sie oft zum Laden der
Mobiltelefone genutzt wird – nur dass es sich um Powerbanks in der Größe
einer leicht abgespeckten alten Telefonzelle handelt.[162] Einigermaßen unklar
ist, mit welcher Berechtigung solche Ungetüme dann im öffentlichen Raum

161. Susanne Preuß und Thiemo Heeg, Hochspannung in der Sackgasse, in: *Frankfurter Allgemeine
Zeitung* vom 30. April 2018.
162. VW baut mobile Schnelladesäulen für Elektroautos, in: *Frankfurter Allgemeine Zeitung* vom
28. Dezember 2018.

aufgestellt werden. Diese Batteriespeicher reichen nur für ein Aufladen von 15 Elektroautos aus und müssen danach ihrerseits in ein Werk zum eigenen Auflagen zurückgebracht werden. Ein Ladevorgang soll 30 Minuten dauern. Im Übrigen muss die entsprechende Ladestruktur in eine echte Energiebilanz der Elektromobilität einbezogen werden.

Gibt es Vorbilder für eine eher zufriedenstellende Ladestruktur für Elektromobilität? In diesem Zusammenhang wird meist Norwegen genannt. Tatsächlich ist dort die Dichte der Ladestationen wesentlich höher als in Deutschland und auch als in Österreich. Dennoch heißt es in einem Bericht: »In Norwegen wurde Autofahrern nun vom Kauf weiterer Elektroautos ausdrücklich abgeraten, wenn man nicht über eigene Auflademöglichkeiten für das Fahrzeug verfüge. Der Grund: In Norwegen sind 1300 kommunale Ladestationen für 80.000 Elektrofahrzeuge zu wenig [...] Keine rosigen Aussichten für Deutschland.«[163]

Um in einem Land wie Deutschland bis 2025 für rund fünf Millionen Elektro-Pkw (was dann keinen zehn Prozent des Gesamtbestandes entsprechen würde) eine einigermaßen flächendeckende Ladestruktur aufzubauen, müssten Investitionen in Höhe von einigen Dutzend Milliarden Euro getätigt werden. EU-weit sind einige hundert Milliarden Euro zu veranschlagen. Für eine globale Sicht legten 2018 Analysten der US-Bank Morgan Stanley eine Berechnung vor, wonach man weltweit im Fall von 500 Millionen E-Autos – das wäre die Hälfte des aktuellen weltweiten Pkw-Bestandes – mit Infrastruktur-Investitionen in Höhe von 2,7 Billionen US-Dollar (2.700 Milliarden US-Dollar oder 2.400 Milliarden Euro) zu rechnen habe.[164] Es ist völlig unklar, wie diese Summen in den eher reichen Regionen zu stemmen sind – von armen Regionen in Asien, Afrika und Lateinamerika ganz zu schweigen.

E-Mobility ist die Mobilität der Häuslebesitzer

Es wird also noch Jahrzehnte dauern, bis es eine Elektroladestruktur geben wird, die auch nur ansatzweise mit dem aktuellen Tankstellennetz vergleichbar ist. Zu Recht gibt es vor diesem Hintergrund Überschriften wie »Ist

163. *Handelsblatt* vom 8. Dezember 2017.
164. Zusammengefasst in: *Börsen-Zeitung* vom 18. Januar 2018.

Elektromobilität ein Privileg für Hausbesitzer? Alle anderen haben es jedenfalls mit dem Laden schwer.«[165]

So ist es offensichtlich – die Elektromobilität mit Elektroautos ist eine Sache des gehobenen Mittelstandes. Der Chef des Autoforschungsinstituts Center of Automotive Management (CAM) in Bergisch Gladbach, Stefan Bratzel, sagt: »Wer ein Elektroauto kauft, lädt es am liebsten zu Hause auf, weil das sehr bequem ist.«[166] Er meint damit eher nicht den E-Pkw-Fahrer in einem Plattenbau in Berlin-Marzahn oder in der Wohnsiedlung Grohner Düne in Bremen-Vegesack. Bratzel und die E-Pkw-Lobby gehen fast immer davon aus, dass der Elektroautoeigner in einem Eigenheim wohnt und über eine Garage verfügt. »Prinzipiell stehen zu Hause zwei Lademöglichkeiten zur Verfügung: eine gewöhnliche Haushaltssteckdose oder eine spezielle Ladebox für Stromer« – so ein Artikel mit der Überschrift »Die Stromtankstelle für die eigene Garage«. Ziemlich energisch abgeraten wird in diesem Beitrag – unter Verweis auf die »drohende Überhitzung beim Laden« – von der »Haushalts-steckdose«: Die »spezielle Ladestation, auch Wallbox genannt, ist auf jeden Fall sicherer.« Allerdings kostet eine Wallbox in einfacher Ausführung »zwischen 600 und 800 Euro; intelligente Modelle, die mit dem Internet verbunden sind, sind etwa ab 1100 Euro zu haben«.[167] Beim zuletzt genannten Wallbox-Modell mit hohem IQ könne beispielsweise »bei Dienstwagen der Strom mit dem Arbeitgeber abgerechnet werden.«

Offen muss bleiben, ob der Stromverbrauch des Billigstromers eines Hartz-IV-Empfängers – der ja einen Anspruch auf Automobilität haben soll – auch mit der Arbeitsagentur abgerechnet werden kann. Für die Installation der Wallbox muss man mit weiteren 300 bis 500 Euro rechnen. Damit kosten allein Wallbox und Installation so viel wie zwei Jahresabos ÖPNV in Berlin oder so viel wie vier ÖPNV-Jahresabos in Wien (wo es das 365-Euro-Jahres-Ticket gibt). Das Autofachblatt *Auto Motor Sport* startete Ende 2018 die Aktion »Die smarte Garage«. Text: »Das vollvernetzte ›smart home‹ ist das Zuhause der Zukunft. Bei uns Autofahrern muss die

---

165. *Süddeutsche Zeitung* vom 15. Dezember 2017.
166. *Stuttgarter Zeitung* vom 23. August 2018.
167. *Stuttgarter Zeitung* vom 23. August 2018.

Garage – das Schlafzimmer des geliebten Wagens – natürlich mit integriert sein.« Außer der Wallbox, die »Ihren Akku intelligent lädt«, gibt es in dem Auto-Schlafzimmer auch einen »Bewegungsmelder, der ungebetene Gäste erkennt und Alarm gibt«.[168]

Erinnern wir uns an die vielen Artikel, in denen darüber geklagt wird, dass die Menschen in der automobilen Gesellschaft eine gigantische, Jahr für Jahr wachsende Summe an Zeit im Stau verbringen. Das wird sich mit E-Autos nicht nur nicht verringern. Hier kommt nun noch die Zeit dazu, die mit der »Ladetätigkeit« und dem »Suchen nach Ladestationen« zu verbringen ist. Der Philosoph Ivan Illich errechnete einmal, dass die gesellschaftliche Durchschnittsgeschwindigkeit im Autoverkehr sich auf dem Niveau eines Fahrradfahrers bewegt – und zwar dann, wenn korrekterweise die Zeit zum Erwerb und zum Unterhalt eines Autos eingerechnet und zur reinen Fahrtzeit addiert wird.[169] Im Fall der Mobilität mit E-Autos dürfte sich die so berechnete »gesellschaftliche Durchschnittsgeschwindigkeit« nochmals deutlich reduzieren – und sich in Richtung Schneckentempo bewegen. Wobei Schnecken ihre Energie tatsächlich klimaneutral aufnehmen.

E-Mobility heißt mehr Kohlestrom

Bei der Berechnung des Strombedarfs im Fall einer weitgehenden Umstellung der Pkw-Flotte auf Elektroantrieb kommen die beteiligten Fachleute zu höchst unterschiedlichen Ergebnissen. Nach Angaben der Gruppe Agora Verkehrswende würde der Strombedarf des deutschen Verkehrssektors im Jahr 2050 auf einem Niveau liegen, das 80 Prozent der gesamten Stromerzeugung des Jahres 2015 entspricht. Eine andere Rechnung, beauftragt von Greenpeace und erstellt vom Wuppertal-Institut für Klima, Umwelt, Energie kommt für das Zieljahr 2035 auf einen zusätzlichen Strombedarf, der 36 Prozent der gesamten gegenwärtigen Stromerzeugung entspricht. Die mehrfach zitierte UPI-Studie geht davon aus, dass alle Pkw des Jahres 2014 E-Autos sind und kommt dann auf eine erforderliche Steigerung des Stromverbrauchs von (nur)

168. *Auto Motor Sport* Heft 26/2018.
169. Ivan Illich, Die sogenannte Energiekrise oder die Lähmung der Gesellschaft, Reinbek 1994.

21 Prozent.[170] Im Klimaschutzplan 2050 der Bundesregierung heißt es, der Strombedarf werde »langfristig deutlich höher liegen als heute«. Und zum E-Auto-Verkehr: »Insbesondere nach 2030 wird bei zunehmender Elektrifizierung des Verkehrs und der Gebäudewärmeversorgung ein spürbarer Anstieg [des Strombedarfs; W.W.] erwartet, selbst bei gleichzeitigen Anstrengungen zur Steigerung der Energieeffizienz.«[171]

Einmal abgesehen von den Differenzen in den unterschiedlichen Berechnungen ist festzuhalten: Alle, die bei dem Thema »Elektroautos« die offiziellen Zielsetzungen der »Elektromobilitäts-Offensive« ernst nehmen, gehen davon aus, dass damit ein erheblicher Anstieg des Strombedarfs verbunden ist. Nun hat sich aber die deutsche Regierung das entgegengesetzte Ziel gesetzt: Der Strombedarf soll bis 2050 um 25 Prozent gegenüber dem Jahr 2008 gesenkt werden – nicht zuletzt um die eingegangenen Klimaverpflichtungen einzuhalten. In der bereits zitierten, von der Gruppe Powershift u. a. für Brot für die Welt und Misereor erarbeiteten Studie »Weniger Autos, mehr globale Gerechtigkeit« wird hierzu festgestellt: »Das ist ein Widerspruch.« Um im Anschluss – dabei anknüpfend an vergleichbare Überlegungen des Umweltbundesamts – darüber zu debattieren, dass eine Verkehrswende auf Basis von Elektroautos offensichtlich mit der Notwendigkeit des Imports von Strom (beispielsweise »aus Südeuropa, Nordwestafrika und Skandinavien«) verbunden sein könnte.[172]

Angewandt auf die globale Ebene, zeigt diese Debatte, wohin Elektromobilität mit Elektroautos dann führen dürfte, wenn der offizielle Weg der E-Lobby beschritten wird: Die hochmotorisierten Industriestaaten steigern die Stromproduktion beträchtlich – und müssen dafür Strom aus den weniger motorisierten und wenig industrialisierten Ländern importieren. Was auf ein

170. UPI-Studie, a. a. O., Seite 14. Greenpeace-Wuppertalstudie: Verkehrswende für Deutschland – Der Weg zu CO$_2$-freier Mobilität bis 2035, Autoren: Frederic Rudolf, Thorsten Koska und Clemens Schneider, Wuppertal Institut für Klima, Umwelt, Energie, Wuppertal 2017. Siehe: https://www.greenpeace.de/sites/www.greenpeace.de/files/20170830-greenpeace-kursbuch-mobilitaet-langfassung.pdf.pdf [abgerufen am 20.1.2019] Agora-Studie: Mit der Verkehrswende die Mobilität von morgen sichern, 12 Thesen, September 2017. Siehe: https://www.agora-verkehrswende.de/fileadmin/Projekte/2017/12_Thesen/Agora-Verkehrswende-12-Thesen-Kurzfassung_WEB.pdf [abgerufen am 2.1.2019]
171. Bundesumweltministerium, Klimaschutzplan 2050, Berlin 2016, Seite 35.
172. Weniger Autos, mehr globale Gerechtigkeit, a. a. O., Aachen und Berlin, November 2018, S. 46.

neues, semi-koloniales Verhältnis, basierend auf Automobilität der reichen Regionen, hinauslaufen würde.

Die beschriebene Diskrepanz, dass ein Teil der Bundesregierung (Bundes-umweltministerium und Umweltbundesamt) von einem durch Elektromobilität deutlich *höheren* Strombedarf ausgehen, die Bundesregierung selbst jedoch einen zukünftig niedrigeren Stromverbrauch in Aussicht stellt, macht natürlich durchaus Sinn. Denn eine deutlich höhere Stromproduktion in Deutschland selbst wird unter den gegebenen Bedingungen nicht mit einem Zubau erneu-erbarer Energie zu bewältigen sein. Der absehbare Ausbau der erneuerbaren Energie in Deutschland wird im Wesentlichen darauf hinauslaufen, das für 2022 vereinbarte Auslaufen des Atomstroms, der 2018 noch einen Anteil von knapp 12 Prozent hatte, zu ersetzen. Eine gesteigerte Stromproduktion würde unter diesen Umständen bedeuten ... die Produktion von Kohlestrom neu zu steigern.

Just darauf verweist die UPI-Studie, die sich hier ihrerseits von einem deut-schen Wirtschaftsforschungsinstitut bestätigt sieht. Dort wird festgestellt: »Das Deutsche Institut für Wirtschaftsforschung hat 2015 [...] in verschiedenen Szenarien berechnet, wie sich die Stromerzeugung ändern würde, wenn bis zum Jahr 2030 in Deutschland 0,9 bis 1 Million Elektroautos und 2,9 bis 3,7 Millionen Hybridautos zugelassen wären. Das wären 8 bis 11 % des heutigen Pkw-Bestandes. [...] Die Berechnungen ergaben, dass in allen Szenarien vor allem die Stromerzeugung aus Braunkohle, Steinkohle und Erdgas um zusam-men ca. 9 Terrawatt-Stunden (TWh) pro Jahr ansteigen würde. Auch bei 100 % kostengesteuerten Ladevorgängen (Ladestrom zu Zeiten mit Überschüssen von Wind- und Sonnenenergie billiger) ergibt sich ein deutlicher Zuwachs fossiler Energie.« Zwar heißt es dort auch: »Nur wenn der Zubau regenerativer Energien deutlich schneller als bisher geplant erfolgen würde, könnte der zusätzliche Strombedarf für Elektroautos durch überschüssige erneuerbare Energien gedeckt werden und die Ökobilanz von Elektroauto bis 2030 verbessert werden.«

Doch 2015, als die UPI-Studie erstmals veröffentlicht wurde, stellten ihre Verfasser bereits fest: »Dies ist aus heutiger Sicht jedoch nicht zu erwarten.«[173]

---

173. UPI-Studie, a. a. O., S.15 und 16. DIW-Studie: Wolf-Peter Schill and Clemens Gerbaulet, Power Sys-tem Impacts of Electric Vehicles in Germany: Charging with Coal or Renewables?, DIW, Berlin 2015.

Das trifft erst recht für die Situation 2019 zu. Denn die 2016 und 2017 verabschiedeten Novellen zum Erneuerbare Energien Einspeisungsgesetz (EEG) wirken inzwischen als Bremse bei der Energiewende.

Auch in vielen anderen EU-Mitgliedsländern wird eine deutliche Zunahme von Elektro-Autos die Abhängigkeit von »schmutzigem« Strom deutlich erhöhen. Weltweit wird vor allem der Kohlestrom profitieren – so eine Bilanz im deutschen *Handelsblatt* im Januar 2019: »Es gibt einen Profiteur der Entwicklung, den wohl die wenigsten in Brüssel auf der Rechnung hatten, als sie [im Dezember 2018 die neuen; W.W] Emissionsziele formulierten: die Kohleindustrie. Der russische Kohleproduzent SUEK hat in einer Studie basierend auf den Daten von BCG und McKinsey eine rosige Zukunft gemalt: Demnach werden bis 2030 zur Energiegewinnung zusätzliche 300 bis 450 Millionen Tonnen Kohle gebraucht. Bis 2035 sollen es gar fast 550 Millionen Tonnen sein. Laut SUEK-Strategiedirektor Wladimir Tusow wird die wachsende Anzahl der E-Mobile einen ›gewaltigen Sprung‹ bei der Nutzung von Kohlestrom verursachen.«[174]

E-Mobility heißt mehr Atomstrom

Nicht zuletzt wird mit Elektromobilität die Erzeugung von Atomstrom gesteigert. Dieser Aspekt wird von denjenigen Umweltverbänden und fortschrittlichen Personen, die auf Elektroautos setzen, weitgehend ausgeblendet. So wurde allgemein bejubelt, dass eine Stadt wie Paris in Bälde Pkw mit Verbrennungsmotoren im Stadtgebiet nicht mehr verkehren lassen will. Frankreichs

---

174. André Ballin, Rohstoffriesen fahren auf Elektrofahrzeuge ab, in: *Handelsblatt* vom 21. Januar 2019. Das Ende des Steinkohleabbaus in Deutschland, das im Dezember 2018 begangen wurde, führt keineswegs dazu, dass die auf Steinkohle basierenden deutschen Kraftwerke abgeschaltet oder auf andere Energieträger »umgestellt« werden würden. In den letzten Jahren stammten ohnehin jährlich nur noch gut 3 Millionen Tonnen Steinkohle, die in Kohlekraftwerken zum Einsatz kamen, aus deutscher Förderung; gut 45 Millionen Tonnen wurden importiert. Ab 2019 werden die Steinkohlekraftwerke nur noch auf Basis von Importkohle betrieben. Eine Reduktion der Importe ist nicht vorgesehen. Die Importe kommen vor allem aus Russland (2016: 19,7 Mio. Tonnen), USA (9,1 Mio. Tonnen) Kolumbien (6,5 Mio. Tonnen) und Polen (5,6 Mio. Tonnen). Bevor sie verfeuert werden und CO_2-Emissionen produzieren, kommen sie aufgrund der langen Transportwege also bereits mit einem enormen CO_2-Rucksack nach Deutschland. Angaben nach: Jahresbericht des Vereins der Kohleimporteure 2018.

Regierung beschloss, ab dem Jahr 2040 jeden Verkauf von Pkw mit Verbrennungsmotoren zu verbieten; ab diesem Datum soll es bei neu zugelassenen Pkw nur noch Elektro-Pkw geben. Solche Zielsetzungen sind in einem Land, in dem 75 Prozent der Stromerzeugung auf Atomenergie basieren, nicht wirklich kühn. Nicolas Hulot, im Zeitraum Mai 2017 bis August 2018 Umweltminister unter Präsident Emmanuel Macron, hatte bei seinem Amtsantritt einen realistischen Plan zum »Rückbau der Kernenergie« gefordert. Er scheiterte auf der ganzen Linie und gestand dies ausdrücklich ein – übrigens eine eher seltene Dokumentation von Ehrlichkeit.[175] In diesem Sinn erklärte dann Macron Ende 2018: »Die Stärkung der erneuerbaren Energien hat nichts zu tun mit der Schließung von Reaktoren.« Die vorsichtige Reduktion des Anteils von Atomstrom an der gesamten Stromerzeugung von 75 Prozent auf 50 Prozent im Jahr 2025, die der Vorgänger-Präsident François Hollande verkündigt hatte, wurde nun von Macron auf das Jahr 2035 vertagt. Die Laufzeit der – enorm störanfälligen französischen Atomreaktoren – wurde damit um eine ganze Dekade verlängert. Macron bezeichnete Atomenergie als »günstige Energie«. Gleichzeitig schloss er den Bau neuer Atomkraftwerke nicht aus. Der staatliche, mächtige Energiekonzern EDF und der AKW-Hersteller Areva planen den Bau von bis zu sechs neuen Atomkraftwerken – Druckwasserreaktoren – auf französischem Boden.[176]

Weltweit will Areva bis 2050 40 bis 50 neue Atomkraftwerke bauen – und hat dabei bereits einige Großaufträge in den Büchern. In Hinkley Point C an der Südwestküste von England bauen Areva, EDF und zwei staatliche chinesische AKW-Konzerne ein gigantisches Atomkraftwerk, dessen Kosten bislang auf knapp 40 Milliarden Euro veranschlagt werden. Die britische Regierung gewährt dem Betreiber eine 35-jährige Einspeisevergütung. Die EU hat – noch in Vor-Brexit-Zeiten – die damit verbundene enorme Subventionierung einer

---

175. In seiner Erklärung zum sofortigen Rücktritt als Minister am 28. August 2018 sagte Monsieur Hulot: »Ich will mich nicht länger selbst belügen. [...] Ich weiß, dass ich alleine nichts erreichen werde. [...] Ich habe ein bisschen Einfluss, aber keinerlei Macht.« Wobei er »die Anwesenheit von Lobbyisten in den Kreisen der Macht« anprangerte und für die Fortsetzung u. a. der Konzentration auf Kernenergie verantwortlich machte. Nach: *Le Monde* vom 31. August 2018. Siehe: https://www.lemonde.fr/politique/article/2018/08/31/remaniement-apres-la-demission-de-hulot-le-gouvernement-sera-au-complet-mardi_5348670_823448.html [abgerufen am 20.1.2019]
176. Leo Klimm, Macron hilft Atomindustrie, in: *Süddeutsche Zeitung* vom 28. November 2018.

höchst spezifischen Energie ausdrücklich genehmigt; Österreich hatte gegen diese Bevorzugung einer problematischen Energieform vor Gericht geklagt und 2018 verloren.[177] Die im Fall der Fertigstellung des Hinkley-Point-C-AKWs erheblich gesteigerte Stromerzeugung dient auch der Abdeckung des zu erwartenden größeren Strombedarfs, der mit der in Großbritannien auch massiv geförderten Elektromobilität zu erwarten ist.

In einer vergleichbaren französisch-chinesischen Konstellation wie an der britischen Südwestküste entstehen in der Volksrepublik China selbst neue Atomkraftwerke. Im Dezember 2018 wurde im südchinesischen Taishan der erste Atomreaktor vom Typ EPR, ebenfalls ein Druckwasserreaktor, in Betrieb genommen. EDF-China-Chef Fabrice Fourcade sprach in diesem Zusammenhang von einem »Zukunftsversprechen für die gesamte weltweite Atomtechnologie«. In China sind damit 39 Atomkraftwerke in Betrieb. Anfang 2019 befinden sich in China 19 weitere Atomkraftwerke in Bau. Und weitere 38 sind geplant. Bisher gilt in der VR China neben dem massiv vorangetriebenen Ausbau der erneuerbaren Energien Strom aus Atomkraft als entscheidend dafür, den wachsenden Strombedarf – auch als Ergebnis der rasant steigenden Zahl der Elektrofahrzeuge – zu decken und gleichzeitig den Anteil der thermischen Kraftwerke (basierend auf Kohle und Gas) zu reduzieren. So stieg der Anteil des Atomstroms an der gesamten Stromerzeugung 2017 auf gut 4 Prozent; 2018 dürfte er nochmals angestiegen sein. Der Anteil der erneuerbaren Energie lag 2017 bei 26 Prozent. Derjenige der Kohle- und Gaskraftwerke weiter bei stolzen 70 Prozent. Im Jahr 2017 war allein der absolute Zuwachs der Stromerzeugung aus thermischen Kraftwerken (plus 203 Terawatt-Stunden/TWh)

177. »Das Ministerium halte es für ein falsches Signal, wenn Subventionen für den Bau von Kernkraftwerken als unbedenklich eingestuft würden. Es handle sich um einen problematischen Zugang, wenn Beihilfen für erneuerbare Energieträger erschwert würden, andererseits aber Betriebshilfen für Kernkraftwerke über einen Zeitraum von 35 Jahren auf Kosten der Steuerzahler/innen bewilligt würden. Atomkraft sei, so das Ministerium, keine Technologie der Zukunft, dies sei ein Standpunkt, den Österreich auch weiterhin aktiv vertreten werde. Die Klage Österreichs gegen den Ausbau von Paks II [ein Atomkraftwerk 110 km südlich von Budapest; W.W.] in Ungarn bleibe weiterhin aufrecht, man habe die Hoffnung, dass diese erfolgreich verlaufe, zumal die Klagsgründe bei Hinkley Point C und Paks II zwar ähnlich, aber nicht ident wären.« Pressemitteilung des Bundesministeriums für Nachhaltigkeit und Tourismus in Wien vom 12. Juli 2018. Nach: https://www.bmnt.gv.at/service/presse/energie/2018/ministerium-bedauert-abweisung-der-klage-gegen-hinkley-point-c.html [abgerufen am 26.1.2019]

größer als der gesamte Zuwachs aus Wasserkraft (plus 20 TWh), Windkraft (64 TWh), Solar (plus 52 TWh) und Biomasse (plus 15 TWh) – addiert 151 Terawatt-Stunden. Hinzu kommt ein Zuwachs von Atomstrom mit zusätzlich 35 Terawatt-Stunden.[178] Damit soll gesagt werden: Die vielen Lobeshymnen, mit denen in der Umweltszene und unter Linken oft eine angeblich nachhaltige Wirtschaftspolitik der VR China gefeiert wird, sind nicht überzeugend. Oft stützen sich solche Aussagen auf problematische Angaben über einen »Anteil« der erneuerbaren Energien am gesamten Energieverbrauch.[179] Entscheidend für die Umwelt, für menschliche Lungen und für das Klima sind jedoch nicht Anteile, sondern die Masse der emittierten Staubpartikel und CO_2-Gase. In dieser Hinsicht folgt China ohne Zweifel dem kapitalistischen Diktat des Wachstums. Das Setzen auf Elektromobilität in Form von hunderten Millionen Elektrofahrzeugen wird diesen Kurs nicht beenden, sondern in anderer und vergleichbar zerstörerischer und extrem gefährlicher – Stichwort: Ausbau der Atomkraftwerke – Form fortsetzen.[180]

Die Rohstoffproblematik – das Beispiel Kupfer

Was meist vergessen wird: Autos bestehen – unabhängig von dem Antriebs-strang – zu 50 bis 60 Prozent aus Eisen und Stahl. In einem wachsenden Umfang wird Stahl durch Aluminium ersetzt. Die Herstellung von Aluminium

178. Angaben zur Stromerzeugung in China u. a. nach Nuklearforum Schweiz, Pressemitteilung vom 4. Januar 2018 und: https://blog.energybrainpool.com/chinas-stromsystem-in-2017-rekord-pv-zubau/ und

179. »So hat China den Westen während eines Jahrzehnts auch bei der Investition in erneuerbare Energien weit überholt. [...] Auch die Dynamik unterscheidet sich wesentlich: Während der Anteil erneuerbarer Energien in Deutschland von 2008 bis 2017 von 3,7 auf 5,2 Prozent stieg [...] hat China den Anteil von 16,5 auf 28,4 Prozent erhöht.« Werner Rügemer in seinem spannenden, verdienstvollen, beim Thema VR China jedoch erstaunlich unkritischen Buch »Die Kapitalisten des 21. Jahrhunderts. Gemeinverständlicher Abriss zum Aufstieg der neuen Finanzakteure«, Köln 2018, Seite 269f.

180. Im Herbst 2018 verfasste Georg Blume einen Artikel unter der Überschrift »Warum Chinas Liebe zur Atomkraft erkaltet«. In diesem führt er Indizien dafür auf, dass der weitere Ausbau der Atomkraft in der VR China aus pragmatischen (und Kosten-) Gründen in Frage gestellt wird. Das wäre natürlich zu begrüßen, steht aber zunächst in Widerspruch zur Tatsache, dass sich Anfang 2019 allein weitere 19 Atomkraftwerke in Bau befinden. Siehe: *Spiegel online* vom 27. September 2018. Siehe: http://www.spiegel.de/wirtschaft/unternehmen/china-erwaegt-abkehr-von-atomkraft-a-1229668.html [abgerufen am 25.1.2019]

ist extrem energieintensiv. Während ein VW-Käfer noch 730 Kilogramm wog, ist das Durchschnittsgewicht eines heute neu zugelassenen Pkw mit 1,5 Tonnen mehr als doppelt so schwer. Der Besetzungsgrad je Pkw hat sich gleichzeitig um gut 15 Prozent reduziert. Ein solches Fahrzeug ist – gleichgültig ob Verbrenner oder Stromer – in *jedem* Fall mit dem Import von Rohstoffen verbunden, die in der Regel in Regionen mit niedrigem Lebensstandard, niedrigen sozialen Standards und gelegentlich im Zusammenhang mit verbreiteter Repression gefördert werden – oft von Konzernen aus Nordamerika, Japan und Westeuropa und neuerdings in hohem Maß aus der VR-China. Die zitierte Misereor-Brot-für-die-Welt-Studie berichtet beispielsweise ausführlich über die Förderung von Eisenerz aus Brasilien und hier über den Dammbruch eines Rückhaltebeckens für giftige Minenschlämme vom 5. November 2015 in Minas Gerais, bei dem ein Ort unter den Schlammmassen begraben, 19 Menschen getötet wurden »und 3,5 Millionen [!] Menschen infolge des Dammbruches von Wassermangel betroffen« waren.[181]

Doch im Folgendem zu den Elektroautos, deren durchschnittliches Gewicht sich der Zwei-Tonnen-Messlatte nähert. Elektromotoren und Batterien sind die entscheidenden Bestandteile eines Elektroautos, mit denen es sich von einem Pkw mit Verbrennungsmotor unterscheidet. Für deren Bau bzw. Einsatz sind Rohstoffe erforderlich, die in jedem Fall endlich, vielfach heute bereits mit beschränkten Reserven vorrätig und deren Förderung sehr oft mit Umweltzerstörung, Kinderarbeit und Raubbau verbunden ist.[182]

Bei Elektromotoren sind Seltene Erden wie Neodym, Praseodym, Dysprosium und Terbium wichtige Bestandteile. In den Magneten, die in Elektromotoren verbaut werden, konzentriert sich heute bereits mehr als die Hälfte der weltweit nachgefragten Seltenen Erden. In wenigen Jahren soll sich diese Nachfrage mehr als verzehnfachen. Beim Abbau der Seltenen Erden wird

---

181. Weniger Autos, mehr globale Gerechtigkeit, a. a. O., S. 29. Am 26. Januar 2019 kam es in Brasilien zu einem neuen Dammbruch eines solchen Rückhaltebeckens, in diesem Fall im Zusammenhang mit der Eisenerzförderung. Dabei gab es sogar mehr als 100 Tote, einen zerstörten Ort und Tausende Obdachlose.

182. Die vor allem in dieser Hinsicht vorzügliche Studie »Weniger Autos, mehr globale Gerechtigkeit«, a. a. O., berichtet ausführlich über den Raubbau, die Umweltzerstörungen und die Menschenrechtsverletzungen, die mit der Autofertigung im Allgemeinen und mit Elektroautos im Besonderen verbunden sind. Siehe dort vor allem ab Seite 23.

eine Vielzahl von Chemikalien eingesetzt. Zurück bleiben große Mengen an vergiftetem Schlamm und Abfall. 90 Prozent der Seltenen Erden werden derzeit im China abgebaut.

Kupfer spielt beim Bau von Elektromotoren eine große Rolle. Da es sich hier um ein scheinbar herkömmliches, unproblematisches Metall handelt, sei im Folgenden auf die Bedeutung der Förderung von Kupfer im Zusammenhang mit Elektromobilität eingegangen.

Ein Elektroauto enthält vier Mal so viel Kupfer wie ein herkömmliches Auto – bis zu 80 Kilogramm. Bis 2027 soll sich der weltweite Kupferbedarf – in erster Linie aufgrund der Orientierung auf Elektromobilität – verzehnfachen. Die Kupferförderung findet zu einem großen Teil in Brasilien, Peru, Chile und Argentinien statt. Die dort aktiven Rohstoffkonzerne sind teilweise klassische, altbekannte (und skandalumwitterte) wie Glencore mit Sitz in der Schweiz (aktiv z. B. im Argentinien in der Mine Bajo la Alumbrera in der Provinz Catamarca), teilweise solche, die im neuen Kupferboom entstanden oder groß geworden sind, so die chinesischen Rohstoffkonzerne Chinalco (aktiv in Peru in der Mine Toromocho in der Region Junín) und MMG, Guoxin International Investment Co. Ltd. und CITIC Co. Ltd. – die Letztgenannten, ebenfalls in China beheimateten, sind aktiv im Kupferkorridor in der südandinen Region, ebenfalls Peru.

Und schließlich gibt es in Chile die staatliche Gesellschaft Corporación National del Cobre de Chile (Codelco), die unter anderem in Chuquicamata, im Norden Chiles, die größte Kupfermine der Welt betreibt. Es handelt sich bei dieser zuletzt genannten Mine um eine 5,2 Kilometer lange, drei Kilometer breite und 1200 Meter tiefe Grube. Die Dimensionen lassen bereits erahnen, dass der Preis des Kupferbooms, den die Menschen und die Natur vor Ort bezahlen müssen, hoch ist. In dieser Grube verkehren Muldenkipper – im Übrigen laut dem zitierten Bericht »von deutschen und österreichischen Firmen gebaut« – mit 4 Meter großen Rädern und einem Motor, der am Tag 4900 Liter Diesel schluckt. Das aus dem Boden der Grube herausgesprengte Gestein hat einen Kupfergehalt von gerade mal 0,8 Prozent – 99,2 Prozent der aus dem Erdboden herausgesprengten Gesteinsmenge ist – meist wegen des Einsatzes von Chemikalien – hoch belasteter Abfall. Die Mine wird seit Jahrzehnten betrieben; der Kupfergehalt hat sich seither halbiert. Inzwischen soll zum Untertagebau übergegangen werden, Tunnel und Schächte mit 180 Kilometern Länge sollen entstehen. Die Codelco-Beschäftigten sind zu einem großen Teil Leiharbeiter, die kaum mehr als den Mindestlohn von umgerechnet 380 bis 430 Euro im Monat erhalten. Die Beschäftigten sind Arsen und Blei ausgesetzt. Staublungen sind häufig, tödliche Arbeitsunfälle gibt es immer wieder. Die Zustände im Kupferbergbau sind auch in deutschen Amtsstuben wohl bekannt; in einer im Auftrag des Umweltbundesamts gefertigten Studie wird beschrieben, wie in Chuquicamata »Schwermetalle im Wasser« festgestellt wurden und durch den Abbau die Wasserknappheit in der Region zunahm. Auch wird berichtet, wie aufgrund des Kupferabbaus die indigene Bevölkerungsgruppe der Chiu Chiu ihre Lebensgrundlagen verlor. Zehn Prozent der Einnahmen des Bergbaukonzern Codelco gehen seit Mitte der 1970er-Jahre direkt an das chilenische Militär; die Basis dafür ist ein Gesetz aus der Zeit der Pinochet-Diktatur.[183] Im Fall vieler Kupferabbau-Gebiete gibt es Berichte über widerrechtliche Enteignungen, die Vertreibung bzw. Umsiedlung der einheimischen Bevölkerung, die Vergiftung des Wassers, ein dramatisches Absinken des Grundwasserspiegels, neu geschaffene Wasserarmut, hochgiftige Hinterlassenschaften, Verhängung des Ausnahmezustands und massive Repression gegen Beschäftigte und Einheimische. Exemplarisch sei aus der von Misereor und Brot für die Welt beauftragten Powershift-Studie über die Mine Toromocho in Peru mit dem chinesischen Betreiber Chinalco zitiert: »Im Juni 2018 kündigte der peruanische Präsident Martín Vizcarra die Ausweitung der Mine an [...] Bewohner*innen der Gemeinde Morococha protestierten gegen die Enteignung von 34 Hektar Land. [...] Die Bewohner sollen gegen deren Willen umgesiedelt werden. [...] Der Ort, wo die neue Gemeinde entstanden ist, bietet den Familien keinerlei wirtschaftliche Basis [...]. Die neue Siedlung liegt zudem direkt unterhalb mehrerer hochgradig kontaminierter künstlicher Seen. Im Fall eines Dammbruchs bei heftigen Regenfällen oder Erdbeben würde die neue Siedlung mit toxischen Wässern

---

183. Angaben nach: Veronika Wulf, Schatz in der Einöde, in: Süddeutsche Zeitung vom 24. März 2018.

überschwemmt werden. Außerdem gibt es in der direkten Nachbarschaft der Siedlung zahlreiche hochgiftige Altlasten aus dem Bergbau, die [...] die Gesundheit der umgesiedelten Familien bedrohen. Aus der Mine Toromocho gelangen Kupfererze nach Deutschland. So berichtete Aurubis [...] 2015 von Geschäftsbeziehungen mit Toromocho.«[184] Die Aurubis AG ist Europas größter Kupferproduzent mit Sitz in Hamburg.

Der Rohstoffhunger der Batteriefabriken

Die Batterien sind das Herzstück eines E-Pkw. Im Juli 2018 wurde mit viel Getöse gefeiert: »In Deutschland wird doch eine Batteriefabrik für E-Autos gebaut.«[185] Erstens wird das Werk erst noch gebaut und frühestens 2021 erste Batterien liefern. Und zweitens wird der Eigentümer der chinesische Weltmarktführer CATL (Contemporary Amperex Technology) sein. Wenn der thüringische Wirtschaftsminister Wolfgang Tiefensee anlässlich der Projektvorstellung behauptete, damit »kommt CATL mit seinem Know-how nach Thüringen«, dann ist das Schönfärberei. Auch 2019 wird die Herstellung leistungsfähiger Batterien von japanischen, südkoreanischen und chinesischen Konzernen dominiert.[186] Einen deutschen Hersteller oder einen anderen relevanten europäischen Hersteller gibt es nicht. Daimler hat die Akte Batteriezellen-Produktion 2015 abgeschlossen und betreibt (in Kamenz) nur noch eine Batteriemontage. Die dabei entscheidenden Batteriezellen bezieht der Konzern aus Südkorea. Die Konzernleitung stellte fest, dass »mit der heutigen Technik« eine »Fertigung von Batteriezellen hierzulande wirtschaftlich nicht zu betreiben« sei.[187] Das soll so klingen, als seien daran hohe Lohnkosten schuld. In Wirklichkeit haben die Konkurrenten bislang

---

184. Weniger Autos, mehr globale Gerechtigkeit, a.a.O., S. 31.
185. *Die Welt* vom 9. Juli 2018.
186. Es sind dies die Konzerne (in Klammer jeweils der Marktanteil): Panasonic/Sanyo (Japan; 29 %), LG Chem (Südkorea; 21 %), BYD (China; 9 %); CATL (China; 9 %); Samsung (Südkorea; 6 %); Lishen (China; 6 %); Wanxiang (China; 5 %). Die vier chinesischen Hersteller halten mit 29 % gleich viel Marktanteile wie Panasonic/Japan; die beiden südkoreanischen Hersteller sind mit 27 % ähnlich stark am Weltmarkt vertreten. Nach: *Frankfurter Allgemeine Zeitung* vom 1. Juli 2017.
187. »Der Kampf um die Zelle«, in: *Frankfurter Allgemeine Zeitung* vom 1. Juli 2017.

einen technologischen Vorsprung und teilweise auch bessere Zugriffe auf die knappen, für die moderne Batterietechnik wichtigen Rohstoffe.

Die großen Autozulieferer Bosch und Continental prüfen zwar den Bau einer Batteriefabrik, konnten sich aber dazu bislang nicht durchringen. Ohnehin spricht einiges dafür, dass ein solches Projekt nur auf Grundlage massiver staatlicher Förderungen realisiert werden würde – entweder in Deutschland, als Koordinationsprojekt aller Autohersteller, oder auf EU-Ebene. Wobei die Zeitspanne zwischen einer entsprechenden Entscheidung und dem ersten Produktionsausstoß von Batterien mindestens bei drei Jahren liegen dürfte. Eine Batterieproduktion in größerem Maßstab in der EU ist also bestenfalls ab dem Jahr 2023 denkbar. Das könnte dann bereits eine Zeit sein, in der die Lithium-Ionen-Batterietechnik nicht mehr Stand der Technik ist.[188]

Aber baut Tesla nicht längst eine Batteriefabrik? Richtig ist, dass Tesla im US-Bundesstaat Nevada eine gigantische Batteriefabrik, von Tesla-Boss Musk großsprecherisch als »Gigafactory« bezeichnet, errichtete – ein Teil ist auch 2019 noch in Bau befindlich. Diese Fertigung basiert weitgehend auf dem Know-how von Panasonic, die Fabrik wird in Kooperation mit diesem japanischen Konzern betrieben. Wie bei anderen Projekten auch, beruht die Investition weitgehend auf Fremdkapital – dem von Panasonic – und Steuerhilfen in Höhe von rund 2 Milliarden US-Dollar. (Siehe Kapitel 8).

Und so war es auch in Thüringen 2018. Es flossen erhebliche Staatsgelder, um die chinesische Batteriefabrik in Thüringen zu ermöglichen. Der entscheidende Anreiz für CATL, das Werk in Deutschland zu errichten, dürfte aber vor allem die Verpflichtung von BMW gewesen sein, für 4 Milliarden Euro Batteriebestanteile bei CATL zu kaufen – und zwar überwiegend in China.

Die aus dem Boden schießenden neuen Batteriefabriken sind ihrerseits mit einem spezifischen Rohstoffhunger verbunden. So kommt es hier zu einer großen Nachfrage nach Lithium, Graphit, Kobalt und Nickel.

---

188. Diesbezüglich wird an der »Festkörpertechnik« geforscht: »Mit dieser Technik, die an der Anode im Gegensatz zu den bisher üblichen Lithium-Ionen-Zellen keine Graphitschicht braucht, lässt sich eine sehr viel höhere Energiedichte herstellen [...] Die Festkörperzellen haben neben der höheren Leistungsfähigkeit einen weiteren wichtigen Vorteil: sie sind nicht brennbar.« *Frankfurter Allgemeine Zeitung* vom 1. Juli 2017.

Ähnlich wie Kupfer erscheint Nickel ein eher unproblematisches Metall zu sein. Zunächst geht es um die enorme Steigerung, zu der es hier erneut als Resultat von Elektromobilität kommt. Bereits im Jahr 2030 müssten beim eingeschlagenen E-Mobility-Entwicklungspfad jährlich 830.000 Tonnen Nickel, was gut einem Drittel der Weltförderung entspricht, nur für die Elektro-Pkw-Produktion eingesetzt werden. Wollte man die Welt-Pkw-Flotte weitgehend auf Elektroautos »umstellen«, müsste man die Welt-Nickel-Produktion mehr als verdoppeln. Der größte Nickel-Exporteur sind derzeit die Philippinen. Um den Abbau zu fördern und ausländisches Kapital ins Land zu holen, wurde ein Mining Act beschlossen, der auch den Nickel-Abbau in Naturschutzgebieten gestattet. Ausländischen Investoren wurden Sonderrechte eingeräumt; sie agieren oft wie ein Staat im Staat (u. a. verfügen sie über eigene Hafenanlagen). Als 2016 mit Gina Lopez eine engagierte philippinische Öko-Aktivistin Umweltministerin wurde – erstaunlicherweise unter dem autoritären Präsidenten Duerte – verfügte sie eine Schließung mehrerer Tagebau-Nickel-Minen. Sie konnte sich gerade mal zehn Monate im Amt halten – und führt seither als Unabhängige ihren Kampf gegen die Umweltzerstörung fort. Lopez: »Wir haben das schönste aller Länder mit 8000 Inseln, Korallenriffs, wunderbare Berge, Flüsse und Wälder mit seltenen Heilkunde-Pflanzen. Hier auf den Philippinen gibt es noch die größte Biodiversität auf der ganzen Welt. Doch unser Volk profitiert davon nicht. Land und Leute werden zerstört, weil da irgendjemand Gold und Nickel fördern will. Der Bergbau steht für Zerstörung, Gier und Selbstsucht.«[189]

Kobalt ist ein anderes Element, das für moderne – also leistungsfähige – Batterien in Elektroautos ebenso wie in Handys unverzichtbar ist. Es wird meist nicht direkt gefördert, sondern entsteht als Nebenprodukt bei der Förderung von Nickel oder Kupfer. Das Metall ist ein guter Wärmeleiter und wird für die Kathoden von Lithium-Ionen-Batterien verwendet. Offensichtlich gelingt derzeit in modernen Batteriefabriken eine deutliche Reduktion des Kobalteinsatzes. Dennoch konstatiert Stefan Bratzel vom CAR-Institut in Bergisch Gladbach: »In den nächsten Jahren bleibt Kobalt für die Autoindustrie

189. In: *New Internationalist* vom 22. Januar 2018; siehe: https://newint.org/columns/making-waves/2018/01/01/gina-lopez [aufgerufen am 24.1.2019]

unersetzlich.«[190] Aktuell ist – die spezifische Reduktion je Batterieeinheit bereits berücksichtigt – davon auszugehen, dass sich mit dem absehbaren Wachstum der Elektroauto-Produktion die Nachfrage nach Kobalt bis 2026 auf 225.000 Tonnen im Jahr verdoppeln wird. 60 Prozent der globalen Vorräte konzentrieren sich auf die Demokratische Republik Kongo, eine von Armut, Kriegen, Raubbau und Gewalt besonders gebeutelte Region. Mehr als ein Viertel der kongolesischen Kobalt-Förderung erfolgt dort, wie es beschönigend heißt, im »artisanalen Kobaltbergbau«. Gemeint ist ein rein handwerklicher Abbau, vielfach in Form von Kinderarbeit, oft verquickt mit der Herrschaft von lokalen Warlords.

Der Preis für eine Tonne Kobalt hat sich im Zeitraum Anfang 2016 bis Anfang 2018 verdreifacht, um dann wieder in sich zusammenzufallen – es herrscht ein spekulatives Fieber. Bei der Kobalt-Förderung gibt es zusätzlich die Besonderheit, dass inzwischen der größte Teil der Weltförderung nach Asien und hier vor allem nach China in Raffinerien zur Weiterverarbeitung geht. Um dann teilweise von dort wieder an internationale Hersteller von Elektro-Pkw geliefert zu werden.[191]

Das neokoloniale Lithium-Zeitalter

An erster Stelle des Rohstoffbedarfs für moderne Batterien steht Lithium. Derzeit werden jährlich nur rund 200.000 Tonnen Lithium gefördert. 2025 sollen es 600.000 Tonnen sein. Tesla-Ingenieure gehen von Größenordnungen von zwei bis drei Millionen Tonnen pro Jahr aus. Die Dimensionen, in denen Lithium eingesetzt wird, sind wie folgt: Während in einem Smartphone »nur« drei Gramm Lithiumkarbonat verbaut sind, kommen auf einen Laptop bereits 30 Gramm und auf ein Tesla-Modell 50 Kilogramm. Um eine Tonne Lithium zu gewinnen, müssen 1,9 Millionen Liter Wasser eingesetzt werden – und dies in Regionen, in denen meist extreme Wasserknappheit herrscht. Gut 50 Prozent der globalen Weltvorräte konzentrieren sich auf

190. Marvin Strathmann, Die Angst vor der Kobalt-Krise, in: *Süddeutsche Zeitung* vom 3. Juli 2018.
191. »Das brisante Paradoxon des Rohstoffs Kobalt«, in: *Frankfurter Allgemeine Zeitung* vom 17. Januar 2018. Und »Report: Der Preis ist heiß«, in: *Auto Bild* vom 9. Februar 2018.

das »Lithium-Dreieck« Chile, Argentinien und Bolivien; 80 Prozent des weltweiten Lithium-Abbaus wird von den vier Konzernen Tianqi (China), Albemarle und FMC (beide USA) und der chilenischen Sociedad Quimica y Minera (SQM) kontrolliert.

Der Lithium-Abbau ist auf sehr spezifische Weise zerstörerisch – wie in der Misereor-Brot-für-die-Welt-Studie beschrieben: »Die Vorkommen im Lithium-Dreieck lagern in Salzseen in hochandinen Steppenregionen, die durch extrem hohe Sonneneinstrahlung und sehr geringe Niederschläge gekennzeichnet ist. Die aride Landschaft ist die Heimat zahlreicher indigener Gemeinden, die dort seit Jahrhunderten leben und Viehzucht, Handwerk und Landwirtschaft betreiben. [...] Zur Gewinnung von Lithium wird in Salzseen mineralhaltiges Wasser aus 20 bis 40 Meter Tiefe hochgepumpt und in riesige Betonbecken geleitet. [...] Das Wasser verdunstet, bis nach acht Monaten ein grünlicher Schleim übrig bleibt, der eine sechsprozentige Lithium-Konzentration enthält. Mit Hilfe von Salz- und Schwefelsäure, Kalk und Natriumkarbonat wird daraus ein weißliches Pulver gewonnen – das Lithium-Karbonat. [...] Aus dem Salar de Atacama entnehmen die Lithium-Produzenten 2400 Liter Wasser pro Sekunde – 24 Stunden am Tag. Dies hat gravierende Folgen für die Menschen vor Ort und die fragilen Ökosysteme: durch den enormen Wasserverbrauch sinkt der Grundwasserspiegel, umliegende Lagunen und Flüsse versiegen. Die ohnehin karge Vegetation vertrocknet, Landwirtschaft und Viehzucht werden erschwert und es kommt zunehmend zu Wasserkonflikten.«[192]

Der Preis für eine Tonne Lithium hat sich zwischen 2016 und 2017 verdreifacht; 2018 gab es Einbrüche und ein Überangebot. Die Aktien von Lithium-Unternehmen sehen sich einem Spekulationsfieber ausgesetzt. Es herrscht eine Goldgräberstimmung mit kolonialen Untertönen.[193] So, wenn der thüringische Wirtschaftsminister, den wir oben bereits zitierten, sagt: »Wir brauchen in Europa dringend Lithium, um unsere Elektromobilität nach vorn

192. A. o. O., S. 34.
193. Franziska Meister, »Lithium: ›Wir essen keine Batterien‹«, in: *WOZ* vom 7. Dezember 2017; *Frankfurter Allgemeine Zeitung* vom 9. September 2017; und: https://deutsche-wirtschafts-nachrichten. de/2017/11/12/wegen-elektro-autos-wird-lithium-zum-begehrtesten-rohstoff-der-welt/

zu bringen.« Das sagte Wolfgang Tiefensee im Oktober 2018 ... in La Paz, in der bolivianischen Hauptstadt. Und dies mit dem Zusatz: »Wir sind stolz, dass wir mit diesem Konsortium die internationalen Wettbewerber [hier unter anderem gemeint: die chinesische Konkurrenz; W.W.] geschlagen haben. [...] Die Zusammenarbeit mit Bolivien sichert den Zugriff auf das strategische Metall.«[194] Ein deutsches Konsortium unter Führung der ACI Systems GmbH Zimmern in Baden-Württemberg wird zukünftig in Kooperation mit dem staatlichen bolivianischen Unternehmen Yacimientos de Litio Bolivianos eine Anlage zur Förderung von Lithium in der Region des Salzsees Uyuni in 4000 Meter Höhe planen und bauen. Es geht dabei immerhin um das weltweit größte Vorkommen des Metalls, also um einen echten Coup: Ein Drittel der Welt-Lithium-Vorräte sollen in der Region des Uyuni-Salzsees lagern. Die deutsche Seite versprach zugleich, vor Ort, in Bolivien selbst, eine Batteriefabrik bauen zu wollen und für die dafür erforderliche »Nachfrage zu sorgen«. Wie das funktionieren soll, wenn die deutsche Industrie in Deutschland selbst eine Batterieherstellung für nicht möglich erachtet, bleibt rätselhaft. Oder sollte es am Ende ein Dreiecksgeschäft China/CATL – Thüringen/BMW – Uyuni-Salzsee geben?[195]

Es soll um eine Gesamtinvestition in der Höhe von »mehr als einer Milliarde Dollar« gehen. Da ist es einigermaßen sicher, dass hinter der erwähnten kleinen Firma mit Sitz in Zimmern/Rottweil im Schwarzwald ein Großkonzern steckt. In deutschen Börsenkreisen wird spekuliert, dass dies ThyssenKrupp ist und sogar, dass es am Ende um eine enge Zusammenarbeit zwischen ThyssenKrupp und dem bereits erwähnten chilenischen Lithiumkonzern SQM gehen würde.[196] Damit wäre auch erklärt, warum eine Delegation aus Thüringen in La Paz aufschlug – was, auch wenn zusätzlich eine kleine Firma

194. Zitiert in: *Frankfurter Allgemeine Zeitung* vom 9. Oktober 2018.
195. Die Formulierung in der *FAZ* lautet: »Neben der Produktion von Kathodenmaterial [in Bolivien und im Zusammenhang mit der Lithium-Förderung; W.W.] ist in einem weiteren Schritt auch die Herstellung von Batterien im Andenstaat geplant. Dazu sollen verschiedene Projektgesellschaften gegründet werden.« In den bolivianischen Medien, die ich grob durchsehen konnte, wird dieser Aspekt – Batteriefabrik vor Ort – deutlich hervorgehoben.
196. Ausführlich debattiert und mit interessanten Indizien belegt bei »aktiencheck«. Siehe: https://www.aktiencheck.de/news/Artikel-Entschieden_Deutschland_bekommt_privilegierten_Zugriff_auf_bolivianische_Lithium-8541708 [abgerufen am 24.1.2019]

aus Thüringen an dem Deal beteiligt ist[197], wie eine weitere Form des gezielten Understatement erscheint. In bolivianischen Zeitungen tauchen jedenfalls in diesem Zusammenhang die (CDU-nahe) Konrad-Adenauer-Stiftung und der Name Hubertus Bardt auf.[198] Letzterer ist in Deutschland für das Institut der deutschen Wirtschaft (IW) tätig, das maßgebliche Institut des Unternehmerverbandes BDI. Man darf gespannt sein auf den Augenblick, bis die deutsche Kanzlerin in La Paz einfliegt und die »strategische Partnerschaft Bolivien–Deutschland« (so Tiefensee) besiegelt.

Es war der BDI, der im Herbst 2017 ein Positionspapier mit »acht rohstoffpolitischen Handlungsanweisungen« präsentierte. In diesem Papier geht es um die seit längerem vom deutschen Unternehmerverband vorgetragene Notwendigkeit einer »Verzahnung der Rohstoff- und Handelspolitik«, hiermit nun konkretisiert mit dem Rohstoffverbrauch der Zukunftstechnologien: Ohne Rohstoffe gebe es keine Digitalisierung, keine Industrie 4.0 und »keine Elektromobilität«. Seit 2007 gibt es unter Federführung des Bundeswirtschaftsministeriums einen »Interministeriellen Ausschuss Rohstoffe (IMA)«. In der Misereor-Brot-für-die-Welt-Studie heißt es dazu. »Der IMA tagt nicht-öffentlich. Die Zivilgesellschaft ist in diesem Gremium nicht vertreten. Hingegen arbeitet der BDI seit [...] 2007 als Sachverständiger mit.«[199].

Es geht um viel. Das Lithium-Dreieck sei, so die *Frankfurter Allgemeine Zeitung*, »das Saudi-Arabien der Elektromobiliät«. Die Deutsche Bank sieht einen »Aufbruch in das Lithium-Ionen-Zeitalter«. Laut *Spiegel* liegt die »Gewinnmarge im Lithium-Geschäft bei 46 Prozent.[200] In den letzten Tagen des Jahres 2018 zeichnete sich eine »spektakuläre Allianz von Daimler und BMW ab«. Die riesigen zu tätigenden Investitionen und die gewaltigen zu erwartenden Gewinne lassen die alten Rivalen zusammenwachsen. Nach der Fusion der beiden Carsharing-Töchter DriveNow und Car2go könnte nun, so ein *Handelsblatt*-Bericht, »Mercedes Batteriezellen des chinesischen Anbieters

197. Genannt wird als Teil des Konsortiums noch das Unternehmen K-Utec aus Sondershausen.
198. Siehe El Semanario El Fulgor vom 25.1.2019 - https://elfulgor.com/noticia/608/bolivia-y-alemania-sellan-alianza-para-fabricar-baterias-de-litio-en-el-salar-de-uyuni [abgerufen am 25.1.2019]
199. A.a.O., S. 27.
200. *Spiegel* 32/2017; dort auch das der Deutschen Bank zugesprochene Zitat. Zuvor: *Frankfurter Allgemeine Zeitung* vom 9. Oktober 2018.

CATL übernehmen, der ein Werk in Erfurt baut, das in erster Linie BMW beliefert. In München [bei BMW; W.W.] kann man sich auch vorstellen, in der Batterietechnik oder bei Elektromotoren zusammenzuarbeiten.«[201]

Das erinnert an das berühmte Zitat, das im »Kapital« von Karl Marx zu finden ist (auch wenn es nicht von ihm selbst stammt): »Das Kapital hat einen Horror vor Abwesenheit von Profit oder sehr kleinem Profit, wie die Natur vor der Leere. Mit entsprechendem Profit wird Kapital kühn. 10 Prozent sicher, und man kann es überall anwenden; 20 Prozent, es wird lebhaft; 50 Prozent, positiv waghalsig; für 100 Prozent stampft es alle menschlichen Gesetze unter seinen Fuß; 300 Prozent und es existiert kein Verbrechen, das es nicht riskiert, selbst auf die Gefahr des Galgens.«[202]

201. Markus Fasse, Schulterschluss zweier Rivalen, in: *Handelsblatt* vom 24. Dezember 2018.
202. Karl Marx, »Das Kapital«, Band 1 (MEW Bd.23, S.788, Fußnote 250). Marx zitiert hier den englischen Gewerkschaftsfunktionär Thomas Joseph Dunning.

Kapitel 8
Tesla-Saga und Elon-Musk-Ideologie

Sicher stimmt das alte Klischee: je größer das Auto, desto größer der Gewinn. Am Verkauf von einem Marc verdienten wir soviel wie an zehn Falcon. Unser Profit belief sich auf erstaunliche 2000 Dollar je Auto. Und das Geld begann so rasch hereinzukommen, dass es schwer fiel, den Überblick zu behalten. [...] Man braucht Autos der Luxusklasse, denn man weiß nie, wann der kleine Mann seinen Job verliert. Auf eines scheint man sich in den Vereinigten Staaten verlassen zu können, nämlich, dass die Reichen reicher werden. Deshalb muss man immer Leckerbissen für sie bereithalten.

Lee A. Iacocca über seine Karriere in der Autobranche, 1985 [203]

Wie wäre es mit individualisiertem Massentransport? Es will sich einfach nicht jeder in eine U-Bahn quetschen. Das macht keinen Spaß. Es riecht dort meistens schlecht, es ist unpraktisch, weil alle an einem festgelegten Ort ein- und an einem anderen aussteigen müssen. Aber wie wäre es dann, wenn wir kleine, autonome Pods hätten, die die Leute überall aufsammeln und automatisch an ihr Ziel bringen? Solche Robotertaxis erscheinen mir als eine Lösung. Und wissen Sie was? Dafür brauchen wir vor allem Tunnel!

Elon Musk 2014 [204]

Neue Technologien haben ihre Erfinder und ihre Gründer. Es sind mal Genies, mal Fantasten, mal Leidenschaftliche, mal Wahnsinnige, nicht selten auch Personen, die für ihre Erfindung und für die neue Technologie charakteristisch sind. Richard Trevithick, ein Mann, der elf Jahre vor dem offiziellen Erfinder der Eisenbahn, bereits im Februar 1804, in Südwales einen mit Dampfkraft betriebenen Eisenbahnzug, beladen mit 10 Tonnen Eisen und 70 Passagieren, auf eine erste, 9 Meilen lange Fahrt sandte, war so ein Typ:

203. Lee Iacocca, Eine amerikanische Karriere, Düsseldorf und Wien 1985, S.118.
204. Interview in: *Spiegel* 48/2014.

genial und vielseitig. Er entwickelte auch ein Dampfkanalboot und einen Dampf-Themse-Bagger. Der Mann, der in den Schulbüchern fälschlich als der »eigentliche« Erfinder der Eisenbahn präsentiert wird, und der erst 1825 eine erste öffentlich verkehrende Dampfeisenbahn aufs Gleis setzen konnte, war dann vor allem der Vollender und der Vermarkter der Eisenbahntechnik. Sein Name: George Stevenson. Er war Promoter und ein guter PR-Mann; ein Marktschreier. Siehe das Eisenbahn-Rennen vom 1. Oktober 1829, aus dem die Stevenson'sche Lok mit Namen »Rocket« als Sieger hervorging. Und er war ein früher, global agierender Unternehmer, der die bis heute im größten Teil der Eisenbahnwelt gültige Spurbreite von 1435 Millimetern durchsetzte.

Das Auto mit Verbrennungsmotor – ein »Hippomobil« – wurde erstmals 1863 von dem Franzosen Jean-Josef Étienne Lenoir zum Einsatz gebracht. Auch Lenoir war ein vielseitiger Erfinder (mit Patenten u. a. für einen Viertaktmotor sowie für einen Gasmotor und Arbeiten an elektrischen Signalen für den Eisenbahnbetrieb). Es gab dann ein halbes Dutzend Bastler und Tüftler, die die Weiterentwicklung des Automobils vorantrieben (u. a. Nikolaus Otto, Gottlieb Daimler, Wilhelm Maybach, Carl Benz). Der Mann, der mit dem Automobil am meisten in Verbindung gebracht wird und der das Auto massenhaft auf die Straßen brachte, war erneut ein Vollender und Vermarkter. Sein Name: Henry Ford. Er war zugleich PR-Mann und Marktschreier: Siehe das Autorennen von 1905 mit dem Modell »999« als Sieger.[205] Damals gab es im Übrigen in den USA noch mehr Elektroautos als solche mit Verbrennungsmotoren.

Beim Elektroauto liegt der Ursprung erstaunlich früh. Am 29. April 1899 durchbrach nahe von Paris das erste Fahrzeug der Automobilgeschichte die Geschwindigkeitsgrenze von 100 Stundenkilometern. Es handelte sich um ein Elektroauto. Am Steuer saß der Belgier Camille Jenatzky; er hatte den Wagen auch konstruiert. Das Elektroauto hatte den interessanten Namen »La jamais contente« (»Die niemals Zufriedene – die niemals Zufriedenzustellende«).[206]

205. Zu Geschichte von Eisenbahn und Auto siehe Winfried Wolf, Verkehr. Umwelt. Klima. Die Globalisierung des Tempowahns, Wien (Promedia) 2009.
206. Dass sich damals das Elektroauto nicht durchsetzte und Autos mit Verbrennungsmotoren gewissermaßen das Rennen machten (übrigens: obgleich Henry Ford zunächst für die weltweit wichtigste Elektrofirma, Edison, arbeitete), hängt zum einen mit den praktischen Problemen zusammen, die Elektroautos damals mit sich brachten – und heute noch mit sich bringen (Reichweite; hohes

Lässt man diese recht frühen Ursprünge beiseite und wendet man sich hinsichtlich der Geschichte der Elektro-Autos núr der jüngeren Zeit zu, dann gab es vor dem Tesla-Gründer Elon Musk auch hier einen Wegbereiter, der einige zukunftsweisende Ideen hatte – und dann doch aus dem Markt ausschied und heute weitgehend unbekannt ist. Es handelt sich um das ehemalige SAP-Vorstandsmitglied Shai Agassi. Agassi gründete 2007 das Unternehmen Better Place und entwickelte – gemeinsam mit dem etablierten Autohersteller Renault – ein Elektroauto, Modell Fluence. 2008 gab er den Peak-Oil-Messias und verkündete: »Ich bin das Ende des Öls«. Klammert man den größten Teil unserer E-Auto-Kritik aus, dann hatte – rein immanent betrachtet – Agassis Konzeption einen revolutionären Touch: Außer den klassischen »Tankmöglichkeiten« zu Hause oder an Ladestationen sollte der Akku vor allem an *Batterie-Wechselstationen* komplett ausgetauscht werden können. Er setzte dabei überzeugend am Mythos des Autos an und kritisierte die herkömmliche Art, wie auch neu entwickelte Elektroautos funktionierten. (Tesla war bereits 2003 gegründet worden). Agassi 2008: »Der unschätzbare Vorteil des Autos in seiner jetzigen Form ist die Unabhängigkeit, die es gewährt. Ich kann fahren, wann und wohin ich will«. Wer dagegen – wie im Fall eines klassischen Stromers – eine Reise erst aufwendig planen müsse, könne auch gleich Bus, Bahn oder Flugzeug nehmen. »Mit der gewohnten Freiheit hat das nichts zu tun. Diese Freiheit endet nach 200 Kilometern. Wir [Agassi bzw. sein Unternehmen Better Place; W.W.] machen Strom so leicht und schnell verfügbar, wie es heute auf Benzin zutrifft«. Anstatt weiter auf das ideale Elektroauto und den perfekten Akku zu warten, müsse eine revolutionär-neue Infrastruktur aufgebaut werden. Neben Ladebuchsen in der Garage und auf Parkplätzen müsse es »ein Netz spezieller Servicestationen geben«, an denen die Akkus automatisch gewechselt werden können: »Wer weiter fahren möchte, muss trotzdem nicht umdenken«. Statt die stundenlangen Ladezyklen abzuwarten, rolle man »wie bei einer Autowaschanlage« in eine spezielle Box. Sobald

Gewicht usw.). Zum anderen hatte dies damit zu tun, dass sich um die Jahrhundertwende in den USA eine um Rockefeller und später um Standard Oil gruppierte Kapitalfraktion als die mächtigste durchsetzte und dabei das Eisenbahnkapital und die Elektroautohersteller (u. a. mit Thomas Alva Edison, der Akkus für Elektroautos und für elektrische Eisenbahnen entwickelt hatte) in die zweite Reihe verwies. Siehe W. Wolf, Verkehr. Umwelt. A. a. O., S. 113ff.

das Auto stehe, lege sich eine Montagevorrichtung unter die Batterie im Wagenboden, löse den leeren Akku und verstaue ihn in einer Ladebox; dann werde automatisch eine volle Batterie aus dem unterirdischen Regal gezogen und in den Wagen eingesetzt. »Das ganze dauert keine drei Minuten.«[207] Ein solcher Akkuaustausch sollte möglichst markenübergreifend erfolgen. Möglicherweise könnte es einige wenige unterschiedliche Batterietypen und Akku-Größen geben.

Agassi hatte auch bereits All-inclusive-Vorstellungen, wie sie inzwischen teilweise Tesla praktiziert und wie sie neue Anbieter, so der Elektroautohersteller Nio in China, propagieren. Agassi im Jahr 2011: »Wir sind der Dienstleister, der Sie immer mit Strom für Ihr Auto versorgt. Wir geben Ihnen eine Ladestation zu Hause und eine bei der Arbeit. Wir kaufen den Strom vom Stromversorger und kümmern uns darum, wann Ihre Batterie geladen wird. Wir kaufen sogar die Batterie, damit Sie sich keine Sorgen um die Batterie machen müssen. Und wir stellen sicher, dass der Strom sauber ist.«[208]

Bei diesem Konzept entfiel ein wesentlicher Kritikpunkt, der bei allen aktuellen E-Pkw-Projekten für die Käufer eine erhebliche Rolle spielt: der enorme Zeitaufwand zum Aufladen der Batterien. Agassi, der seine Firma missionarisch »Better Place« getauft hatte, hatte für sein Projekt mehr als 800 Millionen US-Dollar bei internationalen Geldgebern eingesammelt. Es gelang ihm, die Regierung in Tel Aviv für seine Ideen zu gewinnen. In Kopenhagen, bei der dänischen Regierung, hatte er auch erste große Erfolge. Wobei er auf diese kleinen Länder setzte, weil sie sich gut eigneten, um eine Pkw-Elektromobilität in Form von Pilotprojekten umzusetzen.[209]

207. *Spiegel online* vom 23. Januar 2009. http://www.spiegel.de/auto/aktuell/visionaer-shai-agassi-ich-bin-das-ende-des-oels-a-602253.html [abgerufen am 28.1.2019]

208. Interview in der *Frankfurter Allgemeinen Sonntagszeitung* vom 8. Januar 2001 Siehe: https://www.faz.net/aktuell/wirtschaft/im-gespraech-shai-agassi-in-zehn-jahren-faehrt-jeder-zweite-ein-elektroauto-1578576.html [aufgerufen am 26.1.2019]

209. »Agassi war in Israel von höchster Stelle protegiert worden. Schließlich trifft seine Idee vom ölfreien Autoverkehr mit Israels Interesse, sich selbst unabhängig zu machen von arabischen Energielieferanten [...] Präsident Schimon Peres wurde zum obersten Fürsprecher des Projekts, und die Regierung in Israel verzichtete bei den Elektroautos auf einen Großteil der sonst fällig werdenden Einfuhrsteuer [...] Das ermöglichte es Agassi, seine Autos zusammen mit einem monatlichen Mobilitätspaket für Austausch und Aufladen der Batterie zu einem Preis anzubieten, der vergleichbar ist mit Benzinautos.« Nach: *Süddeutsche Zeitung* vom 13. Oktober 2012. Siehe

Woran scheiterte dann das Vorhaben? Die *Frankfurter Allgemeine Zeitung* urteilte wie folgt: »Der deutschen Autoindustrie gefällt das Better-Place-Projekt mit Batteriewechselstationen nicht, weil dies eine Standardisierung der Batterien und Autos erfordern würde, die die Unterscheidbarkeit der Marken verringern würde.«[210] Dieser Verlust an »Individualität« der Autos dürfte *ein* Aspekt gewesen sein. Ein anderer war: Mit einer Standardisierung wäre auch ein erheblicher Druck verbunden gewesen, bei der Akku-Größe eine Obergrenze einzuziehen und keinen Trend zu gigantischen Akku-Kraftpaketen zuzulassen. 2013 meldete das in Israel registrierte Agassi-Unternehmen Better Place Insolvenz an.

Inzwischen personifiziert ein anderer Mann das Elektroauto. Auch hier folgt auf den idealistisch angehauchten Visionär ein Vollstrecker, ein begnadeter Marktschreier. Sein Name: Elon Musk. Musk, der mit PayPal Milliardär wurde, der Tesla 2003 gründete, das Unternehmen 2010 an die Börse brachte und weiter Großaktionär und CEO ist, ist Wirtschaftsprofi. Er weiß, wie der Millionärsreichtum sich in den USA und in China ballt und von Jahr zu Jahr steigert. Und so sind Tesla-Autos vor allem luxuriöse Rennmaschinen, die auf Gutmenschen mit hohem Einkommen zielen. Und auf die Kaufkraft der *homines novi*, der zynischen Neureichen. Und natürlich setzt auch er auf Autorennen. Wobei Tesla-Autos nicht einfach an E-Auto-Rennen teilnehmen. Im Januar 2019 wurde gleich eine ganze neue Rennserie (mit der Bezeichnung EPCS – Electric Production Car Series) vom Dachverband des weltweiten Motorsports FIA genehmigt, in der »in der ersten Saison alle Teams einen Rennwagen auf Basis des Tesla Modell S P100D einsetzen werden.« Und auch wenn die Tesla-Rennwagen der EPCS-Serie in 2,1 Sekunden von 0 auf 100 Stundenkilometer Geschwindigkeit angelangt sind, mit einem 778-PS-Motor ausgerüstet sind, 250 Stundenkilometer schnell rasen und sich dabei

auch ausführlich: Roman David-Freihsl, »Israel als erster ›Better Place‹«, *Der Standard* vom 5. Juni 2009; Margret Hucko, »Der Mann aus der Garage«, *Financial Times Deutschland* vom 4. Oktober 2012 und Matthias Lambrecht, »Die E-Mission«, in: *Financial Times Deutschland* vom 20. Juni 2012.
210. »Mit Elektroautos von Berlin nach Kopenhagen«, in: *Frankfurter Allgemeine Zeitung* vom 20. Februar 2012.

die emittierten Klimagase auf einer nach oben offenen Skala bewegen, werden diese Monster als grün und ökologisch vermarktet.[211]

Im Fall Tesla und Musk werden die Marktgesetze außer Kraft gesetzt. Und dies für einen erstaunlich langen Zeitraum. Tesla stand drei Mal am Rande des Konkurses: 2008, 2013 und zuletzt im Sommer 2018. Tesla häufte seit dem Börsengang, neun Jahre in Folge, Verlust auf Verlust auf: im Zeitraum 2010 bis 2018 rund 5 Milliarden US-Dollar. Musk lässt eine großsprecherische Ankündigung nach der anderen wie Seifenblasen zerplatzen. So wird das Model 3 seit vier Jahren als »erschwingliches Einstiegsmodell« für eine Massenfertigung, dessen Grundpreis bei 35.000 US-Dollar liegen sollte, angepriesen. Tatsächlich liegen die Einstiegspreise in den USA bei knapp unterhalb 60.000 US-Dollar und diejenigen in Europa (ab März 2019) bei 56.380 Euro (siehe unten).

Trotz alledem – Musk wird von den Medien gehypt. Und vom Publikum an der Börse geliebt. Und es findet sich immer neues Risikokapital, das ihm zu Hilfe eilt, und vor allem entscheiden sich immer neue öffentliche Instanzen, die ihn mit Milliarden US-Dollar Subventionen stützen.

Musk & Tesla: Die andere Marktwirtschaft

Die Berichterstattung zu Elon Musk und seiner Elektro-Pkw-Firma war fast ein Jahrzehnt lang von Lobeshymnen geprägt. Seit 2017 allerdings häuften sich in den Wirtschaftsblättern die Beiträge, die auf die gefährliche Schieflage des Tesla-Imperiums hinweisen. Im Februar 2018 veröffentliche das *Handelsblatt* einen achtseitigen Report unter der Überschrift: »Inside Tesla: Der Spieler«. Die Grundlage war die Mitteilung über die Tesla-Zahlen vom 4. Quartal 2017. Bei einem Quartalsumsatz von 3,28 Milliarden US-Dollar fuhr das Unternehmen einen Verlust von 675 Millionen Dollar ein. Im Gesamtjahr 2017 lag der Abfluss verfügbarer Mittel bei 3,48 Milliarden Dollar. Der Report: »Sollte

211. Elektroauto-News vom 10. Januar 2019; https://www.elektroauto-news.net/2019/fia-tesla-model-s-rennserie-epcs-offizielle-freigabe. Die neue Rennserie soll im November 2019 starten. Siehe auch: https://www.golem.de/news/elektro-rennserie-epcs-der-renn-tesla-ist-fertig-1806-135132.html

Tesla in diesem Jahr [2018; W.W.] erneut 3,4 Milliarden Dollar verbrennen, könnten die Reserven schon Ende 2018 aufgebraucht sein.«[212]

Nun brachte auch das Jahr 2018 für Tesla einen Verlust, auch wenn es in zwei Quartalen erstmals seit langer Zeit wieder einen Gewinn gab. Die Schulden des Unternehmens betrugen Ende 2015 2,2 Milliarden US-Dollar und liegen Ende 2018 bei mehr als zehn Milliarden US-Dollar.

Allerdings wuchs der Konzernumsatz von Jahr zu Jahr mit absurd hohen Wachstumsraten.[213] So auch 2018 gegenüber dem Vorjahr: Als Resultat der Produktionsaufnahme von Model 3 stieg der Tesla-Umsatz von 11,7 Milliarden US-Dollar im Jahr 2017 auf 21,3 Milliarden US-Dollar 2018.

Vor allem produzierte Musk einen krassen Börsenskandal. Am 7. August 2018 gab es zunächst eine Mitteilung in der britischen *Financial Times*, wonach Saudi-Arabien bei Tesla eingestiegen sei. Wenige Minuten später twitterte Musk, er werde Tesla bei einem Kurs von 420 US-Dollar je Aktie komplett von der Börse nehmen. Es hätte sich damit um eine Transaktion in der Höhe von 70 Milliarden Dollar gehandelt. Zu diesem Zeitpunkt stand der Tesla-Aktien-Kurs deutlich niedriger, bei rund 345 US-Dollar. In einem weiteren Tweet behauptete Musk, er habe für sein Vorhaben »die Unterstützung der Investoren«. Darauf schnellte der Tesla-Kurs auf bis zu 379 US-Dollar hoch. Es stellte sich in den Wochen darauf heraus, dass nichts von alldem zugetroffen hatte: Saudi-Arabien war nicht eingestiegen. Musk hatte keine Investoren, die die Milliarden für den Ausstieg von der Börse aufgebracht hätten. Es gab nicht einmal Ansätze für ein solches Vorhaben. Musk hatte schlicht und einfach die Öffentlichkeit belogen und den Kurs manipuliert. Es war in diesen Stunden für Insider – und zumindest Musk selbst war offensichtlich Insider – leicht möglich, binnen weniger Stunden ein Milliarden-Vermögen zu verdienen. Tesla war zu diesem Zeitpunkt an der Börse gut 60 Milliarden US-Dollar wert. Es kam danach zwar zu einer Untersuchung des Vorgangs

212. *Handelsblatt* vom 16. Februar 2018.
213. Die Umsatz- und Verlustzahlen seit 2010 (erste Zahl = Umsatz; zweite Zahl = Verlust); 2010: 117 Mio / -154 Mio US-Dollar; 2011: 204/-254 Mio; 2012: 413/-396 Mio.; 2013: 2.013/-74 Mio; 2014: 3.198/-294 Mio; 2015: 4.046/-889 Mio; 2016: 7.000/-675 Mio; 2017: 11.759/-1.961 Mio US-Dollar; 2018: 21.300 Millionen Mio. US-Dollar. Die exakte Höhe des Verlustes im Geschäftsjahr 2018 lag bis Redaktionsschluss dieses Buches Ende Januar 2019 nicht vor.

durch die Börsenaufsicht, die Securities and Exchange Commission (SEC). Als Folge musste Musk seine Doppelfunktion als CEO und Aufsichtsratschef aufgeben – er ist seither »nur« noch CEO, Firmenboss. Und Tesla musste 20 Millionen US-Dollar Strafe zahlen – ein lächerlicher Betrag. Musk kommentierte mit offenem Hohn, er habe »keinen Respekt vor der SEC«. David Einhorn, Chef des Hedgefonds Greenlight Capital, bilanzierte: »Warum sollte Musk auch Respekt [vor der SEC; W.W.] haben? Schließlich hat er eine krasse Marktmanipulation begangen und wurde jetzt mit einer Strafe belegt, die die Sache seiner Meinung nach wert war. [...] Musk steht über dem Gesetz.«[214]

Nun hilft es einem Unternehmer sicher, wenn er über dem bürgerlichen Gesetz oder den Gesetzmäßigkeiten der Börse steht. Und Geld ist Macht und ein Milliardär hat natürlich sehr viel Macht. Er kann zum Beispiel dann, wenn die Eliteschule, auf die seine eigenen Kinder gehen, ihm nicht gut genug erscheint, einfach eine eigene Schule speziell für die eigenen Kinder gründen. Was Musk tat.[215] Eine Zwergschule gründen ist dann aber das eine. Eine Automarke weltweit durchzusetzen etwas anderes. Es muss Erklärungen dafür geben, wie die Geisterbahnfahrt der Tesla-Elektromobilität finanziert wird. Hier sind im wesentlichen *fünf* Kanäle zu erkennen, wie Tesla immer wieder aufs Neue unter Strom gesetzt wird:

Erstens gaben seit dem Tesla-Börsengang 2010 Investoren dem Unternehmen aus Palo Alto rund 4,5 Milliarden US-Dollar in Form von Aktien und

214. Fachpublikation *Finanzen* vom 25. Januar 2019. Siehe: https://www.finanzen.net/nachricht/ aktien/neue-vorwuerfe-34-er-steht-ueber-dem-gesetz-34-tesla-shortseller-teilt-gegen-elon-musk-aus-7059503 [abgerufen am 29.1.2019]. Angaben zuvor zur Börsenmanipulation nach: Musk und das große Mysterium, in: *Handelsblatt* vom 9. August 2018 (in diesem Beitrag wird der Kursverlauf am besagten Tag der Manipulation auf Stundenbasis nachgezeichnet und den Twitter-Accounts zugeordnet) und *Frankfurter Allgemeine Zeitung* vom 10. August 2018 und *Financial Times* vom 12. September 2018 zur SEC-Intervention.
215. »Zu seinem Schulprojekt hat sich [Musk] nur einmal konkret geäußert. Das war vor drei Jahren, als er im chinesischen Fernsehen gefragt wurde, wie er eigentlich seine fünf Söhne erziehe. Die Moderatorin lacht zunächst ungläubig, als Musk sagt: ›Ich habe eine kleine Schule gegründet‹. Aber er hat es 2014 tatsächlich getan. Normale Schulen lehrten einfach nicht richtig. [...] Dabei gingen seine fünf Söhne auf eine der besten Privatschulen von Los Angeles, die nur Kinder mit einem bestätigten IQ von mindestens 138 aufnimmt.« Sabine Müller, Elon Musks elitäre Privatschule, *Deutschlandfunk* vom 6. Juli 2018. Siehe: https://www.deutschlandfunk.de/tesla-chef-elon-musks-elitaere-privatschule.680.de.html?dram:article_id=422290 [abgerufen am 29.1.2019]

Erwerb von Anleihen. Es dürfte kommunizierende Röhren geben: Sobald sich herausstellt, dass das Spiel, das Musk und Tesla treiben, funktioniert – wie im August und September 2018 im Fall der Kapitulation der SEC –, dürfte neues »Wagniskapital« fließen, zumal der Börsenkurs – siehe unten unter fünftens – ja weiter hoch ist und immer wieder neue Schübe erhält.

Zweitens kassiert der Konzern laufend von seinen Kunden auf unterschiedliche Weise Sondergelder. So verlangt Tesla für bestellte Autos, die oft erst Jahre später ausgeliefert werden, hohe Vorauszahlungen. Diese erbrachten allein bis Anfang 2018 Einnahmen in Höhe von drei Milliarden US-Dollar. Ein Beispiel: Im Jahr 2018 teilte Tesla mit, dass es die Neuauflage des Tesla-Roadsters geben würde – als Modell »Founders Series« angepriesen. Die Preisliste beginnt bei 250.000 US-Dollar je Auto. (Das Auto soll 1000 PS stark und 400 Stundenkilometer schnell sein). Tesla-Boss Musk verlangt dabei von den interessierten Kunden je Auto eine Vorauszahlung von mindestens 50.000 Dollar. Musk selbst rechnete bei dieser Maßnahme mit Sondereinnahmen in Höhe von 250 Millionen US-Dollar. Die Auslieferung des Sportwagens sollte »frühestens 2019« beginnen. Inzwischen gilt: »wahrscheinlich 2020«.[216]

Das Model 3 wurde, wie oben erwähnt, immer mit einem Einstiegspreis von 35.000 US-Dollar angekündigt. Weltweit wird Tesla auf dieser Grundlage gerühmt, in Bälde »Elektromobilität für jedermann« zu ermöglichen. Obgleich die Model-3-Fertigung seit 2017 läuft, wurde das Modell in dieser »preiswerten« Form nie angeboten. Nachdem es immer neue Produktionsverzögerungen gab, legten Zehntausende potenzielle Kunden drauf. Anfang 2019 lautet die Bilanz: Im Durchschnitt bezahlten die Kunden im Jahr 2018 für die Auslieferungen in den USA rund 60.000 Dollar je Model 3. Bei der Auslieferung in Europa im Jahr 2019 liegt der Startpreis bei »55.400 Euro plus 980 Euro Bearbeitungsgebühr«, also bei 56.380 Euro. Es gibt jede Menge Extras, sodass es auch hier einen Durchschnittspreis je Model 3 von 60.000 geben wird – nun aber Euro anstelle US-Dollar.[217]

---

216. Bericht in *Computer Bild* vom 12. Juni 2018; siehe: https://www.computerbild.de/artikel/cb-News-Connected-Car-Tesla-Roadster-2020-Preis-Kauf-technische-Daten-Raketenantrieb-17889947.html [abgerufen am 29.1.2019]
217. Alle Angaben zu den Model-3-Preisen nach: *Auto Bild* vom 7. Januar 2019.

Drittens streicht Tesla von unterschiedlichen staatlichen Institutionen Subventionen ein, die – addiert und einschließlich des Musk-Unternehmens Space X und der »Gigafactory« (siehe unten) – sich bis Anfang 2019 bereits auf mehr als 10 Milliarden US-Dollar belaufen dürften. Bereits 2015 haben Reporter der *Los Angeles Times* »alle Förderungen, Steuerbefreiungen und Zuschüsse für Musks Unternehmen unter die Lupe genommen. Das Ergebnis: Die Staatshilfen summieren sich bislang [geschrieben 2015!; W.W.] auf eine Summe von 4,9 Milliarden Dollar. Nicht eingerechnet sind die Aufträge im Wert von 5,5 Milliarden Dollar, die Musks Raketenfirma SpaceX von NASA und Air Force bekommen hat.«[218] Hinzu kommen die Subventionen, die die Staaten aller Welt den Autokäufern dafür zukommen lassen, dass sie einen Elektro-Pkw, hier einen Tesla erhalten. In den USA lag diese Subvention bis Ende 2018 bei rund 7000 US-Dollar je Tesla-Auto. In Deutschland erhielten zeitweilig auch die Käufer eines teuren Tesla S die entsprechenden staatlichen Zuschüsse. Im Fall des Tesla Model 3 wird – trotz des hohen Preises – jedes Auto mit 2000 Euro »Umweltbonus« vom Fiskus kofinanziert. In Österreich lag bis Ende 2018 die Grundförderung bei rund 4000 Euro, in einzelnen Bundesländern konnte man deutlich mehr Zuschüsse erhalten (in Niederösterreich bis zu 6000 Euro).

Unter diesen Umständen darf man getrost davon ausgehen, dass Tesla mit jedem verkauften Auto mehr als 10.000 Euro Extraprofite einfährt (und auf diese Weise die gigantischen Kosten der Fehlinvestitionen relativiert und vor allem die ungestüme Expansion finanziert).[219]

Viertens gilt bei Tesla das Prinzip hire & fire: Musk agiert als Konzern-Boss nach Art des Manchester-Kapitalismus. Er erhöht das Produktionstempo und den Ausstoß – und entlässt gleichzeitig Personal in großem Maßstab. Schließlich geht es (angeblich) um höhere Güter – um Nachhaltigkeit und um das Wohl des Konzerns. Bereits 2018 gab es eine Entlassungswelle. Im

---

218. Jürgen Schmieder, Der Milliardenmann, in: *Süddeutsche Zeitung* vom 21. Juni 2015.
219. Die Subventionen zählen allerdings auch zu den größten Risiken für Tesla. Denn diese laufen in den USA aus. Käufer, die ihren Tesla bis zum Jahresende 2018 in Empfang nahmen, kamen noch in ihren Genuss. Danach gibt es nur noch die Hälfte. Über die weitere Zukunft der Steuervergünstigung gibt es Disput im US-Kongress. Insofern gab es Ende 2018 in den USA eine Auslieferungswelle.

Januar 2019 wurde bekannt, dass erneut sieben Prozent der Tesla-Jobs gestrichen werden. In einer Mitteilung schrieb Musk: »Tesla wird diese Einschnitte machen müssen, während gleichzeitig die Model-3-Produktion hochgefahren wird.« Das Unternehmen müsse noch mehr Kunden erreichen, »die sich unsere Autos leisten können«.[220] Obgleich doch gerade selbst die Preise für das Model 3 in der Praxis so angehoben wurden, dass der Preis für normale Kunden deutlich überhöht ist.

Man gehe »durch die Hölle der Produktion«, sagte der Firmen-Boss Musk im Frühjahr 2018. Und viele Beschäftigte erleben vor allem eine Hölle mit Arbeitsstress und Arbeitshetze. Tesla fordert von der Belegschaft Überstunden in großer Zahl; 50 Stunden in der Woche sollen eher normal sein. Das Lohnniveau ist deutlich unterdurchschnittlich. Und es existiert, wie glaubwürdig berichtet wird, ein weit verbreiteter Rassismus im Konzern. Anfang 2018 klagten mehr als 30 afroamerikanische Arbeiter, die zwischen November 2016 und November 2017 bei Tesla im Werk Freemont angestellt waren, gegen den Konzern vor einem Gericht in Oakland. Die Klageschrift bezeichnet Tesla als eine »Brutstätte für rassistisches Verhalten«.[221] Die *New York Times* veröffentlichte im November 2018 einen ausführlichen Bericht über das »rassistische Klima« im Tesla-Konzern.[222]

Fünftens wird der Tesla-Kurs an der Börse immer wieder durch Showeinlagen und Sondervorstellungen von Tesla-Musk-Projekten hochgepeitscht. Der Börsenwert von Tesla überholte Ende 2018 mit gut 63 Milliarden US-Dollar erstmals – nach BMW – nun auch denjenigen von Daimler. Tesla lag damit im Hinblick auf die Marktkapitalisierung auf Rang 3 aller Autohersteller – hinter Toyota und Volkswagen.[223] Musk versprach Anfang 2018, den Tesla-Börsen-

220. Siehe: http://www.spiegel.de/wirtschaft/unternehmen/tesla-entlaesst-sieben-prozent-der-beschaeftigten-a-1248725.html [abgerufen am 25.1.2019]
221. Zitate und Tatbestände nach: *Handelsblatt* vom 16. Februar 2018.
222. Menial Tasks, Slurs, and Swastikas: Many Black Workers at Tesla say They Faced Racism, in: New York Times vom 30. November 2018. Siehe: https://www.nytimes.com/2018/11/30/business/tesla-factory-racism.html#click=https://t.co/blMvhPWB83 [abgerufen am 30.1.2019]
223. Die Internet-Plattform »electrive-net« bejubelte diesen Vorgang am 5. Dezember 2018 wie folgt: »Kein Zweifel: Daimler liefert deutlich mehr Fahrzeuge als Tesla aus und ist seit langem profitabel. Aber die Marktkapitalisierung richtet sich eben nicht immer nach objektiven Maßstäben. Zur Wahrheit gehört aber auch, dass die Gewinne von Daimler zuletzt gesunken sind und Anleger vor dem Hintergrund eines schwächelnden Diesel-Geschäfts

Wert mehr als zu verzehnfachen und auf 650 Milliarden US-Dollar hochzu-pumpen. Er knüpfte sein persönliches Salär an dieses Ziel – was natürlich erneut den Hype anheizt.

Oder auch nur anheizen soll. Anfang 2019 liegt der Aktienkurs mit 260 US-Dollar weit unter dem vorausgegangenen Höchststand. Es gab in jüngerer Zeit eine Reihe von Kommentatoren, die schrieben, es handle sich bei Tesla um ein »Schneeballsystem« (*Handelsblatt*), Tesla verbrauche »derzeit 8000 Dollar in der Minute« (*Börsen-Zeitung*). Man fragte rhetorisch und antwortete gleich wie folgt: »Was ist Tesla wert? Nichts!« (*Frankfurter Allgemeine Zeitung*). Berichtet wurde, dass sich Großbanken wie UBS und Goldman Sachs von Tesla abwenden (erneut *FAZ*). Finanzinvestoren schlossen Wetten darauf ab, »dass der Konzern pleite geht« (*Süddeutsche Zeitung*)[224] Die Bonität des Unternehmens ist inzwischen miserabel. Für eine große Anleihe, die Tesla im August 2017 begab, musste der Konzern 5,3 Prozent Zinsen einräumen, was heißt, dass hier ein großer Risikozuschlag enthalten ist.

Wie einem Dokument der US-Börsenaufsicht SEC zu entnehmen ist, gab Tesla am 15. Mai 2013 die Begebung einer Wandelanleihe bekannt. Der Bond, welcher mit 0,25 Prozent jährlich verzinst wurde, läuft am 1. März 2019 aus. Tesla kann die Schuldscheininhaber offensichtlich nicht wie vereinbart auszahlen. Laut Bloomberg plant das Unternehmen, den Besitzer der Schuld-verschreibungen eine Vergütung in Form einer Mischung aus Bargeld und Aktien im Verhältnis 50:50 anzubieten.

Seit 2017 haben zwei Dutzend führende Tesla-Manager den Konzern ver-lassen. 2018 warfen gleich zwei Finanzchefs hintereinander das Handtuch – einer nach zwei Jahren im Job, der andere bereits nach einer einmonatigen »Amtszeit«. Im gleichen Jahr verließen der Vertriebschef Jon McNeill, der

vorsichtig geworden sind.« Nun bleibt jedoch Gewinn ein Gewinn und Verlust ein Ver-lust. Es gibt Daimler-Gewinne und Tesla-Verlust. https://www.electrive.net/2018/12/05/boersenwert-tesla-ueberholt-nach-bmw-nun-auch-daimler/

224. *Süddeutsche Zeitung* vom 3. August 2016 (Interview mit dem Investor und Chef von Stanphyl Capital, Mark B. Spiegel); *Frankfurter Allgemeine Zeitung* vom 18. Dezember 2017 (Gespräch mit dem Hedgefonds-Chef und »Leerverkaufsstrategen« Jim Chanos) und vom 1. August 2918 (Goldman Sachs zu Tesla); *Börsen-Zeitung* vom 1. Dezember 2017; *Handelsblatt* vom 5. Januar 2018. Die Grunddaten nach: Thomas Jahn, Britta Weddeling, »Der Spieler«, in: *Handelsblatt* vom 16. Februar 2018.

Produktionschef Doug Field und der wichtigste Mann für das Autopilot-System, Jim Keller, den Konzern. Einige frei gewordene Positionen wurden nicht ersetzt; Elon Musk agiert nicht nur als Alleinunterhalter, sondern auch als Alleinherrscher.

Als ein führender Tesla-Ingenieur aus Deutschland, der Musk jahrelang ergeben diente, Musk um eine Woche Urlaub bat – seine Frau war schwanger; er wollte bei der Geburt des Kindes dabei sein – , war Musks Reaktion: »Wollen Sie die Welt retten oder Ihrer Frau die Hand halten?« Der Urlaub wurde abgelehnt. Der Mann verließ Tesla. Das Urteil der *Financial Times*: »Mr. Musk macht weiter, das Unternehmen wie ein Start-up zu führen. Das bedeutet, dass man immer aufs Neue ›erfinden‹ muss, wie mit auftretenden Problemen umzugehen ist, anstatt ein institutionalisiertes Wissen und eine solide Unternehmensführung zu entwickeln.«[225]

Die Tesla-Modelle

Tesla hat in einem Jahrzehnt gerade mal vier Modelle auf die Straße gebracht: den Sportwagen »Roadster«, die Limousine »Model S«, das SUV »Model X« und das »Model 3«. Es handelt sich immer um reine Elektro-Pkw. Das Design der Autos ist gefällig, aber nicht besonders revolutionär. Die Verarbeitungsqualität gilt als passabel – aber keineswegs als wirklich gut. Über das Model X beispielsweise schreibt der Consumer Report, es sei im Vergleich mit

---

225. Peter Campbell, Tesla shares slide after senior staff depart electric car maker, in: *Financial Times* vom 8. September 2018. Außer den erwähnten Top-Managern und den beiden erwähnten Finanzchefs (Eric Branderiz, der von 2016 bis März 2018 diese Funktion innehatte, und Dave Morton, der von August bis September Teslas Chefcontroller war) verließen noch eine Personalchefin (Gabrielle Toledano), ein Entwicklungsspezialist (Mathew Schwall) und eine weitere zentrale Figur in der Produktionsleitung (Jason Mendez) den Konzern. Andere Angaben zu den Personalia und das Zitat nach: Michael Freitag und Jonas Rest, Die dunkle Seite des Elon Musk, in: *Manager Magazin* Juli 2018. Ende Januar 2019 hatte Musk einen Auftritt in einer Telefonkonferenz mit Analysten. Er verkündete da den – kleinen – Gewinn im vierten Quartal 2018. »Dann hatte der Firmengründer noch eine Kleinigkeit nachzureichen. Deepak Ahuja« – der aktuelle Finanz-Verantwortliche – »wird im Lauf des neuen Jahres zurücktreten [...]. Ahuja werde dem Unternehmen jedoch weiter [...] als Berater zur Seite stehen, verkündete Musk fröhlich.« Musk ernannte darauf einen 34-Jährigen (Zach Kirkhorn) zum neuen Finanzer. Der Tesla-Kurs brach massiv ein; die Börsen-Zeitung überschrieb einen Kommentar mit »Tesla macht Vertreter der Generation Y zum Finanzchef« (*Börsen-Zeitung* vom 1. Februar 2019).

anderen Modellen »am wenigsten verlässlich«.[226] Die Ausstattungsvarianten sind extrem reduziert; die Farbenauswahl ist minimal. In der Summe: Kleines Angebot, magere Ausstattung, bestenfalls durchschnittliche Qualität. So etwas kostet – eben deutlich überdurchschnittlich viel.

Tesla macht also fast alles anders als die Konkurrenz. Und einiges schlechter. Indem der Konzern jedoch zum Kult wurde und bei allen Modellen auf die obere Klasse zielt, wo man gerne chic, grün und trendy ist, bekam das Unternehmen immer aufs Neue enorme Summen in Form der beschriebenen Vorauszahlungen bzw. für die irgendwann ausgelieferten Autos. Für das »Model 3« trieb Musk seit dem Jahr 2016 Geld ein; laut Tesla-Angaben haben 600.000 Personen das Auto bestellt. Bis Februar 2018 waren nur wenige Tausend Exemplare ausgeliefert worden. Da Musk keine genauen Zahlen über die Model-3-Verkäufe bekannt gibt, hat die Agentur Bloomberg einen »Tesla-Model-3-Tracker« eingerichtet. Danach wurden bis zum 29. Januar 2019 185.022 Model-3-Elektroautos gebaut; die wöchentliche Produktion soll im Januar 2019 bei 5280 Auto angelangt sein. Das aber würde heißen, dass die vorliegenden Bestellungen erst 2020 oder später abgearbeitet sein können. Und dass weiterhin Anzahlungen in Höhe von mehreren hundert Millionen US-Dollar im Konzern gehortet sind.[227]

Mit »Ein Schritt zurück, nicht nach vorn«, war ein *FAZ*-Bericht zum Tesla Model X (P90D) überschrieben. Bei Hochgeschwindigkeit, so las man da, »schrumpft die Reichweite auf weniger als 100 Kilometer.« Als »realistische Reichweite« – bei einigermaßen »zurückhaltender« Fahrweise – wurden »300 km« genannt; deutlich weniger als offiziell angegeben. Zur Ladezeit hieß es: »Wer zu Hause einen Starkstromanschluss hat, lädt in acht Stunden voll (also über Nacht). Der Tesla kann auch an die normale Haushaltssteckdose, nur dann dauert die Laderei tatsächlich 24 Stunden.« Das Modell, ein SUV, wiegt 2486 Kilogramm. Das heißt, zum Transport eines Menschen muss mehr als das Fünfundzwanzigfache an Leergewicht bewegt werden. Für den »empfohlenen

226. Zitat nach: Handelsblatt vom 16. Februar 2018.
227. Siehe Bloombergs Tesla-Model-3-Tracker: https://www.bloomberg.com/graphics/2018-tesla-tracker/ Die Model-3-Besteller in den USA mussten mindestens 1000 US-Dollar an Vorauszahlung leisten. Siehe Jürgen Schmieder, »Erst bezahlen, dann stornieren«, in: *Süddeutsche Zeitung* vom 14. Februar 2018.

[Basis-]Preis von 131.300 Euro« erhält man »510 PS im Heckmotor und 263 PS im Frontmotor« geliefert.[228]

Wichtig dann auch der Hinweis, dass die Flügeltüren, die sich nach oben öffnen, »mit Sensoren ausgestattet (sind), die zum Beispiel ein Anstoßen an der Garagendecke oder am Nachbarauto verhindern sollen.«[229]

Ist das Model 3 massentauglich? Unabhängige Tests ließ Musk lange Zeit erst gar nicht zu. Die Begründung: Man wolle die »600.000 Kunden bevorzugt bedienen«.[230] Mitte Februar 2018 erschienen in zwei verschiedenen Printmedien zwei unterschiedliche Berichte – verfasst von ein und demselben Autotester, mit Namen Georg Kacher. Kryptisch schreibt der Tester und Autor: »Ich hab mir an Tesla vorbei ein Auto besorgt und will damit durch Detroit fahren.«[231] Die beiden Fahrberichte waren von einem Widerspruch zwischen einer weitreichenden Kritik im Detail und viel Pauschal-Lob im Allgemeinen geprägt. »Je länger die Fahrt geht, desto breiter wird mein Grinsen«, »Clever gemacht« oder auch »Das größte Problem des Model 3 ist, dass es viel zu wenige davon gibt« hieß es einerseits. Andererseits stand dann im Kleingedruckten: »Komfort ist leider nicht seine [des Autos] Stärke«. Er – der Fahrer – könne bei höheren Geschwindigkeiten zusehen »wie sich die Batterie im Zeitraffer entlädt«. Dann: »Auf Querfugen aller Art reagiert das Model 3 außerordentlich empfindlich«. Zum Fahren mit Autopilot-Einsatz schreibt Kacher: »Trotzdem fließt das Adrenalin in Strömen, denn ich muss ständig auf der Hut sein.«[232] Kacher attestierte zwar eine gute Straßenlage. Doch er schrieb auch: »Den Preis, den man dafür zahlt, spürt man zuerst in den Händen, dann am Hosenboden und irgendwann auch im Kreuz.« Die »Federwege« seien halt »kurz

228. Boris Schmidt, Ein Schritt zurück, nicht nach vorn«, in: *Frankfurter Allgemeine Zeitung* vom 8. November 2016.

229. »Ein neuer Tesla mit Flügeln«, in: *Frankfurter Allgemeine Zeitung* vom 1. Oktober 2015.

230. Georg Kacher, »Clever gemacht«, in: *Süddeutsche Zeitung* vom 17. Februar 2018.

231. Georg Kacher, »Tesla Model 3: Geheimtest in Detroit«, in: *Auto Bild* vom 16. Februar 2018.

232. Es gab in jüngerer Zeit mehrere, auch schwere Unfälle mit Tesla-Autos, die mit Autopilot gefahren wurden. Am 7. Mai 2016 war Joshua Brown mit seinem Tesla Model S unterwegs mit aktiviertem Autopiloten. Als ein Lastwagen an einer Kreuzung vor Browns Tesla links abbog, versagten Sensoren und Kameras. Der Tesla raste in den Anhänger. Brown wurde getötet. Tesla versuchte das tödliche Unglück zu verschweigen. Erst als die US-Verkehrssicherheitsbehörde NHTSA Ermittlungen aufnahm, wurde die Angelegenheit im Juli 2016 publik. Nach: *Die Welt* vom 2. Juli 2016.

und knackig«, was heißt, das Auto liegt sehr tief. Der Fahrer werde »zu einer unbequemen und ungesunden, Z-förmigen Körperhaltung (gezwungen).« In einem anderen Testbericht heißt es: »Das Platzangebot der fast 4,70 Meter langen Limousine enttäuscht. [...] Die Rückbank reicht kaum für Passagiere über 1,80 Meter Länge. [...] Auch der Gepäckraum ist zu klein, schluckt mit 340 Litern einen Koffer weniger als die Konkurrenz.«[233]

Die oft gepriesene gute Straßenlage hat natürlich viel mit dem Gewicht zu tun. Auch das Model 3 wiegt mit 1730 Kilo deutlich mehr als ein Durchschnittsauto in dieser Klasse.

Gelobt wird, dass »bei fast leerem Akku das Auto rund 40 Minuten am Supercharger hängt, ehe wieder volle Reichweite angezeigt wird«[234]. Bleibt die Frage: Wo gibt es den nächsten Supercharger? Und: Was kostet der Lade-Spaß? Bei den Vorgänger-Modellen war der Strom an den Tesla-Superchargern kostenlos. Beim Model 3 kostet die Energiezufuhr.[235] Wobei die Tesla-Ladestationen eben auch Teil der Tesla-Fahrkultur sind. Mittlerweile sollen sie nicht nur mit Lounges, Bars und Einkaufszentren usw. verbunden sein. Musk erklärte, er denke auch daran, Kinderspielplätze in der Nähe der Supercharger errichten zu lassen.

Im Übrigen gibt es in den beiden Berichten des Testfahrers eine jeweils ähnlich lautende Passage, die deutlich macht, wes Geistes Kind der Berichtende ist, was wiederum auf den größten Teil der Tesla-Gemeinde zutreffen dürfte: »Ampelvollgas ist auch im Model 3 ein Erlebnis. Das Getriebe packt 525 Newtonmeter und wuppt sie an die Hinterräder, die ohne durchzudrehen an die Schlupfgrenze heranjaulen. [...] Tesla nennt für die Beschleunigung von null auf 100 Stundenkilometer einen Wert von 5,3 Sekunden. Der Wagen

233. *Auto Bild* vom 7. Januar 2019.
234. Kacher in *Auto Bild*, a. a. O.
235. Dennoch dürfte auch hier zutreffen, was in Kapitel 6 beschrieben wird: Die laufenden Betriebskosten sind bei den E-Autos bei den gegebenen Marktbedingungen deutlich niedriger als bei Autos mit Verbrennungsmotoren. Dazu heißt es in *Auto Bild* (vom 16. Februar 2018): »Erste Kunden haben mit ihrem Model 3 bereits Fahrten von der US-Westküste zur Ostküste unternommen [...] Besitzer [des Tesla Model 3; W.W.] Dan Zorzilla [...] zahlte auf der Langstrecke gut 100 Dollar für den Strom (für die gleiche Tour im BMW M5 waren es 500 Dollar).« Danach liegen die Betriebskosten des Elektro-Tesla-Autos bei einem Fünftel der Kosten eines vergleichbaren Benziners.

läuft 225 Stundenkilometer Spitze …«[236] Erstaunlich dann, dass der Tester in einem Land, in dem bei 110 km/h Schluss ist, sich »jenseits von Tempo 160« bewegt. Ähnlich im Januar 2019 in einem Testbericht in *Auto Bild*: »Dabei begeistert der Elektropunch von der ersten Drehzahl an, auch wenn der Model 3 nicht ganz so bissig zur Sache geht wie die größeren Teslas und bei feuchter Fahrbahn auch schon mal mit Traktionsproblemen […] zu kämpfen hat.« Interessant – und für die Sicherheit eines Autos fatal – dann der Hinweis: »Enttäuschend die Bremswerte: […] Der Tesla rutscht schon mit kalten Bremsen rund 41 Meter weit, mit warmer Bremsanlage werden es sogar gut 43 Meter. Die Konkurrenz steht fünf Meter früher.«[237]

Musk will hoch hinaus

Henry Ford hatte, wie bereits erwähnt, in der Autowelt das Marktschreierische perfektioniert. Er trat auch, wie Musk, für einen gewissen Minimalismus ein, jedenfalls dann, wenn das den Profit erhöhte. Unter anderem erklärte er, der Kunde könne (beim Modell Tin Lizzy) jede Farbe wählen, solange sie schwarz sei. Musk kopiert dies. Der zitierte Grundpreis für das Model 3 gilt nur solange, wie die Farbe schwarz ist. Wer eine andere Farbe wünscht, zahlt – je nach Farbe – bei der Auslieferung in Europa »zwischen 1600 und 2600 Euro Aufpreis«.

Ein wichtiger Bestandteil des Tesla-Imperiums ist die große Batteriefabrik im US-Bundesstaat Nevada, genannt »Gigafactory I«, die 2016 in Teilen die Produktion von Lithium-Ionen-Batterien aufnahm.[238] Die Fabrik liegt in der Wüste, 20 Meilen entfernt von der 100.000-Einwohnerstadt Sparks. Anfang 2019 arbeiteten dort 7000 Beschäftigte für Tesla und weitere 3000

---

236. Hier nach dem Bericht in der *Süddeutschen Zeitung*. In *Auto Bild* heißt es dazu: »Der E-Motor reißt an wie ein hungriger Husky und wuchtet aus dem Stand bis zu 525 Nm an die schmalen 18-Zoll-Reifen. Die Motorleistung gibt Tesla mit 192 kW an.«
237. Alle Infos zum Model 3, *Auto Bild* vom 7. Januar 2019.
238. Als Gigafactory II wird die Tesla-Anlage Solar City im US-Bundesstaat New York bezeichnet, eine Fabrik zur Herstellung u. a. von Solardächern. Die Solar-City wurde von Musk 2017 erworben. Es scheint sich um eine Fehlinvestition zu handeln; Ende 2018 sind große Teile der Anlage ungenutzt. Als Gigafactory III bezeichnet Musk eine Tesla-Fabrik, die in der Nähe von Schanghai gebaut werden soll.

für Panasonic. Die Batterietechnologie stammt von dem japanischen Elektronikkonzern. Panasonic hat mit 3,9 Milliarden US-Dollar auch den größten Teil der Gesamtinvestition getragen. Wie bei Tesla üblich soll die Fabrik am Ende mit einer bebauten Fläche von einem Quadratkilometer »das größte Fabrikgebäude der Welt« sein. Der Output im Jahr 2018 soll 60 Prozent aller weltweit überhaupt hergestellten Lithium-Ionen-Batterien entsprechen. Für die Fabrik wurden öffentliche Gelder in Form von Steuererleichterungen und Zuschüssen gewährt, die sich insgesamt auf 1,4 Milliarden US-Dollar addieren. Der teilweise Erlass bzw. die Steuererleichterungen sind für einen Zeitraum von zehn bis 20 Jahren angelegt. Insgesamt handelt es sich um eine Rekordsubvention. Für Besichtigungen der Fabrik gab es wenige Genehmigungen für ausgewählte Journalisten, wobei »der Teil der Anlage, den Panasonic angemietet hat – wo die Rohmaterialien für die Batterien angeliefert, verfeinert und in Batteriezellen verarbeitet werden – überwacht (ist); das Aufnehmen von Fotos oder Video ist nicht gestattet.«[239] Das gesamte Fabrikgelände mit der Bezeichnung Tahoe Reno Industrial Center – TRIC, das auch Anlagen von Google und Switch (einem anderen Elektronikunternehmen) beherbergt, ist eingezäunt und streng bewacht. Musk selbst bezeichnet die Gigafactory I als einen »alien dreadnought«, ein ausländisches Großkampfschiff. Die schiere Größe ermöglicht sicher eine günstigere Produktion. Dass es sich um eine nachhaltige Fertigung handeln würde, darf stark bezweifelt werden. Im Gegensatz zu den Versprechen von Musk war Ende 2018 »nur ein kleiner Teil des Dachs mit Solarpanelen bestückt, sodass Tesla immer noch abhängig ist von den lokalen Stromproduzenten, um die Produktion aufrechtzuerhalten.«[240]

Die enormen Steuererleichterungen, die Tesla gewährt wurden, belasten die Region. In der britischen Tageszeitung *The Guardian* erschien 2018 eine Reportage, die dem »offiziellen Narrativ«, wonach die Region boomt, widerspricht. Natürlich gebe es Gewinner – wie z. B. Hausbesitzer, da die Bodenpreise (und damit die Mieten) stark anzogen, und Fachkräfte. Doch

239. Sean O'Kane, Tesla will live and die by the Gigafactory, *The Verge* vom 30. November 2018. Siehe: https://www.theverge.com/transportation/2018/11/30/18118451/tesla-gigafactory-nevada-video-elon-musk-jobs-model-3 [aufgerufen am 25.1.2019]
240. Sean O'Kane, a.a.O.

es gebe auch viele Verlierer. Dargestellt wird, wie »die Steuererleichterungen und Steuergeschenke dazu beitrugen, dass die lokalen Behörden ein deutlich reduziertes Potential« haben. Die Schulen seien »überfüllt und hoch verschuldet«, sodass 2016 Steuererhöhungen beschlossen werden mussten, um die Löcher in den kommunalen Kassen zu füllen. Schulbus-Verbindungen werden gekappt. »Trailer parks«, Anlagen mit Wohnwagen, in denen Menschen als Wanderarbeiter leben, seien überfüllt. Das sei vor dem Bau der Gigafactory nicht der Fall gewesen. Vor allem habe sich die Region an Tesla verkauft – und sei nun völlig abhängig von Tesla und dem riskanten Kurs, den Musk fährt. Der Bericht ist überschrieben mit »Alle Menschlichkeit hat diese Region verlassen: der Preis für Teslas Gigafactory«.[241]

Elon Musk ist auch Eigentümer des privaten Weltraumunternehmens Space X. Dieses Unternehmen wird fast komplett mit öffentlichen Geldern, vor allem mit denen der US-Weltraumbehörde NASA, gespeist. So überwies die NASA allein als Anzahlung für eine erste Reihe von Versorgungsflügen von Space-X-Raketen zur Internationalen Raumstation ISS 1,6 Milliarden US-Dollar an Space X. Weitere 3,1 Milliarden US-Dollar öffentliche Gelder sollen sich noch in der Pipeline befinden. Als am 6. Februar 2018 die Space-X-Rakete »Falcon Heavy« in das All startete – und dabei werbeträchtig einen roten Tesla-Cabrio an Bord hatte – war der Zeitpunkt des Starts so platziert, dass das katastrophale Quartalsergebnis von Tesla, das am Tag danach bekannt gemacht wurde, vom Medienrummel um die Space-X-Rakete überdeckt wurde.[242] Kaum bekannt ist, dass Space X auch militärische Missionen für die US-Regierung unternimmt. Im Januar 2018 verschwand ein geheimer Space-X-Satellit mit Decknamen »Zuma« nach dem Start; er stürzte offensichtlich an unbekannter Stelle ins Meer.[243]

---

241. Rorry Carrol, in: *The Guardian* vom 3. Juli 2018.
242. Berichtet wurde, dass die Rakete »kurze Zeit später punktgenau wieder auf dem Weltraumbahnhof Cape Canaveral landete.« Hinzugefügt werden muss: Ein weiterer Teil der Rakete, der im Weltraum eine Ladung »absetzte«, kehrte einen Tag darauf zur Erde zurück. Er verfehlte jedoch sein Ziel, eine schwimmende Plattform im Pazifik vor Kalifornien und zerschellte beim Aufprall auf dem Wasser. Nach: Anne Steiner, »Elon Musk und die Riesenrakete«, in: *Frankfurter Allgemeine Sonntagszeitung* vom 11. Februar 2018.
243. Hans von der Haben und Dieter Sürig, »Mit dem Tesla zum Mond«, in: *Süddeutsche Zeitung* vom 1. Februar 2018.

Seit 2013 arbeiten Musk und sein Team an einem Superhochgeschwindigkeitszug mit Namen Hyperloop. In diesem sollen die Menschen in »Luftkissen-Kapseln« mit Überschallgeschwindigkeit (gedacht ist an Tempo 1200 km/h) durch eine Röhre geschossen werden; die 600 Kilometer lange Strecke von Los Angeles bis San Francisco soll damit in 35 Minuten bewältigt werden. In den Röhren soll »Druckluft von unten für einen reibungslosen Auftrieb sorgen, während Elektromagneten den Schub liefern. Offensichtlich ist dabei an keine allzu zahlreiche Klientel gedacht, die Alu-Kapseln sollen jeweils »Platz für 28 Personen« bieten. Im Oktober 2017 teilte der weltgrößte Versicherer, die München Re, mit, dass sie mit der Musk-Tesla-Gesellschaft HTT (Hyperloop Transportation Technologies), für die inzwischen laut Tesla-Angaben weltweit 800 Fachleute arbeiten, »eine Partnerschaft eingegangen« sei. Eine Hyperloop-Verbindung – gegebenenfalls auch München–Berlin – sei »realisierbar und auch versicherbar«.[244]

Im Dezember 2016 twitterte Elon Musk: »Der Verkehr regt mich auf. Ich konstruiere einen Tunnelbohrer und beginne zu buddeln.« Der Meister sprach und erklärte, »The Boring Company« (eine Bohrer- bzw. Langeweile-Gesellschaft) gründen zu wollen. Gebaut werden soll ein Tunnelsystem, in dem Fahrzeuge – es müssen wohl nicht unbedingt Tesla oder Elektro-Pkw sein – auf einer Plattform in den Untergrund abgesenkt und dann mit einer Geschwindigkeit von 200 Stundenkilometern durch ein Netzwerk unter Los Angeles hindurch katapultiert werden sollen. Dafür erhielt er die Unterstützung von Bürgermeister Eric Garcetti, der vor allem an einem »Tunnel als schnelle und direkte Verbindung zwischen Flughafen und Zentrum«[245] interessiert ist. Im Dezember 2018 war es soweit. Musk präsentierte den Prototyp eines zwei Kilometer langen Tunnels, in dem er dann einen Tesla entlang holpern ließ. Die Vorführung soll nicht überzeugend gewesen sein.[246] Musk frönt hier einem Tunnelbau-Wahn, wie er andernorts – so im Val di Susa, Italien, mit einem

244. Das letztes Zitat nach: *Frankfurter Allgemeine Zeitung* vom 18. Oktober 2017. Allgemeine Angaben zum Hyperloop nach Kathrin Werner, »Die rasende Kapsel«, in: *Süddeutsche Zeitung* vom 14. August 2013.
245. Jürgen Schmieder, »Tunnel nach nirgendwo« in: *Süddeutsche Zeitung* vom 15. Juli 2017 (ähnlich derselbe in *Süddeutsche Zeitung* vom 30. Januar 2017).
246. Musk enthüllt Tunnel-Pilotprojekt, in: *Frankfurter Allgemeine Zeitung* vom 20. Dezember 2018.

gigantischen Tunnelprojekt, so in Österreich mit dem Brennerbasis-Tunnel, so in Stuttgart mit Stuttgart 21 – zu beobachten ist.[247] Musk äußerte in einem Interview: »Wissen Sie, was wir vor allem brauchen? Tunnel!! Ja, Löcher im Boden aus Beton! Wir brauchen viel mehr Tunnel!«[248]

Alle Musk-Projekte sind geprägt von einem männlichen Machbarkeitswahn, von dem fanatischen Glauben an Naturbeherrschung, ja, Naturbezwingung. Sie sind aggressiv, voller Tempowahn. Und sie sind das Gegenteil von umweltfreundlich: Die Aggression richtet sich gegen die Natur und gegen elementare menschliche Bedürfnisse wie Ruhe, Erholung, Naturgenuss. Das gesamte geistige Umfeld, das Musk umgibt, ist von diesem Geist bestimmt.

Im Herbst 2017 veröffentlichte die *Welt am Sonntag* eine Art Essay, verfasst von Jan Brandt, einem Schriftsteller. Der Mann durfte auf einer ganzen Zeitungsseite Tesla literarisch verbrämen. Da werden gleich eingangs die Gesetze der Physik als außer Kraft seiend beschrieben: »Obwohl Teslas Model X zweieinhalb Tonnen wiegt, wirkt es leicht wie eine Feder«. Der Literat beschreibt dann sein Feeling auf dem Weg vom Flughafen Schönefeld in den Spreewald wie folgt: »Nicht jedes andere Auto hat Spotify integriert, mit dem ich mir die Zeit vertreibe. Ich wähle den neuen Song von Arcade Fire aus, ›Everything Now‹, und mit diesem Gefühl, diesem Allmachtgefühl, dass mir jetzt alles zusteht, geht es weiter. [...] Als sich der Verkehr auflöst, wechsle ich auf die linke Spur, denn da gehört ein Auto wie dieses hin, beschleunige auf 250 km/h, die Höchstgeschwindigkeit, und spüre nichts als ein sanftes Gleiten.« Nach einem Wechsel in die Modi »Lenkassistenten« und »Spurwechselassistenten« wird der Fahrer darauf hingewiesen, »mit beiden Händen das Lenkrad zu umfassen. Kaum habe ich das getan, gibt es einen ganz kurzen Ruck, der meinen ganzen Körper durchzuckt, als wäre ich jetzt vollkommen mit der Maschine verschmolzen.«[249]

247. Siehe ausführlich auch zum Zusammenhang von Tunnelbauwahn und dem aktuellen Stadium des Kapitalismus: Winfried Wolf, abgrundtief + bodenlos. Stuttgart 21, sein absehbares Scheitern und die Kultur des Widerstands, Köln (PapyRossa), S. 175ff.
248. Interview in: *Spiegel* 48/2014.
249. Jan Brandt, »Ganz still MACHT demonstrieren«, in: *Welt am Sonntag* vom 6. August 2017. Der Artikel endet wie folgt: »Dann [...] bin ich endlich da. Steffi erwartet mich vor dem Hotel ›Zur Bleiche‹. Sie trägt ein T-Shirt mit der Aufschrift ›Unfuck the world‹. Die Bentley- und Lamborghini-Fahrer nicken uns zu, als gehörten wir mit diesem Auto zu ihren Kreisen dazu, als wären wir nicht schon viel weiter.«

Dieses Verschmolzen-Sein mit der Maschine, die Verherrlichung von Tempo und Stahl, das war es auch, was nach dem Ersten Weltkrieg im »Futuristischen Manifest« zu lesen war: »Wir erklären, dass sich die Herrlichkeit der Welt um eine neue Schönheit bereichert hat: die Schönheit der Geschwindigkeit.« Der größte Teil dieser Futuristen-Bewegung verband sich bald darauf mit dem italienischen Faschismus.[250]

Musk, der Mars & Mondpreise

Ende des Jahres 2015 erklärte die führende deutsche Wirtschaftszeitung, das *Handelsblatt*, Elon Musk zur »Person des Jahres«: Die Titelseite zierte ausschließlich der Musk-Charakterkopf. Im Innenteil durfte dann Simone Bagel-Trah, die Aufsichtsratschefin des Chemie-Konzerns Henkel, eine Laudatio auf Elon Musk vortragen. Musk wurde dabei in eine Reihe gestellt mit »den großen Unternehmern der Vereinigten Staaten«, so mit dem Schiffs- und Eisenbahnkönig Cornelius Vanderbilt. Musk sei ein Beispiel für den »Traum, dass es ein jeder in den USA zu etwas bringen kann, wenn er das eigene Schicksal in seine Hände nimmt.« Die Dame behauptet: »Musk ist Visionär, investiert in erster Linie sein eigenes Geld.« Die Batteriefabrik in Nevada diene dem »Ziel einer Mobilität ohne fossile Rohstoffe« Selbst die Musk-Idee, dass die Menschheit »eines Tages den Mars bevölkert«, ist für die Autorin nicht abwegig.[251]

Drei Jahre später brachte die *Frankfurter Allgemeine Zeitung* eine vergleichbare Eloge auf Musk: »Dieser Unternehmer könnte die Welt verändern. Seine Visionen [...] sprengen Grenzen. Doch er nimmt auch den Absturz in Kauf.«[252] Allein diese Kombination, dass jemand »Visionär« sei, der zugleich

250. Über diesen Zusammenhang zwischen Tempowahn und Faschismus (bei Henry Ford, bei den Futuristen und bei der NSDAP) siehe: Winfried Wolf, Verkehr. Umwelt. Klima. Die Globalisierung des Tempowahns, Wien 2009, S.162 ff. Eine der führenden Figuren der Futuristen, Filippo Tommaso Marinetti, schrieb: »Der Krieg ist schön, weil er die erträumte Metallisierung des menschlichen Körpers inauguriert.« Bei: Walter Benjamin, Das Kunstwerk im Zeitalter seiner technischen Reproduzierbarkeit, Frankfurt/M. 2003, S.42.

251. Simone Bagel-Trah, »Der Marsmensch«, in: *Handelsblatt* vom 11. Dezember 2015

252. Claudia Bröll, Philipp Krohn und Roland Lindner, Mars Attack, in: *Frankfurter Allgemeine Zeitung* vom 21. Dezember 2018.

»den Absturz in Kauf« nimmt, ist abenteuerlich – zumal es ja nicht um einen individuellen Absturz geht (der ohnehin kaum stattfindet; Musk würde bei einer Pleite immer weich fallen). Es geht darum, dass riesige Fabriken buchstäblich in den Sand gesetzt und die Existenzen von Zehntausend Beschäftigten zerstört werden würden. Auch in dem *FAZ*-Artikel wird besonders hervorgehoben, wie visionär Musks Gedanke sei, den Mars zu bevölkern. Das liest sich wie folgt: »Im Frühjahr 2018 hat Elon Musk einen umjubelten Auftritt auf der Technologie-Konferenz South by Southwest. [...] Man merkt ihm den Spaß an, über seine Vision zu sprechen. ›Wir machen Fortschritte‹, sagt er zu seinem Plan, mit Hilfe der Space-X-Raketen den Mars zu bevölkern. Interplanetarische Phantasie und unternehmerische Realität scheinen kein Widerspruch zu sein. ›Der Film 2001 (Odyssee im Weltraum) hat Space-Hotels auf dem Mars versprochen. Ich habe mich gefragt, warum sie nicht existieren‹, sagt er.« Der grundlegende Widerspruch, dass die Menschheit nicht in der Lage ist, die elementaren Bedürfnisse auf dem Planeten Erde zu befriedigen und einen Klima-Crash zu verhindern, dass aber gleichzeitig in einer »Besiedlung des Mars« eine visionäre Idee gesehen wird, wird nicht einmal angesprochen.

Ganz ähnlich sieht es aus, wenn sich zwei Autobosse austauschen: Dieter Zetsche und Elon Musk am Tisch. Vorausgeschickt sei, dass Daimler einmal Miteigentümer von Tesla war. Doch Zetsche beschloss als CEO von Daimler, bei Tesla wieder auszusteigen; man habe »aus unserer Sicht zum richtigen Zeitpunkt [die Anteile an Tesla; d. Red.] verkauft«. So Zetsche Ende 2015.[253] Doch Zetsche begibt sich natürlich gern in die Nähe der Tesla-Sonne. Zetsche: »Wir saßen einmal zusammen am Tisch und haben über sein Projekt ›Space X‹ gesprochen. Ich hab gesagt: ›Das ist ja toll, aber das mit dem Mars, das ist doch eher Spinnerei, ein Riesenaufwand, oder?‹ Da hat Elon mir geantwortet: ›Dieter, you don't understand. Mankind is at the threshold. But we have to make a decision if we want to become a multiplanetary species. And I think the answer is crystal clear. And therefore no resources are limited.‹ [Dieter, Du verstehst nicht. Die Menschheit steht am Scheideweg. Wir müssen die Entscheidung treffen, ob wir eine multiplanetarische Spezies werden wollen.

---

253. »Wir sind hungrig«, Interview mit Dieter Zetsche in: *Bilanz*, November 2015.

Für mich ist die Antwort glasklar. Und deshalb darf es keine Grenzen für den Ressourceneinsatz geben.] Elon Musk ist einfach ein Mann, der Visionen hat und sie mit großer Überzeugung vertritt. Das ist eindrucksvoll.«

Musk erzählt derlei Geschichten auch in einem Interview mit der *Süddeutschen Zeitung*: »[Frage:] Mit Ihrer Firma Space X bereiten Sie die bemannte Raumfahrt zum Mars vor. Ist das relevant oder ist das Science-Fiction? [Antwort Musk:] Wir sollten uns daran gewöhnen, dass Leute in ein paar Jahren hochfliegen. Jeder sollte eine Reise auf den Mars machen können. [Frage:] Wirklich jeder? [Antwort Musk:] Die Kosten müssen langfristig unter 500.000 Dollar liegen, damit das geht. Es wird gerade am Anfang viele Menschen geben, die hoch wollen, aber sich das nicht leisten können. Andere, die sich das leisten können, aber nicht hoch wollen. Wir müssen die Schnittmenge haben. Falls jemand auf den Mars umziehen möchte, sollte das auch möglich sein. Auch die Vereinigten Staaten wurden irgendwann einmal gegründet.«[254]

Womit wir wieder beim Gründermythos der USA und den Männern, die sich von unten nach oben gearbeitet hatten, wären. Eben zum Beispiel bei Cornelius Vanderbilt. Über diesen schreibt der US-amerikanische Historiker Gustavus Myers: »In Wahrheit sind Vanderbilts Millionen in der Hauptsache das Ergebnis von Erpressung, Betrug und Diebstahl.« Der Mann hatte sein Vermögen mit Postschiffen gemacht, für die er auf betrügerische Weise staatliche Subventionen erhalten hatte und auf denen er Briefe von Auswanderern in die alte Heimat beförderte, für die Mondpreise zu bezahlen waren.[255]

Da ähnelt der frühe Kapitalismus dem späten. Diese »Gründer« profitierten vor allem von Staatsgeldern, auch von Korruption oder Schmiergeld. Das Geniale bezog sich meist darauf, wie clever man solche öffentlichen Mittel in die eigenen Taschen umdirigieren kann. Es stellt sich die Frage: Was sagt es über unsere Gesellschaft aus, wenn eine führende Wirtschaftszeitung den Hochstapler und Hochrisiko-Unternehmer Elon Musk zur »Persönlichkeit des Jahres« erklärt und die führende bürgerliche Zeitung ihn als einen Visionär sieht, der »die Welt verändern« und »Grenzen sprengen« könne?

254. In: *Süddeutsche Zeitung* vom 11. Februar 2014
255. Gustavus Myers, Money. Wem die Rockefellers, Astors, Vanderbilts, Pullmans, Garnegies, Morgans etc. das Geld abnahmen, Frankfurt/M. 1979, S.270f.

Kapitel 9
Elektromobilität verstärkt die Macht der Autokonzerne und das Potenzial an Zerstörung

Der neue EQC. Der Mercedes unter den Elektrischen. Jetzt registrieren und zu den ersten gehören. Stromverbrauch kombiniert: 22,2 kWh/100 km; CO_2-Emissionen kombiniert: 0 g/km. Angaben zum Stromverbrauch sind vorläufig. Die EG-Typengenehmigung und Konformitätsbescheinigung mit amtlichen Werten liegen noch nicht vor. Abweichungen zwischen den Angaben und den amtlichen Angaben sind möglich.

Ganzseitige Anzeige von Mercedes
in großen Tageszeitungen im September 2018 [256]

Die Autoindustrie war vor mehr als 100 Jahren der Motor des aufsteigenden US-Kapitals. Trotz der enormen Schwächung der US-Wirtschaft und trotz des Verlustes der hegemonialen Stellung auf dem Weltmarkt, den die USA in den letzten vier Jahrzehnten erlitten haben, sind die damals entstandenen Autokonzerne GM und Ford bis heute prägend für die internationale Autoindustrie. Bei den in China – dem entscheidenden Absatzmarkt für Autos – hergestellten Kraftfahrzeugen liegen GM und Ford mit ihren Produktionsstätten im Land selbst auf Rang drei.

Die Autoindustrie war vor gut 70 Jahren der Motor des neu aufsteigenden westdeutschen Kapitals. Die Autokonzerne VW, Daimler und BMW waren im Zweiten Weltkrieg vor allem als Rüstungskonzerne aktiv und entwickelten sich nach 1945 zu starken zivilen Autokonzernen. Sie sind seit den 1970er-Jahren und bis heute prägend für die internationale Autoindustrie. Bei den in China hergestellten Kraftfahrzeugen liegen die drei deutschen Hersteller mit ihren Joint-Venture-Produktionsstätten weit vorne auf Rang eins.

256. Hier in: *Süddeutsche Zeitung* vom 7. September 2018.

Die Autoindustrie war vor rund 40 Jahren der Motor des erstmals als Weltmarktmacht aufsteigenden japanischen Kapitals. Wie im Fall Deutschland waren die Autokonzerne zuvor, im Zweiten Weltkrieg, Teil der Rüstungsindustrie. Nach dem Zusammenbruch des japanischen Kaiserreichs gelangten Toyota, Honda, Nissan und Mazda vor allem in den 1970er-Jahren zu enormer wirtschaftlicher Stärke und zu Weltmarktgeltung. Trotz der erheblichen Schwächung, die der japanische Kapitalismus in der lang anhaltenden Krise und Depression 1990 bis 2010 erlebte, sind diese Konzerne bis heute prägend für die internationale Autobranche. Die japanischen Hersteller liegen auf dem richtungsweisenden chinesischen Markt mit ihren Produktionsstätten vor Ort auf Rang 2, dicht hinter den deutschen Produzenten.[257]

Die Autoindustrie war vor rund 30 Jahren der Motor des erstmals als relevante Kraft auf dem Weltmarkt auftretenden südkoreanischen Kapitals. Nach der schweren Krise der »Tigerstaaten« 1997/98 blieb der Hyundai-Autokonzern als einziger autonomer Fahrzeughersteller dieses Landes übrig. Hyundai spielt – zusammen mit der Tochter Kia – bis heute eine wichtige Rolle in der internationalen Autobranche. Der Konzern liegt auf dem chinesischen Markt mit seinen joint-venture-Fertigungen auf Rang 4, hinter den deutschen, den japanischen und den US-amerikanischen Produzenten.

Die Autoindustrie ist seit rund 25 Jahren der Motor beim Aufstieg der chinesischen Wirtschaft zum inzwischen weltweit größten Exporteur und global wichtigsten kapitalistischen Markt. Die damals teilweise neu gegründeten oder erstmals zu Stärke gelangten Autokonzerne prägen den heimischen, chinesischen Kapitalismus. Doch anders als die genannten Autokonzerne aus den USA, Deutschland, Japan und Südkorea sind die chinesischen Autokonzerne *nicht* prägend für die internationale Autoindustrie. Ja, es gibt keinen einzigen chinesischen Autobauer, der eine vergleichbare Rolle spielen würde, wie dies

257. Im Jahr 1979 befanden sich unter den 15 weltweit größten Autokonzernen allein sechs autonome japanische Autobauer (Toyota, Nissan, Toyo Kogyo [Mazda], Mitsubishi, Honda und Isuzu). Nissan und Mitsubishi werden seit 2017 von Renault kontrolliert. Inwieweit die Verhaftung des Renault-Nissan-Chefs Ghosn in Japan und seine darauf folgende Absetzung als Nissan- und dann auch als Renault-Top-Mann im Dezember 21018 dazu führt, dass diese Allianz auseinanderbricht, muss hier offen bleiben. Suzuki stieg später in die Spitzengruppe auf und gelangte vor allem durch die Übernahme des indischen Herstellers Maruti in die Gruppe der Top-12. Isuzu war in den Jahren 1971 bis 2006 Teil des GM-Imperiums und ist seit 2007 mit Toyota verbunden.

auf die genannten US-, deutschen und japanischen Autohersteller bzw. auf den südkoreanischen Hersteller zutrifft.

Warum das so ist, wäre eine vertiefende Untersuchung wert; diese kann hier nicht geleistet werden. Die knappe Zeitspanne, die zwischen dem Auftauchen Chinas als Weltmarktmacht und heute liegt, kann nicht die Ursache für das beschriebene Hinterherhinken der chinesischen Autokonzerne sein. Der Aufstieg der Autobauer aus den USA, aus Japan, aus Westdeutschland und aus Südkorea zur Weltspitze fand jeweils binnen eines Jahrzehnts statt.[258] Es kann sich auch nicht um ein grundsätzliches, strukturelles Problem handeln, also beispielsweise nicht daraus resultieren, dass in China in den 1980er- und 1990er-Jahren eine nichtkapitalistische Ökonomie in eine kapitalistische transformiert wurde, die weiterhin stark von der Kommunistischen Partei Chinas bestimmt wird. Denn auf anderen strategisch wichtigen Gebieten gelang China ein solcher Vorstoß an die Spitze der jeweiligen Weltbranchen: so mit Lenovo im Bereich der PC-Fertigung, so mit Huawei im Bereich der Telekommunikationstechnologie und der Smartphone-Technik (wo das chinesische Unternehmen hinter Samsung und vor Apple den Rang zwei einnimmt und sich deshalb im Zentrum eines von der Trump-Administration durchgezogenen Handelskriegs sieht) und so in der Bahntechnik mit Hochgeschwindigkeitszügen: Der chinesische Konzern CRRC ist in diesem Markt heute Weltmarktführer – vor den drei westlichen Herstellern Siemens, Alstom und Bombardier.[259]

Sieht man sich in Tabelle 5 die Liste der 20 weltweit größten Autokonzerne und deren Entwicklung im Zeitraum 2005 bis 2016 an, dann ergibt sich ein interessantes Bild.[260]

---

258. Der BRD-Anteil an der Weltautoproduktion lag 1958 bei 7 % und 1970 bei 16 %. Der Anteil der japanischen Autohersteller an der Weltautofertigung lag 1965 bei 4 % (zu diesem Zeitpunkt lag derjenige der USA bei 49 % und der BRD-Anteil bei 14 %). Nur elf Jahre später, 1976, lag der Anteil Japans bei 17 % (USA = 29 % und BRD = 12 %). Nach: Winfried Wolf, Die Krise der internationalen Autoindustrie, in: W. Wolf, Spätkapitalismus in den achtziger Jahren, Frankfurt/M. 1982, S. 88.
259. Das geplante Zusammengehen zwischen dem deutschen Bahntechnikhersteller Siemens (ICE-Züge) und dem französischen Unternehmen Alstom (TGV-Züge) wird genau mit der übermächtigen Konkurrenz begründet.
260. Basis der Angaben in der Tabelle: OICA-Statistik. In der Spalte »Summe 1-12« sind die hier formell aufgeführten zwölf Konzerne addiert. In den Jahren 2005, 2009 und 2013 sind dies nicht die in diesen Jahren tatsächlich »zwölf [nach Produktion] Größten«; das trifft nur für das Jahr 2016 zu.

Tabelle 5: Die 20 weltweit größten Autohersteller im Jahr 2016 und deren unterschiedliche Positionierung in den Jahren 2005, 2009, 2013 und 2016

Rang 2016	Autohersteller	2005		2009		2013		2016	
		Kfz-Prod. in Tsd.	Anteil an Weltprod. in %	Kfz-Prod. in Tsd.	Anteil an Weltprod. in %	Kfz-Prod. in Tsd.	Anteil an Weltprod. in %	Kfz-Prod. in Tsd.	Anteil an Weltprod. in %
1	Toyota	7.338	11,0 %	7.234	12,8 %	10.324	11,8 %	10.213	10,8 %
2	VW	5.211	7,8 %	6.067	10,8 %	9.379	10,7 %	10.126	10,7 %
3	Renault-Nissan	6.111	9,2 %	5.041	9,0 %	7.655	8,8 %	8.929	9,4 %
4	Hyundai	3.091	4,6 %	4.645	8,2 %	7.233	8,3 %	7.889	8,3 %
5	GM (US)	9.097	13,6 %	6.495	11,5 %	9.629	11,0 %	7.793	8,2 %
6	Ford	6.497	9,7 %	4.685	8,3 %	6.077	7,0 %	6.429	6,8 %
7	Honda	3.436	5,1 %	3.012	5,3 %	4.298	4,9 %	4.999	5,3 %
8	Fiat*	2.037	3,1 %	2.460	4,4 %	4.682	5,4 %	4.681	4,9 %
9	PSA	3.375	5,1 %	3.042	5,4 %	2.833	3,2 %	3.152	3,3 %
10	Suzuki**	2.071	3,1 %	2.387	4,2 %	2.842	3,3 %	2.945	3,1 %
11	SAIC (China)	518	0,8 %	348	0,6 %	1.992	2,3 %	2.566	2,7 %
12	Daimler (D) ****	4.815	7,2 %	1.447	2,7 %	1.781	2,0 %	2.526	2,7 %
Summe 1-12***		**53.597**	**80,3 %**	**46.863**	**83,2 %**	**68.725**	**78,7 %**	**72.248**	**76,2 %**
13	BMW (D)	1.323	2,0 %	1.258	2,2 %	2.006	2,3 %	2.352	2,5 %
14	Changan (Ch)	422	0,6 %	1.452	2,6 %	1.110	1,3 %	1.715	1,8 %
15	Mazda (J)	1.287	1,9 %	984	1,7 %	1.264	1,5 %	1.586	1,7 %
16	BAIC (Ch)	559	0,8 %	684	1,2 %	918	1,1 %	1.392	1,5 %
17	Dongfeng (Ch)	593	0,9 %	663	1,2 %	1.239	1,4 %	1.315	1,4 %
18	Geely (Ch) *****	149	0,2 %	330	0,3 %	969	1,1 %	1.266	1,3 %
19	Mitsubishi (J)	1,331	2,0 %	802	1,4 %	1.230	1,4 %	1.091	1,2 %
20	Tata (Indien)	419	0,6 %	672	1,2 %	1.062	1,2 %	1.084	1,1 %
Summe 1-20**		**59.680**	**89,5 %**	**53.681**	**95,3 %**	**78.523**	**90,0 %**	**84.049**	**88,7 %**
	Welt	66.719	100 %	56.305	100 %	87.354	100 %	94.771	100 %

* Fiat ab 2013 einschl. Chrysler // ** Suzuki mit Maruti (Indien) // *** Jeweils die hier, in der Tabelle aufgeführten zwölf größten Kfz-Hersteller. Siehe Fußnote // **** Daimler 2005 einschl. Chrysler // ***** Geely ab 2013 einschl. Volvo

Die Zahlen in Tabelle 5 stehen in einem scheinbaren, verblüffenden Widerspruch zu dem, was in Tabelle 3 auf Seite 66 dargestellt wurde. Dort, in Kapitel 4, wurde dokumentiert, dass es seit Ende der 1990er-Jahre zu massiven Verlagerungen der physischen Fertigung von Autos kam: Der Anteil der in Nordamerika, Japan, Südkorea, in Europa und in Brasilien gefertigten Autos an der Gesamtzahl der weltweiten Autoherstellung ging seit 1999 dramatisch zurück – von damals rund 82 Prozent auf 48 Prozent im Jahr 2017 (siehe dort Tabelle 3). Im Unterschied zu diesem umgepflügten Produktionsfeld gab es bei den Konzernen, die diese Autos herstellen, wesentlich weniger Veränderungen. Konkret: Die zwölf größten Autohersteller der Welt kontrollieren auch im Jahr 2016 noch drei Viertel (76,2 %) der Weltautoherstellung. 2005 waren es mit 80,3 Prozent nicht wesentlich mehr.

Von diesen zwölf Konzernen sind elf im weiteren Sinn dem »Westen« zuzurechnen. Bedenkt man, dass Mitsubishi inzwischen auch – wie Nissan – von Renault kontrolliert wird[261] und dass BMW in diesem Jahr 2016 weitgehend gleichauf mit dem chinesischen Hersteller SAIC liegt, dann verstärkt sich der Eindruck einer weiterhin enorm vom westlichen Kapital dominierten Weltautoindustrie. Unterstellt man, dass die Elektromobilität sich weiter wie in den letzten drei Jahren entwickelt und dass Tesla in diesem Kontext seinen Siegeszug fortsetzt, dann könnte bis 2020 sogar Tesla in den Kreis der größten Autohersteller aufrücken. Die Tatsache, dass Tesla 2018 einen Vertrag zum Bau eines großen Autowerks in China (der »Gigafactory 3«) abschließen konnte, unterstreicht dies. Damit würde dann ein weiterer »westlicher« Autohersteller in diese Spitzengruppe vorrücken. Sollte es zu einem Auseinanderfallen der Allianz Renault-Nissan kommen, dann dürften dennoch beide Autohersteller – Nissan, dann wohl im Verbund mit Mitsubishi, und Renault mit der Tochter Dacia – in der führenden 12er-Gruppe verbleiben.

---

261. Rechnet man die Anteile von Renault und Nissan und Mitsubishi zusammen, dann lag dieses französisch-japanische Konglomerat 2016 zwar weiter auf Rang 2, aber weitgehend gleichauf mit Toyota und VW. 2017 soll es – so die Aussagen aus dem Renault-Hauptquartier in Paris – sogar auf Rang 1 gelegen haben.

Es gab im Jahr 2016 mit SAIC nur einen chinesischen Autohersteller im führenden Zwölfer-Rudel. Es handelt sich dabei um einen Staatskonzern, der mit VW in einem joint venture verbandelt ist und der auf dem Weltmarkt – außerhalb Chinas – keine größere Präsenz hat. SAIC kann nur eingeschränkt als weltweit wettbewerbsfähig bezeichnet werden.

Der wichtigste chinesische Hersteller von Elektro-Pkw, zugleich zu diesem Zeitpunkt (2016) der größte Elektro-Pkw-Hersteller weltweit, BYD, taucht in der Tabelle unter den 20 größten Autokonzernen der Welt erst gar nicht auf. Das Unternehmen, das eine joint-venture-Fertigung mit Daimler hat, könnte in den Jahren 2017 und 2018 in die Gruppe der zwanzig größten Hersteller aufgerückt sein. Auch wenn BYD inzwischen im Sektor der Elektrobusse auf dem Weltmarkt eine wichtige Rolle spielt, so ist auch Anfang 2019 nicht erkennbar, dass das Unternehmen eine Chance hätte, in den nächsten Jahren in die 12er-Spitzengruppe der Weltautobranche aufzusteigen.

Die Produktionszahlen nach Herstellern für das Jahr 2017 lagen zu Redaktionsschluss dieses Buches im Januar 2019 noch nicht vor. Doch eine grobe Durchsicht von Produktionszahlen und Bilanzen einzelner Hersteller legt nahe, dass es in den Jahren 2017 und 2018 in der Struktur der Weltautobranche keine größeren Verschiebungen gab.

Geely: Shooting Star und Daimler-Partner

Derjenige chinesische Autohersteller, dem am ehesten ein Durchbruch in die Spitzengruppe der größten Fahrzeugbauer zuzutrauen ist, ist Geely. Dieser privatkapitalistische Konzern, der sich unter Kontrolle des chinesischen Milliardärs Li Shufu befindet, hat bereits 2010 durch den Zukauf der Volvo Car Corporation einen großen Sprung nach vorn gemacht. Der Pkw-Hersteller Volvo befindet sich inzwischen zu hundert Prozent im Besitz von Geely. Im Dezember 2017 erfolgte dann die – einigermaßen überraschende – Ankündigung eines Geely-Einstiegs als Großaktionär bei Volvo Trucks.[262] Im Juni

---

262. Bis 1999 waren die Pkw-Sparte und das Lkw-Geschäft von Volvo in der Volvo Group vereint. In diesem Jahr wurde Volvo Car an Ford verkauft und ging dann, wie beschrieben, 2010 an Geely. Volvo Trucks blieb unabhängig.

2018 wurde dieser Deal abgeschlossen; Geely kontrolliert seither 14,9 Prozent des in Schweden beheimateten Herstellers schwerer Lastkraftwagen. Die Chinesen dürften damit bei Volvo Trucks auch das operative Geschäft in starkem Maß mitbestimmen.

Damals konnte bereits spekuliert werden, dass Geely sich an Daimler heranpirscht. Denn Volvo Trucks ist – neben der VW-Tochter Scania – der wichtigste Konkurrent von Daimler im Lkw-Sektor. Die Bedeutung dieses Bereichs bei Daimler ist groß; Nutzfahrzeuge kommen im Daimler-Imperium auf ein Viertel des Gesamtumsatzes.

Ende Februar 2018 schaltete Geely dann in seinem Offensivkurs noch einen Gang höher und gab bekannt, 9,69 Prozent der Anteile an Daimler erworben zu haben. Damit ist Geely vor den Anteilseignern Kuwait (6,8 %) und Renault (3,1 %) der mit Abstand größte Daimler-Aktionär. Geely hatte das Aktienpaket heimlich zusammengekauft und konnte mit der Art des Kaufs (u. a. über Derivate) Meldepflichten umgehen. Dadurch war die Über-raschung groß, als Daimler urplötzlich einen chinesischen Großaktionär als Untermieter hatte. Das muss man nicht als feindlichen Einstieg bezeichnen. Doch es handelte sich sicher auch nicht um einen freundlichen Hausbe-such. Zumal Geely keine deutschen Institute mit dem Einfädeln des Deals beauftragte, sondern die US-Investmentbanker von Bank of America und Morgan Stanley.

Diese Art Unternehmenspolitik dürfte auch eine Reaktion darauf sein, dass die »westlichen Konkurrenten« bislang immer dann mauerten, wenn chinesische Unternehmen bei einem Autokonzern einen Einstieg anboten oder Übernahmen ankündigten. So hatte Geely offensichtlich im August 2017 auf direkte Art und Weise versucht, bei Fiat oder bei der Fiat-Tochter Chrysler einzusteigen – und war abgeblockt worden war. Da dürfte eine Rolle spielen, dass die europäischen Industriellen-Familienclans – bei Fiat die Agnellis, bei VW die Familien Porsche und Piëch und bei BMW die Quandt-Familie – der »gelben Gefahr« noch zu trotzen versuchen.[263]

263. Im Oktober 2017 hatte Geely bei den Stuttgartern direkt angeklopft; die Chinesen wollten im Rahmen einer Kapitalerhöhung bei Daimler Anteile erwerben. Daimler lehnte ein solches Ansinnen strikt ab. *Handelsblatt* vom 25. Februar 2018.

Bislang spielt Geely beim Verkauf von E-Autos noch in der zweiten Liga. Allerdings entschied sich die Geely-Tochter Volvo (Pkw), bereits ab 2020 nur noch Elektro-Pkw und Plug-in-Hybride-Pkw herzustellen. Volvo und Geely gründeten, wie bereits erwähnt, Ende 2016 eine neue Tochter und Marke mit Namen Lynk & Co. Auch hier heißt es, man setze vor allem auf Elektro-Pkw. Es könnte also durchaus sein, dass sich Geely in Bälde zu einem wichtigen E-Auto-Hersteller entwickelt.

Was sich da konkret zusammenschiebt – oder auch wieder auseinanderfliegt – liegt im Bereich des Spekulativen: Daimler betreibt mit BAIC ein joint venture zum Bau von Elektro-Autos; die Stuttgarter haben auch eine Kooperation mit BYD, dem weltweit größten Hersteller von Elektroautos. Und schließlich gibt es noch die Zusammenarbeit von Daimler mit dem Renault-Nissan-Konzern, der einen 3-Prozent-Anteil an Daimler hält. Wobei Nissan mit dem E-Pkw-Modell »Leaf« zu den erfahrensten und erfolgreichsten E-Pkw-Bauern zählt.

Der Autoexperte Ferdinand Dudenhöffer argumentierte, Geely werde nun bei Daimler »fast so etwas wie eine Familie Quandt bei BMW oder Porsche-Piech bei VW«.[264] Das ist ein einigermaßen schriller Vergleich; das »persönliche« oder gar »familiäre« Element dürfte bei der Geely-Offensive eine eher geringe Rolle spielen. Sicher ist, dass auch ein chinesischer Milliardär mit Wohnsitz (und Produktionsstätten) in der VR China einen derart offensiven Einkaufskurs im Westen nur dann durchziehen kann, wenn dieser mit der Staatsführung in Peking abgesprochen ist und wenn sich dieser in deren Gesamtstrategie einfügt.

Der Einstieg von Geely bei Daimler ist auf alle Fälle historisch. Man bedenke: Daimler wollte 1998, gesteuert vom damaligen Großaktionär Deutsche Bank, mit den Übernahmen von Chrysler und später Mitsubishi zum Weltmarktführer aufsteigen. Die damaligen Konzern-Strategen Jürgen Schrempp und Rüdiger Grube scheiterten krachend.[265] Und nun kommt – aus Stuttgarter

264. In: *Manager Magazin* vom 24. Februar 2018. Siehe: http://www.manager-magazin.de/unternehmen/artikel/daimler-dudenhoeffer-vergleicht-li-shufu-mit-familie-quandt-bei-bmw-a-1195257.html [abgerufen am 29.1.2019]
265. Rüdiger Grube war in den Jahren 2009 bis 2017 Chef der Deutschen Bahn. Er hatte zuvor seine Karriere im Wesentlichen im Daimler-Konzern gemacht. 1996 war er in diesem Autokonzern

Sicht – ein chinesischer Nobody, der bei Daimler einsteigt und dort zum entscheidenden Großaktionär wird – und dies ausgerechnet mit Hilfe von US-Banken. Gleichzeitig befindet sich der Ex-Daimler-Großaktionär Deutsche Bank in Schräglage. Das ehemals führende deutsche Finanzinstitut könnte in Bälde zur Fusion mit einer anderen Bank gezwungen werden, um den kompletten Absturz zu vermeiden.

Auch 2025 maximal 10 % Elektroauto-Anteil

Offensichtlich ist: Die Struktur der Weltautobranche unterstreicht den Druck, unter dem sich eine chinesische Staatsführung dann befindet, wenn sie die Autobranche als das sieht, was sie ist: die industrielle Schlüsselbranche im alten und im neuen Kapitalismus. Und sie macht deutlich, dass es auch dann, wenn man auf die neue Sparte innerhalb dieser Branche, auf diejenige der Elektro-Pkw-Hersteller, setzt, noch ein weiter Weg ist, um sich im Rudel der Weltautokonzerne einen Spitzenplatz zu erobern. Es lässt sich auch sagen: Wenn man eine solche veränderte Weltbranche und einen solchen Spitzenplatz für China anstrebt, dann bedarf es massiver staatlicher Eingriffe, um in diesem Sinne erfolgreich zu sein.

Zumal es auch bei extrem optimistischen Annahmen so sein wird, dass in den nächsten Jahren, bis 2025, die weltweite Produktion von Autos überwiegend und der Weltautobestand in überwältigendem Umfang von Pkw mit Verbrennungsmotoren bestimmt sein wird. Und selbst im Jahr 2030 wird der überwältigende Teil der Pkw-Flotte – und erst recht der übergroße Teil der Kfz-Flotte – aus Fahrzeugen mit Verbrennungsmotoren bestehen. Dafür sind drei Gründe anzuführen: Erstens gibt es entsprechende Bedürfnisse der Kundschaft. Zweitens gibt es die Schwellenländer und die Dritte Welt, wo das Thema Elektromobilität so gut wie keine Rolle spielt – und auch in absehbarer Zeit keine größere Rolle spielen wird. Und drittens gibt es eine

zum »Leiter der Konzernstrategie« aufgestiegen, und dann (mit kurzer Unterbrechung 1999) bis 2009 maßgeblich für die weltweite Expansion verantwortlich. Angaben zu Geely und Lynk & Co u. a. nach: *Süddeutsche Zeitung* vom 26. Februar und *Car&Driver*, Dezember 2017. Siehe. https://www.caranddriver.com/reviews/2020-lynk-co-01-driven-its-a-volvo-based-chinese-cuv-review [abgerufen am 27.2.2018]

konkrete Struktur der Weltbranche Auto, die, einem schweren Tanker gleich, ihren Verbrennungsmotoren-Kurs nicht so schnell ändern und Kurs auf Elektromobilität nehmen kann (bzw. auch nicht nehmen will).

Orientierung der Kundschaft: Eine internationale Studie im Auftrag der Unternehmensberatung Deloitte, die 2018 in 15 Ländern durchgeführt wurde und an der 22.000 Menschen teilnahmen, ergab eine weiterhin starke Anhängerschaft der Freundinnen und Freunde des Verbrennungsmotors. Danach erklärten in den USA 85 Prozent der Befragten, als nächsten Pkw sich einen mit einer herkömmlichen Motorisierung (und weitere 10 Prozent sich einen Hybrid-Pkw) zulegen zu wollen. Nur 3 Prozent nannten hier ein Elektroauto. In Südafrika plädierten 85 Prozent für den Verbrenner, 10 Prozent für einen Hybrid und ebenfalls 3 Prozent für ein Elektroauto. In Deutschland nannten 66 Prozent einen Benzin- oder Diesel-Pkw als ihre erste Wahl, 23 Prozent (!) einen Hybrid und nur 7 Prozent ein E-Mobil. In Frankeich und Südkorea lagen die Werte nah beieinander: 62 bzw. 60 Prozent für Verbrenner, 30 bzw. 29 Prozent für Hybrid und nur 5 bzw. 6 Prozent pro Elektroauto.

Nur China – und nicht ganz zufällig China – fiel bei dieser Umfrage deutlich aus dem Rahmen: Hier erklärten nur noch 39 Prozent, sich als nächstes ein Auto mit traditionellem Antrieb zulegen zu wollen, erstaunliche 40 Prozent nannten hier einen Hybrid und dann doch auch nur 16 Prozent das Elektroauto. Selbst in China zeichnet sich ab, dass das reine Elektroauto ein Stadtwagen ist, dann oft der Zweitwagen, während viele aus der Mittelschicht für längere Pkw-Fahrten einen Hybrid wählen.[266]

Die Situation in den Schwellenländern und in der Dritten Welt: Es ist ein typisch elitär geprägter Blick, wenn beim Thema Elektromobilität nur die traditionellen Zentren der Autogesellschaft und dann noch China betrachtet werden. Tatsächlich ist es vorstellbar, dass es in diesen Regionen in den nächsten 15 Jahren zu einer radikalen Umorientierung von der Automobilität mit Verbrennungsmotoren zu einer solchen mit Elektro-Pkw kommen wird. Dass es auch in diesem Fall nicht zu einer Reduktion der Emissionen, die das

---

266. Global Automotive Consumer Study 2018; nach: https://www2.deloitte.com/de/de/pages/consumer-industrial-products/articles/automotive-consumer-study-2018.html [abgerufen am 20.1.2019]

Klima belasten, kommen wird, wurde an anderer Stelle ausgeführt. Doch unabhängig davon muss untersucht werden, wie es »im Rest der Welt« aussieht. Beim Weltklima zählt allein die Summe dessen, was an CO_2 insgesamt auf dem Planeten Erde emittiert wird. Hier ist festzustellen: Der Hype um das Elektroauto findet in den meisten großen Schwellenländern und in der Dritten Welt schlicht nicht statt. In dem riesigen Autoland Brasilien »spielen Elektroautos so gut wie keine Rolle. Der Grund ist die schlechte Infrastruktur, zu hohe Preise und eine funktionierende Alternative mit Flex-Fuel-Autos. Denn auch die verbessern die CO_2-Bilanz des Verkehrs.« Das ist Originalton VW (do Brasil).[267] In Brasilien propagiert die Autobranche weiter »Bio-Kraftstoffe«. Während der PR-Mann der VW AG in Wolfsburg die »Elektromobilität« preist, erläutert der PR-Mann von VW do Brasil: »Wir haben hier in Brasilien mit den Bio-Kraftstoffen eine der besten Situationen, was die CO_2-Bilanz angeht.«[268]

Und Brasilien bildet keine Ausnahme. In ganz Russland gab es 2018 gerade mal 1500 Elektroautos. Diese konzentrierten sich zu 98 Prozent auf Moskau, wo diese E-Cars wohl bei geeigneten Anlässen eine Art Schaulaufen antreten. Auch der russische Autohersteller Lada baut ein Elektromobil – den »El Lada«. Doch das ist ein reines Schaufensterprodukt. 99,8 Prozent der Autos, die auf dem russischen Markt abgesetzt werden, sind klassische Pkw mit Diesel- und Benzin-Motoren. Oder nehmen wir den interessanten Autoabsatzmarkt Vietnam. In diesem aufsteigenden Schwellenland wird gerade ein neuer Autohersteller aufgebaut. Der Name: Vinfast. Hochmoderne Fertigungsanlagen werden für eine Jahreskapazität von zunächst 300.000 Pkw gebaut. Die Technologie kommt zu 100 Prozent von BMW. Welche Art Motoren? Alles Verbrenner.[269]

Struktur und Dynamik des Großtankers Autobranche: Die Argumentation, wir lebten am Beginn des Elektroauto-Zeitalters und die Elektromobilität werde sich binnen weniger Jahre durchsetzen, basiert gewissermaßen auf einem Rechen- oder auch einem Denkfehler. Berichtet wird immer, wie hoch der Anteil der E-Pkw an den Neuzulassungen sei – wie hoch er aktuell

267. *Focus* vom 20. November 2018.
268. Ebenda.
269. Vinfast macht aus BMW ein vietnamesisches Auto, in: *Frankfurter Allgemeine Zeitung* vom 2. Oktober 2018.

ist und wie hoch er zum Beispiel 2025 oder 2030 sein könne. Bei höchst kühnen Erwartungen wird davon ausgegangen, dass im Jahr 2025 rund 35 Prozent der Neuzulassungen Elektroautos sein würden. 2030 könnten es, so die E-Mobility-Optimisten, mehr als 50 Prozent sein. Doch diese Zahlen sind nicht entscheidend für die Automobilität – und schon gar nicht für die Klimabelastung durch das Auto. Entscheidend sind die Zahlen des Kfz-Bestandes bzw. des Pkw-Bestandes – der »vehicles in use«, wie dies in der internationalen Statistik bezeichnet wird. Und hier sieht die Sache einigermaßen anders aus. Tabelle 6 liefert dafür die Zahlen bis zum Jahr 2025.

Tabelle 6: Weltweiter Bestand an Pkw und an Elektro-Pkw – Anteil des Elektro-Pkw-Bestands am Gesamtbestand (weltweit 2005-2025) [270]

	Herkömmliche und E-Pkw weltweit			
	Pkw-Bestand Gesamt in Mio	Zuwachs in Mio.	E-Kfz-Bestand absolut	E-Kfz in % Gesamt-Pkw-Bestand
2005	653,9	-	-	-
2006	679,2	25,300	-	-
2007	701,7	22,536	-	-
2008	727,4	25,715	-	-
2009	747,9	20,494	-	-
2010	775,6	27,674	50.000	-
2011	806,4	30,828	100.000	-
2012	834,9	28,515	193.000	-
2013	869,1	34,167	403.000	0,05 %
2014	907,1	37,979	723.000	0,08 %
2015	947,1	40,018	1.263.000	0,13 %
2016	990,0	42,920	2.030.000	0,2 %
2017	1030,0	40,000	3.230.000	0,3 %
2018	1075,0	45,000	4.500.000	0,4 %
2019	1125,0	50,000	9.500.000	0,8 %
2020	1175,0	50,000	25.500.000	2,1 %
2025	1500	325,000	150.000.000	10,0 %

270. Basis der Angaben: OICA-Statistik. E-Pkw-Bestand nach: The Electrical Vehicles Worldsales Database EV. Angaben für 2018 – 2025 eigene Schätzung auf Basis der Planungen und Investitionen der internationalen Autokonzerne. Für die Zahl der E-Pkw im Jahr 2025 wurde mit 150 Millionen Einheiten der höchste Wert aus den unterschiedlichen Prognosen gewählt. In der Regel werden eher 100 Millionen als Optimum genannt.

In dieser Modellrechnung wurde eine enorme Aufholjagd der Hersteller von Elektro-Automobilen unterstellt – wobei es hier immer um die Addition von reinen Batterie-Autos und Plug-in-Hybriden geht. Dennoch wird auch im Jahr 2025 der Anteil der Elektroautos am Gesamtbestand »nur« bei 10 Prozent liegen, wenn die Rechnung der E-Auto-Propagandisten in Gänze aufgegangen sein sollte.

Doch diese Rechnungen mit »Anteilen« sind für unsere Argumentation nicht entscheidend. Entscheidend ist, dass im Jahr 2025 der Gesamtbestand an Pkw weltweit nochmals um rund eine halbe Milliarde oder um 500 Millionen Einheiten größer sein könnte als heute. Die E-Autos in Abzug gebracht, wird es dann in diesem Weltbestand an Pkw rund 350 Millionen oder ein gutes Drittel mehr Autos mit Verbrennungsmotoren geben als heute. Nimmt man die Gesamtzahl aller Kraftfahrzeuge, rechnet man also die Nutzfahrzeuge (Lkw und Busse) mit ein, dann gibt es 2025 einen weltweiten Kfz-Bestand von 2,1 Milliarden – rund doppelt so viel wie im Jahr 2010. Wobei zu bedenken ist, dass im Sektor der Nutzfahrzeuge der Anteil der Fahrzeuge mit Verbrennungsmotoren – in der Regel mit Dieselmotoren – weit länger hoch bleiben dürfte (bei 95 Prozent).

Die Entwicklung könnte dann weniger dramatisch ablaufen, wenn es in diesem Zeitraum zu einer neuen schweren Wirtschaftskrise kommt, wie wir eine solche 2008/2009 erlebt hatten. In einem solchen Fall könnte der Gesamtbestand an Pkw im Jahr 2025 um 150 bis 200 Millionen Einheiten niedriger liegen. In einem solchen Fall dürfte aber auch der Neuzugang an Elektroautos deutlich geringer, wahrscheinlich sogar im Vergleich zum geringeren Bestand an Verbrennungsmotor-Autos überproportional geringer ausfallen, da E-Autos teurer sind und deren Anschaffung gerade in Krisenzeiten als Luxus erscheint.

In jedem Fall gilt: Bei dem Szenario für das Jahr 2025 wird die Belastung des Klimas und der Umwelt durch den Straßenverkehr nochmals enorm höher sein als heute: Eine gewisse Schadstoffreduzierung je Pkw bereits unterstellt, wird im Fall einer Entwicklung, wie in der Tabelle dargestellt, das eine Drittel mehr konventionelle Autos im Bestand für mindestens 25 Prozent mehr Schadstoffbelastungen sorgen. Sollte es eine schwere Wirtschaftskrise geben, wird diese zusätzliche Schadstoffbelastung »nur« bei rund 20 Prozent liegen.

Zusätzlich wird es in beiden Fällen die beschriebenen Belastungen geben, die mit den Elektro-Autos verbunden sind; sei es als Resultat der massiv ansteigenden Nachfrage nach den für diese Technik wichtigen Rohstoffen. Sei es aufgrund der deutlich erhöhten Stromproduktion bei einem Strommix mit einem weltweit sehr hohen Anteil an Kraftwerken mit fossilen Brennstoffen. Auf dem global wichtigsten Automarkt, in China, zugleich der mit Abstand wichtigste Markt für Elektro-Pkw, wird die derzeit extreme Abhängigkeit von Steinkohlestrom zwar beim Anteil reduziert und zugleich der Anteil des Strom aus alternativen und erneuerbaren Energien erhöht. Doch die absolute Menge an Kohleverstromung wird nicht zurückgehen – im Gegenteil: hier ist zumindest mit Stand Anfang 2019 ein weiterer Zubau vorgesehen. Gleichzeitig wird in China die Zahl der Atomkraftwerke von derzeit 38 massiv erhöht werden.[271] Wenn es 1979 im damals wichtigsten Atomstromland USA in Harrisburg eine erste atomare Katastrophe gab, es dann 1986 im damals größten Atomstromland, der Sowjetunion, mit Tschernobyl, zum zweiten atomaren GAU kam und sich schließlich 2011 im damals führenden Atomstrom-Land Japan mit Fukushima eine atomare Katastrophe ereignete, dann ist China ein Kandidat für den nächsten atomaren GAU. Wobei hier natürlich auch der Fokus auf Frankreich fallen muss, wo die kühnen Initiativen für saubere Luft in Städten durch Elektro-Pkw vor dem düsteren Hintergrund eines Strommixes mit 72 Prozent Atomstrom und 58 aktiven Atomkraftwerken zu sehen sind.

Inwieweit es tatsächlich zu einer so großen Zahl von Elektroautos bis 2025 kommt und inwieweit sich der Boom, den es in diesem Segment ja ausschließlich in den letzten drei bis fünf Jahren gab, fortsetzen wird, ist für unsere Untersuchung nicht entscheidend. Natürlich gibt es eine Reihe von Faktoren, die dazu führen können, dass auch dieser neue Weg der »inneren Reform der Autogesellschaft« – so wie zuvor im Fall »Biokraftstoffe« und »Telematik« – sich binnen kurzem als Holzweg erweisen wird. Verschiedene Faktoren können zu einem vergleichbaren Abbruch dieser Entwicklung oder zu einem Einfrieren des dann erreichten Stands führen: Beispielsweise ein schwerer – spektakulärer – Unfall mit Batterie-Autos. Oder die gigantischen

271. Siehe Kapitel 7.

Kosten zum Aufbau der Ladestrukturen. Oder eine neuerliche Verbilligung von fossiler Energie, auch resultierend aus der massiven Pro-Öl-Gas-Politik, die die US-Regierung betreibt. Oder eine neue, schwere Finanz- und Wirtschaftskrise. Oder schließlich eine Kombination dieser Faktoren.

Unterstellt sei hier, *dass* es zu dieser – aus Sicht der Propagandisten der Elektro-Pkw-Mobilität optimalen – Entwicklung kommt. Es wird dann im Jahr 2025 rund 150 Millionen Elektro-Pkw geben, was rund 10 Prozent des weltweiten Pkw-Bestandes (oder 7,1 Prozent des weltweiten KfZ-Bestandes) entspricht. Dem geht voraus, dass die Liste der Städte und Länder, die ein Aus für Verbrennungsmotoren verkünden, weiter wächst, dass vor allem China die Politik zur Durchsetzung der Elektro-Pkw-Mobilität weiter vorantreibt und dass sich die weltweit führenden Autokonzerne diesem Trend anschließen und es zu neuen Konstellationen bei den führenden Kapitalfraktionen kommt – unter anderen zu einem Bündnis der Autokonzerne mit den weltweit führenden Energieunternehmen (und Stromerzeugern), unterstützt von großen Teilen der Finanzindustrie. Und nicht zuletzt zu einem Bündnis der traditionellen »alt-fossilen« Autohersteller mit den »neu-fossilen« Herstellern von Elektromobilen. Denn die Behauptung, die traditionellen Autohersteller zählten zu einer nicht-nachhaltigen, »fossilen« Fahrzeugbranche und es gebe nun eine neue Fahrzeugbranche mit nachhaltiger Fertigung und nachhaltigen Autos entbehrt jeder materialistischen Grundlage. Beide Zweige der Automobilität sind »fossilistisch«. Die Hersteller von Elektroautos ersetzen den Rohstoff Öl durch einen Strauß anderer Rohstoffe, die teilweise (wie Lithium) neu im Autobau verwendet werden, teilweise bereits in der herkömmlichen Autoherstellung zum Einsatz gelangen, deren Einsatz sich jedoch beim Bau von Elektroautos massiv erhöht.

Unter diesen Bedingungen ist auf zehn Ebenen die folgende Gesamtbilanz zu ziehen:

Elektromobilität trägt zur Klimaerwärmung bei. Ein Weltautobestand mit im Jahr 2025 bis zu 150 Millionen Elektro-Pkw wird mit keinem positiven Beitrag für die Klimabelastung verbunden sein. Im Gegenteil. Wir haben dann das beschriebene erhebliche Plus beim Bestand mit herkömmlichen

Kraftfahrzeugen. Und wir haben ein zusätzliches Plus an CO_2-Emissionen, resultierend aus dem gewaltigen ökologischen Rucksack, der mit der Herstellung der 150-Millionen-Elektroautos-Flotte verbunden ist,[272] und ein Plus an CO_2-Emissionen als Ergebnis des Zubaus neuer Kraftwerke und der erheblich vergrößerten Stromproduktion, die im Übrigen in starkem Maß auf Kohlekraftwerken basiert. In Ländern, die, wie Deutschland und die Schweiz, einen Ausstieg aus der Atomenergie beschlossen haben, wird der Aufbau der Stromerzeugung aus Wind-, Sonnen- und Wasserenergie im Wesentlichen nur den Rückgang des Atomstroms ersetzen können. Ein hinsichtlich des Klimas sehr günstiger Strom-Mix, wie er in Norwegen und weitgehend auch in Österreich besteht, wird die absolute Ausnahme sein.

Elektromobilität bringt keine bessere Stadtqualität. Das Wachstum der Zahl der Elektro-Pkw trägt nicht dazu bei, die Krise der Städte zu lindern. Auch hier trifft eher das Gegenteil zu. Wie in Kapitel 5 dargestellt, werden E-Autos in absehbarer Zeit zu einem hohen Anteil Zweit- und Drittwagen sein. Ob E-Auto oder herkömmliches Auto: Die Tatsache, dass ein Auto – insoweit in individuellem Besitz – viermal mehr Fläche in Anspruch nimmt im Vergleich zum ÖPNV, bleibt bestehen. Wie so oft sagen solche Zahlen und Vergleiche weniger als praktische, symbolische Maßnahmen: Hermann Knoflacher hat dies auf wunderbare Weise verdeutlicht; die *Wiener Zeitung* fasste seinen Beitrag 2014 wie folgt zusammen: »Bereits im Jahr 1975 entwickelte der österreichische TU-Professor und Verkehrsexperte Hermann Knoflacher sein ›Gehzeug‹. Ein Gestänge, das Fußgänger tragen können, um damit den absurden Platzbedarf eines Automobiles zu veranschaulichen. Jetzt hat die lettische Gruppe »Let's bike it« die Idee aufgegriffen und auf das Fahrrad übertragen. Am internationalen autofreien Tag fuhren sie mit ihren Fahrrädern durch die lettische Hauptstadt Riga. Ihr Protest zeigt eindrucksvoll wie viel Platz ein Auto im Straßenverkehr verbraucht. Was beim Auto (noch) gedankenlos akzeptiert wird,

272. Wenn zu Recht argumentiert wird, dass der Besitzer eines Elektroautos zuerst einmal gut fünf Jahre mit seinem Auto fahren müsse, bis sich die geringere CO_2-Belastung im E-Auto-Fahrbetrieb überhaut auszahle, so heißt dies auch: Die Herstellung der 150 Millionen Elektroautos schafft einen CO_2-Ausstoß, der bis zum Jahr 2023 bzw. 2024 größer ist als im Fall der Herstellung und Nutzung einer gleich großen Flotte von Verbrennungsmotoren-Autos. Das heißt, dadurch erhöht sich sogar die CO_2-Belastung nochmals.

erscheint beim Rad als rücksichtslose Verschwendung.«[273] Diese zusätzliche Fläche, die ein Pkw beansprucht, kann durch einen wachsenden Anteil an Carsharing gesenkt, aber nicht ausgeglichen werden. Die höhere Unfallgefahr bei Verkehr mit E-Autos wurde benannt. Die wesentlichen Strukturnachteile des Autoverkehrs bleiben mit E-Autos bestehen. Auch wenn alle Autos in Los Angeles Tesla-Modelle wären, bliebe der Dauerstau derselbe.

Mehr Autos – auch mehr Elektroautos – bedeuten mehr Verkehrsopfer: Die Zahl der *jährlich* zu beklagenden Straßenverkehrsopfer wird – so eine UN-Hochrechnung – von heute rund 1,2 Millionen auf 1,6 Millionen im Jahr 2020 und auf 2 Millionen im Jahr 2030 angestiegen sein.[274]

Elektromobilität ist integraler Bestandteil der Automobilität und Teil des »fossilistischen Kapitalismus«. Im absehbaren Szenario der Entwicklung des Weltbestands an Kraftfahrzeugen kommt es zu keiner Reduktion der Nachfrage nach Öl und Gas. Eher trifft das Gegenteil zu, weil auch die Zahl der Autos mit Verbrennungsmotoren deutlich wächst. Insbesondere aber ist die Herstellung von Elektroautos mit einer massiv steigenden Nachfrage nach knappen Rohstoffen verbunden. Deren verstärkte Förderung ist ihrerseits mit Umweltzerstörung, Vertreibung und massiven Belastungen für die Gesundheit von Millionen Menschen verbunden.

Mit der Elektromobilität hält der Trend zu noch größeren Pkw an. E-Autos sind, wie die jüngere Entwicklung, die konkreten Investitionen

---

273. *Wiener Zeitung* vom 15. Oktober 2014. Siehe: https://www.wienerzeitung.at/meinungen/blogs/freitritt/672654_Vom-Gehzeug-zum-Fahrzeug.html [abgerufen am 2.2.2019] Weiter diese Zeitung:»Unter Gehzeug versteht man eine 1975 von Hermann Knoflacher erdachte und gebaute Konstruktion, welche die Diskrepanz zwischen dem Platzbedarf eines Pkw und dem eines Fußgängers illustrieren und damit die Fehlentwicklungen in der Verkehrsplanung aufzeigen soll. Es handelt sich um einen Holzrahmen in der Größe eines Mittelklassewagens (4,30 x 1,70 m), den sich ein Fußgänger umhängen kann, um dasselbe Recht auf Raum in der Öffentlichkeit in Anspruch zu nehmen, das auch Autofahrern zugesprochen wird.«
274. Siehe: Klaus Gietinger, Totalschaden. Das Autohasserbuch, Frankfurt/M. 2010, S. 252. Tragisch und krass sind dabei ausgerechnet die Zahlen für China (und Indien): »Die beiden bevölkerungsreichsten Länder der Erde stellen auch die meisten Toten: Indien mit hochgerechnet 130.000 bis 160.000 und China mit 150.000 bis 220.000 pro Jahr. In Indien stieg die Zahl der Verkehrstoten in 20 Jahren um 130 Prozent, in China um mehr als 160 Prozent.« Gietinger a.a.O., S. 247. Damit bringen es Indien und China zusammen auf rund 40 Prozent der weltweit registrierten Straßenverkehrstoten. Der Kraftfahrzeugbestand in beiden Ländern (2016 rund 180 Millionen Kfz) macht jedoch nur rund 18 Prozent des Weltautobestands (von rund 1 Milliarde Kfz) aus.

von Tesla, BMW, Daimler, VW, Porsche, BYD, Geely und die neu entwickelten Elektroauto-Modelle zeigen, inzwischen überwiegend keine schnuckeligen, pfiffigen Stadtflitzer. Im Gegenteil. Im Durchschnitt sind sie nochmals 20 bis 30 Prozent schwerer als normale Mittelklasse-Pkw. Dies ist mit höheren Belastungen für die Infrastruktur (Straßenbeläge, Parkhäuser usw.) verbunden.

Elektromobilität fördert die soziale Ausgrenzung bei der Mobilität. Elektroautos sind deutlich teurer als herkömmliche Pkw. Dies wird nur kurzzeitig durch massive staatliche Subventionen relativiert. Gleichzeitig wird eine Ausweitung der Elektromobilität in den Städten zur Ausdünnung des öffentlichen Verkehrs beitragen. Die Ideologie der Elektromobilität ist vielfach elitär und technikgläubig bzw. technik-fetischisierend. Es geht vor allem um Mobilität für eine gehobene Mittelschicht.

Elektromobilität ist vor allem ein Resultat der verschärften Weltmarktkonkurrenz. Kommt es zu dem Szenario auf dem Weltautomarkt wie oben skizziert (mit 2025 150 Millionen E-Pkw), dann gibt es dafür zwei wesentliche Gründe: Erstens die seit einem halben Jahrhundert zu beobachtende Tendenz der internationalen Autobranche, im Fall von ökonomischen und Glaubwürdigkeitskrisen ein Projekt zur »inneren Reform der Autogesellschaft« zu verfolgen, mit dem am Ende die Autodichte weltweit erneut gesteigert wird. Zweitens die Wirtschaftspolitik der VR China. Diese verfolgt – was rein immanent nachvollziehbar ist – in diesem Bereich eine Durchbruchstrategie, um mit dem Setzen auf E-Pkw in der Schlüsselbranche Auto einen Global- Player-Status zu erhalten. Dass die chinesische Führung dabei die internationalen Autokonzerne, die vom chinesischen Markt abhängig sind, erpresst, ist business as usual und Kapital-immanent.

Elektromobilität dokumentiert, dass Profitmaximierung grenzenlos funktioniert. Dargelegt wurde, dass sich zwar die Autoproduktion und der Autoabsatz nach China verschoben haben. Dass aber die Macht der »westlichen« Autokonzerne bislang weitgehend erhalten blieb. Wenn sich nun die Weltauto-Produktion wie beschrieben strukturell verändern wird und wenn China bei dieser Entwicklung die entscheidende Rolle spielen sollte, dann beweist all dies: Die international führenden Autokonzerne passen sich flexibel diesen Trends an. Es geht nicht um Umwelt, Klima, menschliche Gesundheit oder um die Bedürfnisse der Konsumenten. Es gilt ausschließlich das Ziel der Profitmaximierung. Die 2018 erfolgte Bekanntgabe von Tesla, in kurzer Zeit ein großes Autowerk in China zu errichten, ist ein weiterer Beweis für diesen Pragmatismus. Dabei kam die chinesische Führung Tesla erheblich entgegen: Das chinesische Tesla-Werk wird das erste Autowerk eines ausländischen Herstellers in China sein, das sich zu 100 Prozent in ausländischem Eigentum befindet. Es werden nicht zuletzt die Reichen und die Superreichen, einschließlich hoher Parteigenossen bzw. deren Söhne und Töchter, sein, die sich in Bälde einen Tesla leisten wollen – dann made by Tesla in China.

Mit Elektromobilität werden gigantische staatliche Subventionen abgerufen. Die Durchsetzung eines derart veränderten weltweiten Kfz-Bestands mit bis zu 150 Millionen Elektroautos wird unter den gegebenen Bedingungen mit staatlichen Investitionen (zum Ausbau der Stromerzeugung und zu Errichtung einer entsprechenden Lade-Infrastruktur) und mit Subventionen (vor allem für Anreize zum E-Pkw-Kauf und in Form von staatlichen Geldern für Entwicklung und Forschung z. B. im Bereich der Batterietechnik) in Höhe von vielen hundert Milliarden Euro finanziert werden. Die öffentlichen und privatwirtschaftlichen Investitionen dürften sich für eine solche Elektroauto-Flotte auf mehr als eine Billion Euro addieren. Das fördert den Abbau sozialstaatlicher Strukturen.

Elektromobilität ist nicht mit einem Abbau der Macht der Autokonzerne verbunden. Das Gegenteil könnte zutreffen. Die Macht der Autokonzerne blieb in den vergangenen 60 Jahren weitgehend dieselbe. Selbst die Herausbildung von China als größtem Absatzmarkt für Pkw hat daran wenig geändert. Die Investitionssummen, die die Autokonzerne für die nächsten Jahre für den Zubau von Kapazitäten zur Herstellung von Elektroautos angekündigt haben, stellt in der Autoindustrie das größte Investitionsprogramm aller Zeiten dar. Gleichzeitig liegen die Profite der Autokonzerne auf Rekordniveau. Diese weiterhin enorme Macht der Autokonzerne – die im Übrigen begleitet wird von der bislang weiterhin ungebrochenen Macht der Ölkonzerne – wird derzeit ergänzt durch junge Autounternehmen wie Tesla, die einen aggressiven

Kurs zur Steigerung der Automobilität verfolgen.[275] Wie in einem Jahrzehnt die Struktur der Weltautoindustrie aussehen wird, können wir nicht vorhersehen. Vorstellbar ist, dass Tesla in die Spitzengruppe aufsteigt. Denkbar ist eine Tesla-Pleite. Ebenfalls sehr gut möglich ist, dass Tesla von einem traditionellen Hersteller übernommen und Musk ausbezahlt wird. Entscheidend ist und bleibt: Die Macht der Weltautoindustrie wächst weiter. Ihr Wirken ist in vieler Hinsicht zerstörerisch.

In der Bilanz läuft der beschriebene Umbau der Weltautoflotte auf eine neue »innere Reform« der Autogesellschaft hinaus. Es handelt sich dabei um eine Verkehrsorganisation, die das Klima immer mehr belastet, die Stadtqualität weiter zerstört und die Gesundheit von hunderten Millionen Menschen schädigt.[276]

275. Weert Canzler und Andreas Knie veröffentlichten 2018 ein Buch mit dem Titel »Taumelnde Giganten« (München 2018; oekom-Verlag). Sieht man von einem kurzen Zeitraum ab, in dem VW als Ergebnis des Diesel-Skandals in Schwierigkeiten zu stecken schien, so ist nicht erkennbar, dass die Autokonzerne ins Taumeln gekommen wären. Auch VW hat die Kurzzeitkrise und die tatsächlich enormen Strafzahlungen von mehr als 25 Milliarden US-Dollar weggesteckt, berichtet von Rekordprofiten und startete 2018 das größte Investitionsprogramm aller Zeiten.

276. Das im Verkehrsbereich gebundene Kapital ist, insoweit es nicht unmittelbar für Warentransporte und Personenverkehre notwendig ist, gesamtgesellschaftlich unproduktiv. Siehe Karl Marx, Das Kapital, Band 2, MEW 24, S. 150. Interessant mit Blick auf die Globalisierung ist dort (S. 254) die folgende Passage:»Wenn einerseits mit dem Fortschritt der kapitalistischen Produktion die Entwicklung der Transport- und Kommunikationsmittel die Umlaufzeit für ein gegebenes Quantum Ware abkürzt, so führt derselbe Fortschritt und die mit der Entwicklung der Transport- und Kommunikationsmittel gegebne Möglichkeit umgekehrt die Notwendigkeit herbei, für immer entferntere Märkte, mit einem Wort, für den Weltmarkt zu arbeiten. Die Masse der auf Reise befindlichen und nach entfernten Punkten reisenden Waren wächst enorm, und daher absolut und relativ auch der Teil des gesellschaftlichen Kapitals, der sich beständig für längre Fristen im Stadium des Warenkapitals, innerhalb der Umlaufzeit, befindet.«

Kapitel 10
Die Notwendigkeit einer umfassenden Verkehrswende

Sieben Weltcupsiege, drei WM-Medaillen und einmal Olympia-Gold sammelte der schwedische Biathlet Björn Ferry in seiner aktiven Sportkarriere. Für die anstehende Wintersportsaison hat ihn das öffentlich-rechtliche Fernsehen als Kommentator angeheuert. Ferry hatte dafür eine Bedingung: keine Flugreisen. SVT musste akzeptieren, dass er nicht nur die 800 Kilometer von seinem nordschwedischen Wohnort zum Studio in Stockholm, sondern auch seine Reisen zu den Wettkampfstätten in Italien, Slowenien und Norwegen mit der Bahn zurücklegen wird. Hätten sie Nein gesagt, hätte ich das nicht gemacht«, so Ferry. Er hat nicht etwa Flugangst. Es geht ihm ums Klima.

Bericht in der Tageszeitung »taz« vom 23. November 2018

Eine Verkehrsorganisation, die in erster Linie auf Diesel-, Benzin- oder Elektroautos setzt, weist keine nachhaltige Perspektive auf. Das bloße Umswitchen von Verbrennungsmotoren-Autos auf Elektromotoren-Kraftfahrzeuge ist nicht zielführend. Damit wird nur der Kreislauf von »inneren Reformen« der Autobranche, wie wir sie in früheren Jahrzehnten mit Katalysator, Telematik und Biosprit erlebt hatten, fortgesetzt. Und dies wird zu einer noch größeren Vorherrschaft des Autos und damit zu einer Vertiefung des Wegs in die Sackgasse Autogesellschaft führen. Die wichtigste deutsche Gewerkschaft IG Metall, die SPD und die der SPD nahestehende Friedrich- Ebert-Stiftung scheinen diesen fatalen Weg gehen zu wollen.[277]

277. Siehe beispielhaft: Die Zukunft der Deutschen Automobilindustrie. Transformation by Disaster oder by Design, herausgegeben von der Friedrich-Ebert-Stiftung, März 2018 (WISO Diskurs 3/2018). In dieser Studie heißt es zwar eingangs, Ziel sei »eine gesamtgesellschaftliche Verkehrswende«. Faktisch geht es ausschließlich darum, den Trend zum Elektroauto zu propagieren und auf diesen Zug aufzuspringen. »Bahntechnik«, Elektromobilität auf Schienen – das sind hier Fremdwörter.

Auch Veröffentlichungen zur Verkehrswende von klugen und engagierten Leuten – erwähnt seien hier die Arbeit vom Greenpeace-Wuppertal-Institut, die Agora-Verkehrswende-Studie und die Brot-für-die-Welt-Misereor-Publikation – machen den Fehler, die behaupteten Vorteile eines Elektroautos und einen Umbau der »fossilen« Autoindustrie hin zu einer solchen, die auf Elektromobilität setzt, ins Zentrum zu rücken.[278] Auf diese Weise geraten dann automatisch alle anderen Elemente, die sich teilweise in diesen Studien auch finden, zur bloßen Ergänzung und Zutat. Es verhält sich jedoch genau entgegengesetzt: Im Zentrum muss das stehen, was in diesen Studien entweder gar nicht oder bloß im Kleingedruckten erscheint: die neue Strukturpolitik der Dezentralität, der nicht motorisierte Verkehr und die öffentlichen Verkehrsmittel als die klassische Konkretisierung von Elektromobilität. Das heißt zugleich, dass der Mensch im Zentrum einer solchen Politik der Verkehrswende stehen muss und nicht die Technik. Wenn die genannten Elemente im Mittelpunkt stehen, dann erübrigen sich Sätze wie der folgende, der der Agora-Studie entnommen ist: »Schlüsseltechnologie für die Digitalisierung im Verkehr ist das Smartphone. Es wird zunehmend als persönlicher Navigator in einem Umfeld wachsender Mobilitätsoptionen eingesetzt und hilft bei der Verkehrsplanung. Der Smartphone-Nutzer wird Teil des vernetzten Verkehrssystems, das ihm die relevanten Informationen in Echtzeit liefert.«[279] Solche Vorstellungen laufen auf den vollständig »digitalisierten Menschen« hinaus, auf einen homo mobilis, der sich der Technik ausliefert und dessen Leben, darunter die Mobilität, von dieser Technik bestimmt ist. Im Übrigen ist eine derartige »Vernetzung« und »Digitalisierung« im Bereich Mobilität dann völlig unnötig, wenn die unten dargestellten 12 Elemente einer Verkehrswende umgesetzt werden. Um nur zwei Punkte zu nennen: Wer sich zu Fuß, mit dem Rad und mit öffentlichen Verkehrsmitteln im städtischen Raum bewegt, der benötigt (für Mobilitätszwecke) kein Smartphone. Das setzt natürlich voraus, dass der ÖPNV flächendeckend präsent, zuverlässig, komfortabel und pünktlich unterwegs ist.

---

278. (1) Agora, Mit der Verkehrswende die Mobilität von morgen sichern, Berlin 2017; (2) Verkehrswende für Deutschland – Der Weg zu CO_2-freier Mobilität bis 2035, erstellt im Auftrag von Greenpeace durch das Wuppertal-Institut, Wuppertal 2017; (3) Misereor-Brot-für-die-Welt-Studie: a. a. O.
279. Agora, Verkehrswende-Studie, These 5.

Die Krise des bestehenden Verkehrssystems hat die Politik einer grundsätzlichen Verkehrswende auf die Tagesordnung gesetzt. Es handelt sich dabei um eine auf längere Sicht, auf 10 bis 15 Jahre angelegte Politik. Sie wird im Folgenden in zwölf *Elementen* skizziert.

1. Eine radikal veränderte Verkehrsmarktordnung

Ganz obenan bei der Verkehrswende steht: Die bestehende Verkehrsmarktordnung, die aktuell massiv die Verkehrsarten Luftverkehr, Straßenverkehr und Schifffahrt fördert und die Umwelt und das Klima massiv schädigt, muss neu geordnet, gewissermaßen vom Kopf auf gesunde Beine gestellt werden. Grundsätzlich müssen die drei »grünen« Verkehrsarten Zufußgehen, Radfahren und öffentlicher Verkehr mit Bus, Tram, S-Bahn und Bahn (auch als »Umweltverbund« bezeichnet) begünstigt und den drei »roten« Verkehrsarten Autofahren, Schiffsverkehr (Containerschiffstransporte; Kreuzfahrtschiffe usw.) und Luftfahrt ihre tatsächlichen Kosten angerechnet, diese also verteuert und eingeschränkt werden. Konkrete Stichworte: Keine Steuervorteile für Geschäftswagen, keine steuerliche Bevorzugung von Dieselkraftstoff, erstmalige und deutliche Besteuerung von Kerosin und Schweröl.

Inzwischen sind in Deutschland 70 Prozent aller Neuzulassungen Dienstwagen; nur noch 30 Prozent neuer Autos, die von deutschen Herstellern stammen, gehen an Privatleute. Der Fiskus finanziert damit gezielt erstens den Autoverkehr und zweitens die deutsche Autoindustrie. Es handelt sich bei Dienstwagen überwiegend um teure Autos mit meist hohen CO_2-Emissionen; der (bezahlte!) Durchschnittspreis eines im Jahr 2017 neu zugelassenen Dienstwagens lag bei 39.469 Euro. Die Dienstwagen gehen zu 75 Prozent an Männer.[280] In Österreich sieht es ähnlich aus – auch wenn es dort keinen originären österreichischen Autohersteller gibt. Der VCÖ bilanzierte Mitte 2018: »In Österreich wurden heuer im 1. Halbjahr 56 Prozent der Neuwagen auf Firmen

---

280. Die zweitgrößte Einzelgruppe unter den Dienstwagen (differenziert nach 14 Kategorien wie »Oberklasse«, »Obere Mittelklasse«, »Mittelklasse«, »Kleinwagen«, »Van« usw.) sind SUV. 2017 wurden in Deutschland rund 600.000 neue SUV zugelassen – als Geschäftswagen. Angaben nach: *Handelsblatt* vom 1. Dezember 2017.

und andere ›juristische Personen‹ zugelassen. [...] Bei Pkw der Luxusklasse, der Oberklasse und bei großen SUV ist der Anteil der Firmenwagen am höchsten und bei Kleinwagen am niedrigsten.«[281]

Notwendig sind auch in Deutschland allgemeine Tempolimits auf Autobahnen (max. 120 km/h) und in den Wohngebieten (Tempo 30). Die Aggression, mit der der deutsche Bundesverkehrsminister Andreas Scheuer Anfang 2019 auf Tempolimit-Vorschläge der Regierungskommission Klimaschutz reagiert hatte, unterstreicht die Brisanz dieser Forderung im EU-Autoland Nummer 1. Seit den 1970er-Jahren wird in der Bundesrepublik Deutschland das Thema Tempolimit weitgehend tabuisiert, obgleich es viele Umfragen gibt, in denen sich eine Mehrheit für ein Tempolimit ausspricht. (Siehe dazu noch weiter unten.)

In den jüngsten Debatten über Klimaerwärmung und Verkehrswende erhalten die unterschiedlichen Vorteile eines Tempolimits – auch hinsichtlich einer Ausstrahlung über Deutschlands Grenzen hinaus – ihr besonderes Gewicht. Der ökologisch geprägte Verkehrsclub Deutschland (VCD) fasste dies wie folgt zusammen: »Ein Tempolimit bedeutet mehr Klimaschutz, denn es senkt sofort den Spritverbrauch und verringert damit den Treibhausgasausstoß spürbar. Bei 120 km/h ließen sich jährlich rund drei Millionen Tonnen CO_2 einsparen. Ein Tempolimit bedeutet mehr Sicherheit, denn es verringert die Unfallgefahr und mildert die Folgen im Falle eines Unfalls. So ließen sich jährlich hunderte Tote und Schwerverletzte auf Autobahnen vermeiden. Ein Tempolimit bedeutet weniger Staus, denn es mindert die hohen Geschwindigkeitsunterschiede auf Autobahnen, die eine wichtige Ursache bei der Stauentstehung sind. Ein Tempolimit in Deutschland würde das weltweite Wettrüsten um immer schnellere Autos beenden und so mittelfristig den Weg für weniger Gewicht und mehr Effizienz von Neufahrzeugen frei machen.«[282]

Besonders wichtig dabei ist: Tempolimit-Beschlüsse können binnen wenigen Monaten umgesetzt werden. Sie sind mit keinen größeren Kosten verbunden.

281. VCÖ-Presseerklärung vom 11. Juli 2018. Siehe: https://www.vcoe.at/presse/presseaussendungen/detail/neuwaegen-firmenwagen-2018 [abgerufen am 2.2.2019]
282. Stellungnahme des VCD siehe: https://www.vcd.org/themen/verkehrssicherheit/tempolimit-auf-autobahnen/ [abgerufen am 3.2.2019].

Und sie ersparen der Gesellschaft Kosten in Milliarden Euro Höhe – ganz zu schweigen von menschlichem Leid.[283]

Die Forderung nach einer radikal veränderten Verkehrsmarktordnung steht bei der Verkehrswende an oberster Stelle. Ohne sie werden die anderen Verkehrswende-Punkte immer wieder aufs Neue konterkariert oder gar kassiert werden.

2. Neue Strukturpolitik zur Reduktion der Verkehrsleistungen

Notwendig ist eine systematische Struktur- und Steuerpolitik der kurzen Wege. Dadurch werden automatisch die grünen Verkehrsarten gefördert und die »roten«, vor allem der Pkw-Verkehr, deutlich reduziert.

Wir erlebten in den vergangenen 70 Jahren eine absurde, strukturell begünstigte und oftmals – z. B. durch Zersiedelung, Konzentration im Einzelhandel, »Gebietsreformen« – erzwungene Verkehrsinflation. Diese wird auch durch die Grund- und Bodenordnung und die Bodenspekulation – und damit durch überhöhte und ständig steigende Mieten – vorangetrieben. Ein Westeuropäer legte in den 1970er-Jahren rund 9000 km jährlich motorisiert zurück. Heute sind es gut 50 Prozent mehr oder rund 14.000 Kilometer. Dabei hat die Zahl der einzelnen Wege (im Beruf, beim Einkaufen, in der Freizeit, im Urlaub) nicht zugenommen. Es sind 1000 bis 1200 Wege pro Jahr. Zugenommen haben in erster Linie *die Entfernungen bei jedem einzelnen Weg.* Diese Verlängerung der Wege muss zurückgenommen werden. Alle Wege in den Bereichen Beruf, Ausbildung, Verwaltung, Freizeit müssen verkürzt werden. Mehr zurückgelegte Kilometer sind nicht gleichzusetzen mit mehr Mobilität. Das wäre die

---

283. Gemeint sind verringerte Kosten durch weniger Verletzte und Schwerverletzte. Geringere Kosten durch weniger Staus. Reduzierte Kosten durch geringere PS-Zahlen der Motoren usw. Es gibt auch unterschiedliche Überlegungen, wie hoch statistisch ein Menschenleben zu bewerten sei. Dafür werden Zahlen zwischen 1,5 Millionen Euro und 15 Millionen US-Dollar je (verlorenes) Menschenleben angesetzt. Siehe: https://de.wikipedia.org/wiki/Wert_eines_Menschenlebens [abgerufen am 2.2.2019]. Wenn man bei einem Tempo-Limit 120 nur davon ausgeht, dass die Zahl der im Straßenverkehr Getöteten um 200 und die im Straßenverkehr Verletzten um 30.000 zurückgeht, käme man bereits bei diesen beiden positiven Folgen einer allgemeinen Geschwindigkeitsbeschränkung auf jährliche Einsparungen in Höhe von gut einer Milliarde Euro. Hinzu kommt die reduzierte Klimabelastung.

Übertragung der »Tonnenideologie« auf den Bereich Mobilität. »Mobilitas« oder »mobilis« – diese lateinischen Worte stehen nicht für Kilometerfraß, sondern für »Beweglichkeit« und »beweglich« im Sinne von: um den eigenen Lebensmittelpunkt herum beweglich zu sein und die erwähnten Bedürfnisse mit möglichst kurzen Wegen befriedigen zu können. Ein praktisches Beispiel: Der Freizeitverkehr (Fahrten ins Grüne, ins Kino, in ein Schwimmbad, zu Kulturveranstaltungen) macht rund 50 Prozent aller motorisiert zurückgelegten Kilometer (der »Verkehrsleistung in Personenkilometer«) aus. Hier ist der Urlaubsverkehr noch nicht eingerechnet. Die Verkehrsleistung für diesen Mobilitätszweck wurde deutlich überproportional gesteigert. Und es ist vor allem der Pkw, der im Freizeitverkehr überwiegt. Hier kombinieren sich nun auf fatale Weise destruktive Prozesse: Indem die Kfz-Dichte in Städten zunimmt und die Belastung durch den Autoverkehr sich erhöht, haben Städte immer weniger Freizeit- und Erholungswert; die Urbanität wird schwer geschädigt. Gleichzeitig gibt es einen Privatisierungs- und Konzentrationsprozess bei Freizeiteinrichtungen: Es schließen kommunale Schwimm- und Hallenbäder, kommunale Kulturzentren, Jugendhäuser und Kinos im Kiez, eröffnet werden stattdessen teure »Schwimmopern«, Musical-Halls, Großdiscos, die außerhalb der Stadtviertel liegen. Die Freizeitwege werden länger. Der öffentliche Personennahverkehr (ÖPNV) und der Regionalverkehr werden vielfach ausgedünnt, z. B. in den Spätabend- und Nachtzeiten und an Wochenenden. Man benötigt noch mehr Autos. Damit leidet die Urbanität noch mehr.

Es gibt keinen vernünftigen Grund, warum mit einer konsequenten Strukturpolitik nicht wieder das Niveau an motorisiert zurückgelegten Kilometern, wie es vor 50 Jahren vorherrschte (in einer Zeit, in der es im allgemeinen Verständnis eine »Wohlstandsgesellschaft« und wenig mehr als ein Prozent Arbeitslosenquote gab), erreicht werden kann.

Die Zauberworte bei diesem Verkehrswende-Element heißen: Bevorzugung von Nähe. Dezentralisierung von Strukturen. Lebenswerte grüne Wohnquartiere. Straßencafés anstelle von Pkw-Abstellräumen. Entschleunigung zwecks Lebensgenuss und zwecks Rückgewinnung von Urbanität. In diesem Zusammenhang gilt es auch, autofreie Quartiere zu fördern. Modellversuche mit Titeln wie »Autofreie Stadt« oder »Autoarme Stadt« oder »Stadt für die

Menschen« stehen auf der Tagesordnung.[284] Eine solche Politik der kurzen Wege erfordert auch wirksame Maßnahmen gegen die Bodenspekulation und zur Senkung von Mieten in zentralen Lagen (so eine neu konstruierte, das heißt wirksame Mietbremse).

3. Förderung der natürlichen Verkehrsträger – das Zufußgehen und Radeln

Die nichtmotorisierten Verkehrsarten müssen massiv gefördert werden. Das Zufußgehen und Radfahren macht heute in einigen Städten bereits wieder bis zu 60 Prozent aller Personenwege, also des Verkehrsaufkommens, aus.[285] Dieser Anteil kann durchaus noch gesteigert werden. Vor allem können vergleichbare Anteile auch in anderen Städten erreicht werden – zumal es längst die Pedelec-Technik gibt, die auch in Städten mit mehr Steigungen, in Stuttgart zum Beispiel, das Radeln zum Massenereignis macht.

Allein der Anteil der Fahrradwege erreicht in manchen Städten bereits 40 und mehr Prozent. Das verdeutlichen Städte wie Kopenhagen, Utrecht, Amsterdam, Nijmwegen und Münster. In Kopenhagen liegt inzwischen der Anteil der Wege, die mit dem Rad zurückgelegt werden, an allen Wegen bzw. Fahrten bei gut 45 Prozent. Und dies trotz relativ vieler Regentage im Jahr, also durchaus bei »Sonne, Wind und Wetter«.[286] Absolut in Führung liegt das

284. Siehe hierzu Bernhard Knierim, Ohne Auto leben – Handbuch für den Verkehrsalltag, Wien 2016.

285. Die Verkehrswissenschaft unterscheidet das Verkehrsaufkommen (= die Zahl der Wege bzw. Fahrten) und die Verkehrsleistung (= die Zahl der Wege multipliziert mit den zurückgelegten Kilometern), im Güterverkehr analog das Transportaufkommen (gemessen in Tonnen bzw. Millionen Tonnen) und die Transportleistung (transportierte Tonnen multipliziert mit der Transportentfernung). Wenn es oben heißt, die nichtmotorisierten Verkehrsarten Gehen und Radeln brächten es z. B. in Kopenhagen auf 60 und mehr Prozent der Wege, dann entspricht dies geschätzt 35-40 Prozent der Verkehrsleistung (der Personenkilometer; Pkm).

286. »Im neuesten Fahrradbericht [für die dänische Hauptstadt Kopenhagen; W.W.] steht, dass zwei Drittel der Kopenhagener täglich mit dem Rad zur Arbeit, Schule oder Uni fahren. Und: Dass die Stadt vergangenes Jahr zum ersten Mal seit 1970 mehr Fahrräder in der Innenstadt gezählt hat als Autos. Gesamtlänge des Radwegenetzes: 375 Kilometer. [...] Durchschnittliche Geschwindigkeit der Radelnden: 16,3 Kilometer in der Stunde.« Nach: Silke Bigalke, Ich lenke, also bin ich, in: *Süddeutsche Zeitung* vom 8. Juni 2017. Die CO$_2$-Emissionen in Kopenhagen sanken allein im Zeitraum 2010 bis 2019 um 9 Prozent – vor allem als Folge der Verkehrspolitik, die Radeln, Zufußgehen und den ÖPNV priorisiert. Siehe Anouk Mayadoux und Stefan Lieb, Klimaschutz in

Rad bei den Wegen ins Büro, in die Fabrik, in Schulen und Unis. In einem aktuellen Bericht heißt es dazu: »In Kopenhagen radeln inzwischen 62 Prozent der Bürger jeden Tag zur Arbeit oder zur Schule. Nur mehr neun Prozent fahren mit dem Auto.« Gefragt, warum das in Kopenhagen so sei, antwortete Morten Kabell, der bis kurz zuvor Umweltbürgermeister von Kopenhagen, zuständig für die Fahrradpolitik, war: Nein, die Kopenhagener radelten nicht aus Überzeugung und eher nicht wegen eines schlechten Umweltgewissens. »Sie radeln ganz einfach deshalb, weil es heute die schnellste und bequemste Art ist, hier vorwärts zu kommen.« Aus dem Bericht geht auch hervor: Es ist – anders als in den meisten anderen europäischen Städten – eine sehr sichere Art, sich durch die dänische Hauptstadt zu bewegen.[287]

Solch hohe Anteile des Fahrradverkehrs galten in Europa vor 20 Jahren noch als absolut unrealistisch. Hätte man sie als fortschrittlicher Verkehrspolitiker propagiert, hätte man sich der Lächerlichkeit preisgegeben.[288] Wobei sie zu just diesem Zeitpunkt, Ende des letzten Jahrhunderts, Mitte der 1990er-Jahre, in den chinesischen Großstädten noch gelebte, also geradelte Wirklichkeit waren. Im Fall China ist diese Entwicklung besonders tragisch. Denn hier gab es die radikale Veränderung – das weitgehende Aus für den Fahrradverkehr als Massenverkehrsmittel und den Aufstieg von Auto, Moped und Motorrad – innerhalb ein- und derselben Generation.

Zufußgehen ist auch heute noch kaum ein Thema in der Verkehrspolitik. Fahrradverkehrs-Programme und Radwege-Investitionen – das gibt es inzwischen, immerhin. Aber der Fußgänger selbst taucht in der Verkehrsplanung so gut wie nicht auf. Ein Begriff »Gehwege-Investitionen« wirkt bereits höchst sperrig. Der Verkehrsexperte Heiner Monheim, der sich in seinen

Köln, Kopenhagen und Hannover, in: *mobilogisch! Zeitschrift für Ökologie, Politik und Bewegung*, Nr. 1/2018, S.21ff.

287. Kai Strittmatter, Blaupause für die Fahrradstadt, in: *Süddeutsche Zeitung* vom 17. Januar 2019.

288. Ich ging 1986 in meinen alternativen Verkehrsszenarien von einem Fahrradwegeanteil in Städten von maximal 20 Prozent aus; bundesweit von weniger als 10 Prozent. Das war jedoch damals jeweils eine Verdopplung der bestehenden Anteile! (W. Wolf, Eisenbahn und Autowahn, Hamburg 1986, S.557). 2007 war ich mutiger und unterstellte 25 % in Städten und 12-15 % bundesweit. (W. Wolf, Verkehr. Umwelt. Klima. Die Globalisierung des Tempowahns, Wien 2007 und 2009, S. 395). Das galt aber 1986 ebenso wie 2007 als Phantasterei. Inzwischen haben wir, gemessen an den Fahrradverkehr-Musterstädten Münster, Nijmwegen und vor allem Kopenhagen die Verdopplung der Verdopplung.

Publikationen seit den 1980er-Jahren für Verkehrswende-Programme einsetzt und der dabei immer auch die Fußgänger im Blick hatte, schreibt in einer aktuellen Veröffentlichung: »Wie schön könnte Gehen sein, wenn die Städte voller Promenaden und Alleen wären, wenn Fußgänger-Zonen große Netze bilden würden. [...] Wie schön wäre es, wenn es viele kleine und große Plätze für Aufenthalt und Kinderspiel gäbe, mit Sitzmöglichkeiten, als Treffpunkte im Quartier [...] Wenn der ›parkende Fußgänger‹ (das sind Fußgänger, die stehen oder sitzen), genau so viel politische wie planerische Aufmerksamkeit fände, wie das geplante Auto.«[289] In Westdeutschland wurden in Städten 1972 noch 40 Prozent aller Wege zu Fuß zurückgelegt. In der DDR waren es zum gleichen Zeitpunkt noch fast 50 Prozent. Ende der 1990er-Jahre waren es in Gesamtdeutschland nur noch gut 20 Prozent.[290] Erst allmählich und nur in Städten, die eine eher nachhaltige Verkehrspolitik verfolgen, wird das Potenzial, das im Fußgängerverkehr steckt, entdeckt, und so steigt in der einen und anderen Stadt wieder der Anteil, den die Fußwege im gesamten »Verkehrsmarkt« einnehmen, wieder an.

Eine Zunahme des Fahrradverkehrs und des Zufußgehens beeinflusst positiv das Verkehrsklima. Die Stadtquartiere leben auf. Seniorinnen und Senioren, Menschen mit Behinderungen, Kinder und Jugendliche entdecken ihre Stadt neu. In den Stadtquartieren, im Kiez, entwickeln sich Leben, Spielen und Kommunikation. Kopenhagen wurde von der Redaktion des »Lonely Planet« jüngst zur »sehenswertesten Stadt der Welt« gekürt.

Das hat Auswirkungen bis in Einzelaspekte hinein. Fahrradfahren mit Helm? Grundsätzlich eher nicht, finde ich. Und finden die Holländer! In der radelnden Nation Nummer 1 sieht man das wie folgt: »Es ist eklatant, wie gelassen es zugeht auf den niederländischen Radwegen. Das Phänomen Kampfradeln ist hier unbekannt. Deswegen meint man auch, komplett auf Fahrradhelme verzichten zu können. Selbst König Willem Alexander fuhr oben ohne bei der Eröffnung [einer Velo-City-Konferenz; W.W.]. ›Der Wind muss frei durchs Haar wehen‹, heißt die Devise, auch bei Kälte und Regen.

---

289. Heiner Monheim (unter Mitarbeit von Dörte Monheim), Wege zur Fußgängerstadt, Hohenwarsleben 2018, S.6.
290. Monheim, a. a .O. S.64.

Über die unbequeme Sitzhaltung, die sich viele Deutsche [beim Radeln; W.W.] glauben antun zu müssen, wundern sich die Niederländer übrigens. Sie sind sich sicher, dass man aufrecht entspannter zum Ziel kommt.«[291]

4. Ausbau des öffentlichen Personennahverkehrs

Der öffentliche Personennahverkehr (ÖPNV) spielt natürlich im Verkehrswendekonzept eine zentrale Rolle. Er wird hier allerdings bewusst erst als viertes Element der Verkehrswende aufgeführt.

Bestehende Bussysteme sollten erweitert und möglichst auf emissionsfreie Antriebe umgestellt werden. Die Einführung von O-Bus-Systemen bzw. die Umwandlung von Dieselbussen auf Trolley-Busse sollte vor Entscheidungen für Elektrobusse zumindest geprüft werden. Oberirdisch geführte, schienengebundene Verkehrsmittel (S-Bahnen und Straßenbahnen) erhalten bei ÖPNV-Fahrgästen in der Regel die höchsten Akzeptanz-Quoten. »Wo wir fahren, lebt Zürich« – lautet der richtungsweisende Wahlspruch der Züricher Tram. Das Potenzial von Straßenbahnen wird systematisch unterschätzt, oft sogar komplett »vergessen«.[292]

Eine Tram kann in Städten ab 40.000 Einwohnern bereits das ÖPNV-Mittel der Wahl sein.[293] Ein Straßenbahnkilometer kostet maximal ein Viertel eines U-Bahn-Kilometers – bei gleicher Transportkapazität. Und Trams liegen bei den ÖPNV-Benutzenden in der Beliebtheitsskala an der Spitze. Oft kann man bei Vorschlägen für eine alternative Verkehrsorganisation mit einer Tram als

291. Thomas Kirchner, Ernst nehmen, locker bleiben, Was deutsche Verkehrspolitiker vom Fahrradparadies Niederlande lernen können, in: *Süddeutsche Zeitung* vom 26. Juni 2017. Siehe generell zu dem Aspekt das neue Buch von Heiner Monheim, Wege zur Fahrradstadt – Analysen und Konzepte, Bad Homburg 2017.

292. In den zitierten zwölf Thesen der Agora-Studie taucht die Straßenbahn im Text nicht auf. Nur in einer Grafik wird sie kurz abgebildet.

293. In der BRD haben auch kleinere Städte wie Görlitz, Zwickau, Dessau, Halberstadt, Gera und Nordhausen eine Tram, teilweise muss man sagen: diese haben *noch* eine Straßenbahn. Ihre Existenz ist oft aufgrund ihrer mangelnden Förderung in der Verkehrspolitik bedroht. Auch in der Studie »Verkehrswende für Deutschland – Der Weg zu CO_2-freier Mobilität bis 2035«, erstellt im Auftrag von Greenpeace durch das Wuppertal-Institut im August 2017 werden Straßenbahnen nur an einer Stelle erwähnt – und dies mit einer Zeile, die dann noch aufs Ausland verweist und lautet: »Dass der Ausbau der Systeme auch in kurzer Zeit möglich ist, lässt sich an der Renaissance von Straßenbahnen (etwa in Frankreich und den USA) [...] beobachten«. (Dort S. 37).

Rückgrat auch daran ansetzen, dass es eine solche Straßenbahn in der betreffenden Stadt bereits einmal gegeben hat und dass diese sich enormer Beliebtheit erfreute. Berlin beispielsweise hatte Ende der 1920er-Jahre und weitgehend noch in den 1950er-Jahren ein Straßenbahnnetz von mehr als 500 Kilometern Länge. Auf dem Höhepunkt waren es 634 Kilometer. Heute sind es nur rund 190 Kilometer. Diese konzentrieren sich zu mehr als 95 Prozent auf den Ostteil der Stadt. Es gelang nach der Wende entgegen vielen Planungen und Versprechen nur, ein paar wenige Trambahn-Netz-Kilometer im (alten) Westberlin zu realisieren.[294]

Moderne Straßenbahnen sind im Übrigen nicht nur wesentlich preiswerter als U-Bahnen. Sie sind entgegen der landläufigen Meinung meist auch ebenso schnell wie unterirdisch geführte Stadtbahnen. Die höhere Geschwindigkeit der U- und S-Bahnen von Haltestelle zu Haltestelle wird aus Sicht der Fahrgäste oft dadurch aufgefressen, dass der Haltestellenabstand bei U- und S-Bahnen um 50-100 Prozent größer als derjenige bei Trambahnen ist, und dass die Fußwege zu den Stationen, zumal in den Untergrund und wieder hoch, zusätzliche Zeit (und Kraft) erfordern.

5. Nulltarif im städtischen öffentlichen Verkehr

Im ÖPNV sollte als Ziel ein genereller Nulltarif gelten. Die amtierende deutsche Regierung ließ Anfang Februar 2018 die Bevölkerung (und vor allem die EU-Kommission in Brüssel) wissen, man plane in ausgewählten Städten die Einführung eines ÖPNV-Nulltarifs.[295] Dies zielte vor allem darauf ab,

---

294. Unterstützt von einem guten Dutzend Verkehrsinitiativen und Umweltgruppen entwickelte ich 1994 für Berlin eine alternative Verkehrskonzeption. Wir wollten damals das auf Ostberliner Boden befindliche Rumpf-Trambahnnetz von rund 180 km Länge vor allem nach Westberlin auszuweiten und dabei so weit wie möglich das alte Straßenbahnnetz aus der Zeit der 1920er- und 1950er-Jahre zu rekonstruieren. Wir konnten uns dabei sogar auf eine gemeinsame Studie stützen, die die Ostberliner Verkehrsgesellschaft BVB und ihr Westberliner Pendant BVG gemeinsam veröffentlicht hatten. Doch genau eine solche wichtige Ausdehnung des Straßenbahn-Netzes fand nicht statt. Stattdessen konzentrierte man sich (und die Gelder) auf U-Bahn-Strecken, die je Kilometer zehn bis hundertmal mehr kosteten als vergleichbar effiziente Trambahnen. (Siehe: Winfried Wolf, Berlin – Weltstadt ohne Auto. Eine Verkehrsgeschichte 1848-2015, Köln 1994, S.137ff).

295. Dabei war eine seltsame Auswahl an Städten getroffen worden. Die Einführung eines Nulltarifs sollte in Mannheim, Reutlingen, Herrenberg, Essen und Bonn »geprüft« werden.

Fahrverbote für Diesel-Pkw in Städten abzuwenden. Daraus wurde dann nichts – weil die Bundesregierung diesen Städten keine finanzielle Hilfe für einen Einstieg in den ÖPNV-Nulltarif anbot. Sie tat dies bewusst nicht. Man will in Berlin nicht riskieren, dass dann ein solches Beispiel Schule macht. Immerhin ergab zum gleichen Zeitpunkt eine von Peter Grottian in Auftrag gegebene repräsentative Meinungsumfrage, dass 71 Prozent der deutschen Bevölkerung einen ÖPNV-Null-Tarif begrüßen würden.

Das Ziel ÖPNV-Nulltarif sollte offensiv aufgegriffen werden. Angemessen wäre dabei in Deutschland, dass eine solche kostenlose Beförderung im öffentlichen Nahverkehr als großangelegter Modellversuch in Berlin eingeführt wird. Nur in dieser europäischen Millionenstadt gibt es das Alleinstellungsmerkmal, dass jeder zweite Haushalt kein Auto hat. Was in der estnischen Hauptstadt Tallinn möglich ist, nämlich ein ÖPNV-Nulltarif, muss in der Hauptstadt des reichsten EU-Flächenlandes machbar sein. In Deutschland beträgt das Pro-Kopf-Bruttoinlandseinkommen 38.000 Euro pro Jahr; in Estland sind es 15.800 Euro.

Die oft vorgetragenen Befürchtungen, ein ÖPNV-Nulltarif würde einen nicht bewältigbaren massiven Andrang auf ÖPNV-Angebote auslösen, ist dann unberechtigt, wenn dieser Nulltarif eingebettet ist in einen umfassenden Verkehrswende-Plan und es, wie beschrieben, gelingt, den nichtmotorisierten Verkehr zu fördern.

Einen anderen – durchaus interessanten – Weg geht Wien und gehen inzwischen einzelne österreichische Bundesländer. Vor sechs Jahren führte die österreichische Metropole das Ein-Euro-am-Tag-Ticket für die Jahreskarte ein. Der Erfolg ist, wie ein neidischer Blick aus München nach Wien zeigt, beeindruckend: »Bis heute sind aus einst 373.000 Jahres-Abonnenten 780.000 geworden. 2,6 Millionen Gäste befördern die Busse, U- und Straßenbahnen jeden Tag. Nur noch 27 Prozent der Wege durch die Beinahe-Zwei-Millionen-Stadt werden mit dem Auto gefahren, aber 39 Prozent mit den zärtlich ›Öffis‹ gerufenen Transportmitteln des Nahverkehrs – in München sind es nur 23 Prozent. ›Die Stadt gehört Dir‹, schmeichelt die PR-Abteilung der Wiener Linien ihren Benutzern nicht zu Unrecht. Zum Vergleich: Berlin mit knapp 3,5 Millionen Einwohnern verkauft für den Nahverkehr rund 450.000 Jahrestickets, das günstigste ist indes auch doppelt so teuer wie die Wiener Variante.«[296] Wobei ein solches 365-Euro-Ticket auch ein sinnvoller Zwischenschritt hin zu einem allgemeinen ÖPNV-Nulltarif sein könnte.[297]

6. Die Eisenbahn als Flächenbahn

Die Eisenbahn muss zu einer Flächenbahn und zu einer Bürgerbahn ausgebaut und oft in diesem Sinn umgebaut werden. Die EU-weit betriebene Konzentration auf Hochgeschwindigkeitszüge ist ein Irrweg. Die Hochgeschwindigkeitsstrecken, zumal solche, auf denen schneller als Tempo 200 gefahren wird, sind extrem aufwendig und defizitär. Sie sind meist mit einem Abbau von regionalen Strecken verbunden. Immer werden dabei wichtige Städte vom Fernverkehr abgehängt. Die Klientel, auf die mit dem Hochgeschwindigkeitsverkehr abgezielt wird, sind Geschäftsleute. Diese machen jedoch weniger als 5 Prozent des gesamten Schienenverkehrs und weniger als 10 Prozent der Einnahmen im Schienenverkehr aus. Wichtig sind integrierte Netze, in denen die maximale Geschwindigkeit nicht höher als 220 km/h liegen sollte. In diesem Netz sollte der Integrale Taktfahrplan (in Deutschland als »Deutschlandtakt« bezeichnet), optimal als Halbstundentakt, verwirklicht werden. Damit wird nicht nur Energie gespart. Dies reduziert auch die Kosten im Streckenbau um gut 30 Prozent. Die kurzen Umsteigezeiten verkürzen für die Fahrgäste die Zeiten, die sie für ihre Fahrten benötigen, drastisch. Am meisten Zeit verlieren Fahrgäste bei der Bahn nicht durch zu langsame Züge, sondern durch zu viel Umsteigen und durch zu lange Wartezeiten beim Umsteigen. Was die Schweiz seit zwei Jahrzehnten praktiziert wird, der flächendeckende Halbstundentakt, sollte im übrigen Europa auch machbar sein.

Notwendig dafür ist ein Ausbau der Schienennetze. Seit 1990 wurde das Schienennetz jedoch EU-weit um rund 10 Prozent abgebaut; die Leistungen

296. Ralf Wiegand, Wien hat, was München gerne hätte, in: *Süddeutsche Zeitung* vom 14. September 2018; siehe: https://www.sueddeutsche.de/muenchen/-euro-ticket-wien-hat-was-muenchen-gerne-haette-1.4127511 [aufgerufen am 2.2.2019]
297. Zur möglichen Finanzierung eines ÖPNV-Nulltarifs siehe unten unter »Totschlagargumente«.

im Schienennetz wurden noch stärker reduziert. Wie in anderen Bereichen auch, so meint »Reform« bei Eisenbahnen oft Deform und Abbau. Im Jahr 1994 äußerte der damalige Chef der neu gegründeten Deutschen Bahn AG, die zugleich den Start in die damals hoch gelobte deutsche »Bahnreform« darstellte, Heinz Dürr: »Es kommt mit der Bahnreform zu einem Ausbau der Schiene«. Dürr verwies unter anderem lobend auf »die zweistelligen Zuwächse beim Interregio« und erklärte: »Das Angebot an Nachtzügen wird ausgeweitet. Der Wettbewerbsvorteil der Nacht- und Hotelzüge liegt in der Kombination aus Übernachten und Fahren.« Tatsächlich wurde das Schienennetz seit 1994 und bis Ende 2018 um 17 Prozent gekappt (von 40.300 auf 33.488 km). Die Flexibilität des Netzes verschlechterte sich dramatisch (u.a. durch Reduktion der Zahl der Weichen von 131.968 auf 66.591). Die erfolgreiche Fernverkehrszuggattung InterRegio wurde 2001 komplett aufgegeben, womit viele Städte und einige Regionen vom Fernverkehr abgehängt wurden. Der Nachtzugverkehr wurde Ende 2016 komplett eingestellt.[298]

Auch in Österreich kam es seit Ende der 1990er-Jahre zu einem deutlichen Abbau des Schienennetzes. Im Rahmen der Liberalisierung sind weitere Nebenstrecken gefährdet.[299]

Notwendig ist hingegen ein Ausbau der Schienennetze. Ziel sollte dabei sein, zumindest wieder den Stand zu erreichen, der bereits einmal gegeben war. Dabei ist die Effizienz des Systems Schiene wieder deutlich zu erhöhen und dafür zu sorgen, dass es ausreichend Weichen, Ausweichgleise und zweigleisige Strecken gibt.

298. Dürr-Zitat von der Bilanzpressekonferenz vom 26. Mai 1994; Manuskript (dem Autor vorliegend). Die Zahlen zum Abbau des deutschen Schienennetzes und dessen Ausdünnung sind umfänglich dargestellt bei: Bernhard Knierim und Winfried Wolf, Umsteigen bitte! 20 Jahre deutsche Bahnreform, Stuttgart 2014, und in: Lunapark 21, Extra 18-19, 25 Jahre Deutsche Bahn AG – 9131 Tage Störungen im Betriebsablauf.
299. Aus einer Erklärung der Solidarwerkstatt Linz: »Durch die EU-Liberalisierung des Eisenbahnverkehrs wird in Österreich das kooperative Eisenbahnwesen zerstört. […] Seit dem EU-Beitritt ist das österreichische Schienennetz um fast 15 % geschrumpft, während gleichzeitig das Autobahn- und Schnellstraßennetz um 15 % anwuchs.« https://www.solidarwerkstatt.at/arbeit-wirtschaft/liberalisierung-konkret [aufgerufen am 2.2.2019]

7. Elektromobilität heißt Elektrifizierung des Schienennetzes

Die Eisenbahn sollte zu 100 Prozent elektrifiziert werden (wobei Stichstrecken im Akkubetrieb befahren werden können). Damit werden enorme Synergien erzielt (es gibt dann auf der Schiene nur noch eine Traktion). Auf dieser Basis kann auch das Ziel einer Eisenbahn mit 100 Prozent Ökostrom erreicht werden.[300]

In Deutschland sind derzeit nur 59 Prozent des Netzes elektrifiziert. In Österreich liegen die Relationen etwas günstiger. Ein gutes Viertel des Netzes ist nicht elektrifiziert. Das betrifft vor allem gut 1600 Kilometer mit Regionalstrecken. Der VCÖ fordert erfreulicherweise die hundertprozentige Elektrifizierung.[301] In Deutschland sind die Umweltverbände und der VCD diesbezüglich zurückhaltender. Das Projekt Agora Verkehrswende fordert immerhin allgemein ein Mehr als Elektrifizierung.

Es gibt jedoch keinen vernünftigen Grund, nicht in Richtung 100 Prozent zu gehen. Immerhin ist auch dies – die hundertprozentige Elektrifizierung des Schienennetzes – in der Schweiz seit Jahrzehnten Standard.[302]

Elektromobilität ist seit mehr als einem Jahrhundert Realität – im Schienenverkehr. Und es erfolgt natürlich mit Absicht, diesen Begriff bei der Schiene nicht zu erwähnen und ihn für den Autoverkehr mit Elektroantrieb zu okkupieren.

8. Die Fahrpreise im Schienenverkehr senken

Die Normalfahrpreise der Bahn sind zu hoch. Vor allem haben die meisten europäischen Bahnen inzwischen ein intransparentes Preissystem entwickelt, bei dem es einerseits Schnäppchenpreise im Internet oder bei

---

300. Die derzeit vorgetragene Behauptung der DB AG, wonach der Fernverkehr der Bahn mit Öko-Strom betrieben würde, ist Augenwischerei. Einmal abgesehen davon, dass einige IC/EC-Züge mit Diesel-Loks verkehren, läuft diese Aussage darauf hinaus, dass »der Rest«, der Regional- und Nahverkehr und ein größerer Teil des Schienengüterverkehrs, komplett mit »schmutzigem« Strom betrieben wird. In Wirklichkeit setzt sich der Bahnstrom aus einem spezifischen Mix zusammen, der allerdings einen deutlich höheren Anteil an Ökostrom aufweist als der BRD-Durchschnittsstrom.
301. https://www.vcoe.at/publikationen/vcoe-factsheets/detail/vcoe-factsheet-2018-09-regionalbahnen
302. Ein umfassendes und aktuelles Programm zur Flächenbahn wurde entwickelt in: Bernhard Knierim und Winfried Wolf, Bitte umsteigen! 20 Jahre Bahnreform, Stuttgart 2014.

Lebensmittelketten gibt, und andererseits die als überteuert empfundenen »Normaltarife«.

In Deutschland stiegen die normalen Preise für Bahntickets allein im Zeitraum zwischen dem 1. Januar 2003 und Ende 2018 um satte 53 Prozent im Nahverkehr und um 47 Prozent im Fernverkehr – doppelt so schnell wie die Inflation. Vor diesem Hintergrund sollte als Ziel gelten, dass die Normaltarife (»Flexpreise«) deutlich – um mindestens ein Drittel – gesenkt werden.

Der klassische, mehr als ein Jahrhundert gültige Systemvorteil der Eisenbahn, wonach eine Fahrkarte in einer bestimmten Zeitspanne grundsätzlich für jeden Zug Gültigkeit hat, sollte in Zukunft wieder zur Norm werden. Das heißt, eine »Zugbindung«, die inzwischen die Regel ist, sollte es nur bei speziellen Angeboten und als Ausnahme geben. Mobilitätskarten wie BahnCard50 und BahnCard100 bzw. in Österreich die VorteilsCard und die ÖsterreichCard sollten im Preis so gesenkt beziehungsweise in ihrer Leistung so erweitert werden, dass sie zu Massenprodukten werden.

Wenn, wie in der Schweiz, der Großteil der aktiven Bevölkerung im Besitz einer Mobilitätskarte ist, mit der die Normalpreise halbiert und zusätzlich Hunderttausende über eine Netzkarte (BC100 oder ÖsterreichCard) verfügen, würde die Schiene grundsätzlich in die Offensive gelangen. Sie könnte dann auch gegenüber der bedrohlich aufkommenden Konkurrenz der Fernbusse eher bestehen.[303]

Alles spricht dafür, das Strukturmodell der Schweizerischen Bundesbahnen (SBB) auch in Deutschland zu übernehmen. In dem Nachbarland sind

---

303. Der Preis für eine BahnCard50 wurde seit 2003 um 85 Prozent erhöht auf (Anfang 2019) 255 Euro in der 2. Klasse und 515 Euro in der 1. Klasse. Zum Vergleich: In der Schweiz kostet das Halbtaxticket 185 Schweizer Franken (= 163 Euro) im 1. Jahr und 165 sFr (= 145 Euro) in allen Folgejahren, wenn es keine Unterbrechung des Abos gibt. Das Schweizer Halbtax-Ticket ist »klassenlos«; es halbiert die Preise in beiden Klassen. Und es bietet wesentlich mehr Einsatzmöglichkeiten. Vereinfacht lässt sich sagen, dass das Halbtaxticket im Vergleich zur BC50 gut die Hälfte weniger kostet wie die BC50. Wobei der deutlich höhere Lebensstandard in der Schweiz zu berücksichtigen ist. Vergleichbares gilt für das Generalabonnement (GA) und den Vergleich dieser Mobilitätskarte mit der BC100. Das GA kostet in der 1. Klasse 6300 sFr (= 5575 Euro), in Deutschland kostet die BC100 7225 Euro. In der 2. Klasse kostet das GA 3860 sFr (3411 Euro). Die BC100 in der 2. Klasse kostet dagegen 4270 Euro. Das Argument, die Schweiz sei ja kleiner als die BRD, überzeugt nicht. Grundsätzlich fahren Schweizer, die eine solche Mobilitätskarte haben, vergleichbar viele Bahnkilometer wie ein BRD-Mensch mit einer BC50 oder BC100.

die Mobilitätskarten Massenprodukte. Der Markt wird von Normalpreisen beherrscht. Sondertarife sind die Ausnahmen (auch wenn es diese gibt und sie auch hier die Funktion haben, in Schwachlastzeiten für eine bessere Auslastung zu sorgen bzw. die Spitzenbelastungen zu mindern). Gleichzeitig gibt es eine ausreichende Platzvorhaltung und damit bei normalen Fahrten nicht die Notwendigkeit von Reservierungen.

Würde man die Verhältnisse, die in der Schweiz seit rund zwei Jahrzehnten im Bahnverkehr vorherrschen, auf Deutschland übertragen, dann sähe die Tariflandschaft in einer BRD, dann übersetzt als Bahnsinnige Republik Deutschland, aus wie in der folgenden Tabelle dargestellt.

Tabelle 7: Die Mobilitätskarten BC50/BC25/BC100 in Deutschland im Vergleich zum Halbtax-Ticket und dem Generalabonnement in der Schweiz (Angaben für 2017)

	BC50 bzw. Halbtax-Ticket	BC25	BC100 bzw. Generalabonnement (GA)
	in Tausend		
BRD [alt]	1.365	3.953	50,3
Schweiz	2.500	-	480
BRD : Schweiz	82,8 Mio. zu 8,5 Mio. = BRD-Bevölkerung 9,74fach größer		
BRD [neu = Bahnsinnige Republik Deutschland]	24.300	-	4.675
Steigerung BRD [neu] gegenüber BRD [alt]	17,8 (oder 4,6fach)*	-	92,9fach

Die Zahl der BC50 in BRD[neu] dividiert durch die Summe von BC50 + BC25 = 5,318 Millionen

In einer solchen – erstrebenswerten – »Bahnsinnigen Republik Deutschland« müsste dann, wenn die Verhältnisse der Schweiz übertragen würden, die Zahl der BahnCard50 um den Faktor 17,8 gesteigert (oder die Zahl von BC50 und BC25 addiert um den Faktor 4,6 erhöht werden). Die Zahl der BC100 müsste sich gar um das 92,9-fache erhöhen. Hier ist nicht der Supersparpreis-Sparfuchs Kaiser, hier ist der Kunde König.

In Österreich sind die beiden genannten Mobilitätskarten deutlich verbreiteter als in Deutschland.[304] Doch verglichen mit der Schweiz gibt es auch hier erheblich »Luft nach oben«. Das oftmals – auch vom VCÖ – vorgetragene Loblied, man sei in Sachen Bahnfahren »Spitze in der EU«, wirkt hier etwas fad. Der interessanteste und am ehesten naheliegende Vergleich ist für Österreich offensichtlich die Schweiz. Dass dieses Land kein EU-Land ist, erweist sich spätestens beim Thema Verkehr als vorteilhaft.

9. Nachtzugverkehr wieder aufnehmen bzw. ausbauen – Flugverkehr regulieren und reduzieren

Der Flugverkehr muss im Rahmen einer Verkehrswende-Politik deutlich reduziert werden. Erste Schritte sind dabei die Besteuerung von Kerosin, der Stopp jeglicher Subventionierung von Airports und die Beendigung des Sozialdumpings bei den Airlines. Eine Verlagerung des größten Teils des Flugverkehrs auf die Schiene ist auch strukturell gut vorstellbar – mehr als 50 Prozent aller Flüge auf den Berliner Airports und mehr als 35 Prozent aller Flüge auf dem Münchner Flughafen liegen unterhalb der Distanz von 650 Kilometern.

Mit einem europaweiten dichten Netz von Nachtzügen – was weitgehend heißt: mit der Wiederherstellung eines solchen Netzes! – kann ein großer Teil des innereuropäischen Flugverkehrs auf die Schiene verlagert werden. Während am 15. Dezember 2016 die Deutsche Bahn AG den Nachtzugverkehr komplett einstellte und damit eine mehr als 100 Jahre lange Tradition beendete, weitete die österreichische Nachbarbahn ÖBB 2017 ihre Nachtzugverbindungen erheblich aus. Die ÖBB-Verantwortlichen erklären stolz,

---

304. Es gibt in Österreich gut eine Million VorteilsCards und rund 7000 ÖsterreichCards. Die Preise für diese Mobilitätskarten sind (mit 99 Euro für die »Vorteilscard classic« und mit 1889 Euro für die ÖsterreichCard) wesentlich günstiger als in Deutschland. Sie sind auch günstiger als in der Schweiz (wobei hier der höhere Lebensstandard in der Schweiz zu berücksichtigen ist). Wenn das GA in der Schweiz wesentlich erfolgreicher ist als die ÖsterreichCard, dann dürfte dies vor allem an dem deutlich besseren Gesamtangebot liegen, das das GA im Vergleich zur ÖsterreichCard – und erst recht im Verbleich zur BC100 bietet.

dass der ÖBB-Nachtzugverkehr gewinnbringend ist und nochmals weiter ausgebaut werden soll. Es stellt sich die Frage: Warum leisten DB (und die meisten anderen europäischen Bahnen) nicht das, was die ÖBB-Leute überzeugend vormachen?[305]

10. Güterverkehr reduzieren und dann auf Binnenschiff und Schiene verlagern

Im Güterverkehr erlebten wir Vergleichbares wie im Personenverkehr. Dieser wurde, vor allem als Lkw-Verkehr, enorm gesteigert.[306] Die »Transportintensität« wurde in den letzten 25 Jahren um mehr als 50 Prozent erhöht. Das heißt: In einer Ware von ein und derselben Qualität stecken heute 50 Prozent mehr Transportkilometer als 1980. Die enorme Subventionierung aller Transportarten und entlang der gesamten globalen Transportketten hat zur Herausbildung einer absurden, global vernetzten Arbeitsteilung geführt. In einer Flasche Wein aus Chile, Südafrika oder Kalifornien, die in Madrid, Zürich, Wien oder Stuttgart im Regal steht, stecken weniger als 10 Cent Transportkosten. Dieser Wein konkurriert nun mit einem spanischen Rioja, mit einem Dole aus dem Schweizer Wallis, mit einem Grünen Veltliner aus Niederösterreich oder mit einem württembergischen Kerner. Die tatsächlichen Transportkosten tauchen nicht im Preis der Flasche Wein aus Übersee auf. Doch es gibt sie natürlich; sie werden von den Steuerzahlenden anderer Länder getragen bzw. es handelt sich um Umwelt- und Klimakosten.

---

305. Wir haben im Rahmen des Bündnisses *Bahn für Alle* und zusammen mit größeren Teilen des Personals der DB-Nachtzüge 2014-2016 eine mehrjährige Kampagne zum Erhalt der Nachtzüge durchgeführt. In dem Rahmen entwickelten wir ein Europa-weites Nachtzug-Konzept (»LunaLiner«) und publizierten eine Sonderausgabe von *Lunapark21* (Extra 12/13). Die Kampagne wird auch nach dem deutschen Nachtzug-Aus als »back on track« fortgeführt. Siehe: https://www.nachtzug-bleibt.eu/zukunft/ Siehe auch den Artikel von Joachim Holstein zur aktuellen Debatte um die Nachtzüge in Europa in: *Lunapark21* Extra 18-19.

306. 1991 gab es auf deutschen Straßen einen Lkw-Verkehr mit einer Gesamtleistung von 206 Milliarden Tonnenkilometern (tkm). 2015 waren es mit 459 Mrd. tkm die zweieinhalbfache Transportleistung. Selbst wenn man Effekte der deutschen Einheit berücksichtigt und die Zahl von 1993 nimmt (= 251 Mrd. tkm), gibt es bis einschließlich 2017 rund eine Verdopplung des Lkw-Verkehrs – bei weitgehend gleichem Lebensstandard! Angaben nach: Verkehr in Zahlen, Ausgaben 1996 und 2016/17.

Notwendig sind Maßnahmen, mit denen die realen Transportkosten in die Preise für Güterverkehre integriert und Auflagen hinsichtlich Lkw-Größen, Nachtfahr-und Wochenendfahrverboten für Lkw, Besteuerung von Diesel, Schweröl (für Schiffe) und Kerosin umgesetzt werden.

Die schlichte Forderung, Straßengüterverkehr vor allem auf die Schiene zu verlagern, stößt unter den gegebenen Bedingungen zu Recht auf Proteste der Anwohner wegen des dann nochmals massiv ansteigenden Schienenlärms. Darüber hinaus wird nachvollziehbar argumentiert, dass die Schiene gar nicht in der Lage ist, den größten Teil des gegenwärtigen Lkw-Verkehrs zu übernehmen. Wer die Masse des Güterverkehrs nicht in Frage stellt – und sogar dessen weiter geplantes Wachstum hinnimmt, ist unglaubwürdig, wenn er von einer nachhaltigen Verkehrswende redet. Genau dies tun allerdings so gut wie alle angeführten anderen Verkehrswende-Projekte. Im Text »Mit der Verkehrswende die Mobilität von morgen sichern« von Agora heißt es beispielsweise: »Der Güterverkehr wächst – und mit ihm wachsen die durch ihn verursachten CO_2-Emissionen. Sie machen inzwischen gut ein Drittel der CO_2-Emissionen des gesamten Verkehrssektors aus.« Das Ausmaß des Güterverkehrs und dessen Wachstum werden hier nicht in Frage gestellt. Damit bleibt – in der Agora-Studie – zu fordern, dass »das Schienennetz besser genutzt und ausgebaut wird«. Würde jedoch nur die Hälfte des gegenwärtigen Lkw-Verkehrs in Deutschland auf die Schiene verlagert – das wären mit Stand 2018 rund 240 Milliarden Tonnenkilometer, so müsste die Leistung des Schienengüterverkehrs fast verdreifacht werden. Das ist nicht vorstellbar. Agora bietet dann als Ausweg den Einsatz von »klimaneutralen Lkw« an. Damit ist gemeint, die Autobahnen mit Oberleitungen auszustatten und »Oberleitungs-Hybrid-Lkw mit klimaneutral hergestelltem synthetischem Diesel und/oder mit Batterien für die Fahrten abseits eines Oberleitungssystems auf Autobahnen« einzusetzen.[307] Ein solches Konzept ist monströs, am Ende nicht klimaneutral und auch nicht finanzierbar – es sei denn in Verbindung mit einem massiven Abbau öffentlicher Ausgaben in anderen Sektoren, so im Sozialbereich.

307. Agora, a.a.O., Seite 23, These 8.

Nur der hier beschriebene Weg eines Abbaus bestehender Güterverkehre und die Verlagerung des verbleibenden Gütertransports auf die Schiene und teilweise auch auf das Binnenschiff weist eine nachhaltige Perspektive. Dieser hier geforderte Abbau des globalisierten Güterverkehrs würde im Übrigen regionale Wirtschaften und kleinere Wirtschaftseinheiten fördern und auf diese Weise hunderttausende Arbeitsplätze schaffen. Es gilt auch der Umkehrschluss: Die Förderung regionaler Wirtschaftsstrukturen ist mit einer Reduktion globaler Verkehre verbunden.

11. Das weltweite Wachstum der Zahl von Kraftfahrzeugen und des Straßenverkehrs muss gestoppt werden

In der Agora-Studie finden sich die folgenden Schlüsselsätze: »Verkehr wird auch in Zukunft über motorisierte Fahrzeuge abgewickelt. Dies gilt umso mehr vor dem Hintergrund des wachsenden Weltmarkts für Pkw. Bis zum Jahr 2050 könnte ihre Zahl von derzeit 900 Millionen auf 2,4 Milliarden ansteigen. Um die Klimaziele dennoch zu erreichen, ist es deshalb unerlässlich, den Anteil emissionsfreier Fahrzeuge zu steigern – nicht nur im Personen-, sondern auch im Gütertransport.«[308]

Auch hier wird das weitere Wachstum der Zahl der Autos und des Straßenverkehrs als gegeben hingenommen. Auf dieser Basis zu glauben, im Fall einer gigantischen Steigerung der Anzahl der Autos um mehr als das Zweieinhalbfache könne es ausreichend sein, den »Anteil an emissionsfreien Pkw«, gemeint: an Elektro-Pkw, zu steigern, ist nicht nachvollziehbar.

Natürlich gibt es die Problematik, dass die Schwellenländer mit dem Kurs auf Automotorisierung »nur« den schmutzigen Entwicklungspfad nachholen, den die »westlichen« Staaten seit gut einem Dreivierteljahrhundert beschreiten. Und natürlich ist bei diesem Thema politische Sensibilität geboten. Doch es geht erstens darum, dass wir im Westen radikale Schritte unternehmen, den Autoverkehr zu reduzieren. Zweitens sind es, wie dargestellt, überwiegend die westlichen – also »unsere« – Autokonzerne, die auf globaler Ebene den Weg

---

308. Agora, a. a. O., Seite 19, These 6.

der ständig gesteigerten Weltautodichte fortschreiben. Und drittens sind es auch internationale Institutionen und »unsere« westlichen Regierungen – im zitierten Fall mit Begleitschutz von Umweltverbänden und Verkehrswende-Propagandisten – die behaupten, das Fortschreiben dieses Wegs an sich sei kein grundsätzliches Problem, wichtig sei jetzt nur, dass »emissionsfreie Fahrzeuge« zum Einsatz gelangen würden.

Verantwortungsbewusst eine Verkehrswende propagieren, heißt, die weitere Vergrößerung der weltweiten Autoflotte grundsätzlich in Frage zu stellen, vor der eigenen Türe zu kehren und hier Konzepte für den Abbau von Autoverkehr entwickeln, wie eine nachhaltige Mobilität auch auf Weltebene aussehen kann.

12. Wie soll eine Politik der Verkehrswende umgesetzt und gegen die Autolobby durchgesetzt werden?

Das Verkehrswendeprogramm, das hier entwickelt wird, ist radikal im Sinne von: es geht an die Wurzeln der bestehenden Autogesellschaft. Bei der Umsetzung der oben aufgeführten Elemente einer solchen alternativen Verkehrsorganisation und Mobilitätsstruktur, müsste sich die Zahl der Pkw und Lkw deutlich reduzieren – und zwar vor allem (und im Sinne von »Kehren vor der eigenen Tür«) in den westlichen Ländern. Die Struktur der verbliebenen Pkw dürfte sich erheblich verändern – weg vom privaten Auto und hin zu Car Sharing.[309] Und natürlich ist in einem solchen Gesamtkonzept vorstellbar, dass die meisten der verbliebenen Autos Elektro-Autos sind.

Nun gibt es zweifellos eine Reihe klassischer Ansätze, wie ein solches Verkehrswende-Programm umzusetzen ist. Geprüft werden muss beispielsweise, inwieweit Strukturen, die eine solche Politik stützen, etabliert werden können. Denkbar sind Fahrgasträte und ein Fahrgasttag, vergleichbar dem deutschen Städte- und Gemeindetag, in dem Umweltverbände, fortschrittliche Verkehrsorganisationen und die im Verkehrsbereich präsenten Gewerkschaften vertreten sind. Eine Elementarforderung muss sein, dass das Personal an der

---

309. Auch die erwähnte Wuppertal- und Greenpeace-Studie geht von einem Rückgang der Zahl der Pkw von aktuell 45,2 Millionen auf 17 Millionen aus – allerdings bis zum Jahr 2035. Siehe dort, S. 52.

Spitze der Verkehrswendepolitik – insbesondere in den ÖPNV-Unternehmen und bei der Bahn – selbst öffentlichen Verkehr bzw. Bahn »leben« und sich mit der Verkehrswendepolitik identifizieren kann.

Grundsätzlich muss es eine breite Bewegung von unten sein, die die erforderliche Verkehrsrevolution durchsetzt. Dies wird sich mit dem breiten gesellschaftlichen Engagement für eine Energiewende und für eine andere Klimapolitik verbinden. Die Schülerstreiks, die sich, ausgehend von der Aktivität der 16-jährigen schwedischen Klimaaktivistin Greta Thunberg Anfang 2019, in mehreren Ländern Europas ausbreiteten, sind ein Beispiel für eine solche mögliche, neue Basisbewegung.[310]

Dabei dürfte sich bald herausstellen, dass der entscheidende Gegner die Autoindustrie selbst ist – und zwar eine Autoindustrie, die ebenso auf die weitere Produktion von Autos mit Verbrennungsmotoren wie auf die Elektromobilität setzt. Diese Industrie wird jede Politik erbittert bekämpfen, die sich für eine massive Rückführung der Abhängigkeit vom Auto als solchem und für ein Programm wie oben skizziert einsetzt. Dieser Wahrheit wird man, wenn ernsthaft eine nachhaltige Verkehrspolitik betrieben werden soll, gerecht werden müssen. Und das heißt, dass letzten Endes die Frage beantwortet werden muss: Kann man zulassen, dass ein Machtblock, in dessen Zentrum sich zwölf international agierende Autokonzerne befinden, die Welt in eine Sackgasse führt? Dass der Zwang zu Profitmaximierung in der Autobranche den Klimawandel dermaßen beschleunigt, dass es einen point of no return gibt? Eine verantwortungsvolle Antwort lautet: Dieser Machtblock muss entmachtet, die Autokonzerne müssen der gesellschaftlichen Kontrolle unterstellt werden, um so eine Politik der Verkehrswende umzusetzen und sie gegen die Autokonzernmacht durchzusetzen.

---

310. Wobei Greta Thunberg im Januar 2019 zum Weltwirtschaftsforum in Davos fuhr – mit der Bahn. Die Reisezeit lag laut *Spiegel* – hin und zurück - bei 65 Stunden. Andreas Kleber, ein Freund und engagierter Eisenbahnfreund, hat dokumentiert, dass Greta Thunberg im Jahr 1971, also zu Staatsbahnzeiten und vor Deregulierung und Privatisierung, aber auch vor der Zeit der Hochgeschwindigkeitszüge, für die Fahrt Stockholm–Davos zwar knapp drei Stunden länger gebraucht hätte. Doch sie hätte eine höchst bequeme Fahrt gehabt – mit nur ein Mal umsteigen in Landquart (Schweiz) und einem durchgehenden Zug Landquart–Stockholm, mit Schlaf- und Liegewagen. 2019 musste sie fünf Mal umsteigen. Die Chance, einen der fünf Anschlusszüge zu verpassen, wäre, zumal auf dem deutschen Streckenabschnitt, sehr hoch gewesen. So viel zum Thema »Europa wächst zusammen«.

Eine solche Machtfrage ist nicht neu. Als sich die privaten Eisenbahngesellschaften in der Mitte des 19. Jahrhundert als unfähig erwiesen, den Bedürfnissen nach einem flächendeckenden Eisenbahnverkehr gerecht zu werden, wurden sie (u. a. im Deutschen Reich, in der Schweiz und später auch in Österreich) verstaatlicht und erlebten auf diese Weise im letzten Drittel des 19. Jahrhunderts und in den ersten Jahren des 20. Jahrhunderts ihre Blütezeit.[311] Vergleichbares gab es in den 1960er-Jahren in Deutschland. Als deutlich wurde, dass der Bergbau in Westdeutschland, der damals noch mehr als 500.000 Beschäftigte zählte, keine Perspektive haben würde, wurde 1968 die Ruhrkohle AG als eine Gesellschaft zur Konsolidierung der Branche und zur sozialverträglichen Rückführung des westdeutschen Bergbaus gegründet. Im Dezember 2018 wurde dieses Kapitel – insoweit es den Steinkohlebergbau betrifft –, wie beschrieben, geschlossen.

Vergleichbare Überlegungen müssen für die Autoindustrie angestellt werden – und dies auf weltweiter Ebene.

Drei Totschlagargumente

Gegen eine solche Verkehrswende werden in der Regel drei Totschlagargumente vorgebracht: Diese koste erstens hunderttausende Jobs, sie sei zweitens nicht bezahlbar und im Übrigen sei sie in einem Autoland wie Deutschland niemals mehrheitsfähig.

»Im Fall einer Verkehrswende-Politik werden Autoarbeitsplätze gefährdet«

Zunächst sind bei diesem Thema einige Vergleiche und grundsätzliche Überlegungen sinnvoll: Weltweit gibt es derzeit rund zehn Millionen Autojobs.[312] Das entspricht weniger als einem Prozent aller Arbeitsplätze in der Weltwirtschaft. Wählen wir als Bezugsgröße die Weltindustrie, dann kommen wir zu

---

311. Es gab dabei eine große Ausnahme: die USA. Hier blieben die Eisenbahnen bis Mitte der 1970er-Jahre privat. Das ist mit ein Grund, warum sich das Auto in den USA viel schneller durchsetzen konnte als in Europa.

312. Die Autolobby-Struktur OICA, die ganz sicher nicht untertreibt, schreibt über die Weltautoindustrie auf ihrer offiziellen Website: »Building sixty-six million vehicles requires the employment

der folgenden Relation: Diese 10 Millionen Autojobs entsprechen rund fünf Prozent aller Arbeitsplätze in der Weltindustrie. Wählen wir das Autoland Deutschland, dann ergibt sich: Es gibt in der BRD rund 830.000 Jobs in der gesamten deutschen Autoindustrie (und hier sind die Zuliefererbetriebe bereits mit einbezogen). Bei einer weiten Definition dessen, was als Autozulieferer zu verstehen ist, sind es gut eine Million Jobs, die der gesamten deutschen Autobranche (eigentliche Produktion plus Zulieferer) zuzurechnen sind.[313] Das wiederum entspricht 2,5 bis 2,8 Prozent aller sozialversicherungspflichtigen Arbeitsplätze. Nimmt man als Bezugsrahmen allerdings nur die deutsche Industrie, dann ergibt sich: Diese eine Million Jobs entsprechen rund 15 Prozent der Industriearbeitsplätze, die wiederum nur einen Bruchteil der versicherungspflichtigen Arbeitsplätze ausmachen.

Die Bilanz von all diesen Vergleichen lautet: Die vielfach vorgetragene Behauptung, in Deutschland sei »jeder siebte Arbeitsplatz vom Auto abhängig«, ist unzutreffend.[314]

Des Weiteren ist bei der Debatte über die Wichtigkeit der Autojobs zu beachten: Die Arbeitsplätze in der Weltbranche Auto konzentrieren sich auf wenige Länder. Selbst in der EU machen die rund 2,2 Millionen Autoindustrie-Arbeitsplätze nur einen Bruchteil der rund 150 Millionen Lohnabhängigen-Jobs

---

of more than eight million people directly in making the vehicles and the parts that go into them. This is over five percent of the world's total manufacturing employment.«.

313. Das Statistische Bundesamt nennt aktuell »828.000« – »Produktion und Zulieferer«: https://www.destatis.de/DE/ZahlenFakten/ImFokus/IndustrieVerarbeitendesGewerbe/Automobil industrieWirtschaftDeutschlandKartell.html [Abgerufen am 20.12.2018]. Der Bundestags-«Bericht des Ausschusses für Bildung, Forschung und Technikfolgeabschätzung« zur »Zukunft der Auto-industrie«, Bundestagsdrucksache 17/13672 aus dem Jahr 2015 nennt »719.000 Beschäftigte« und zwar für »Automobilindustrie und ihre Zuliefererfirmen«. Im Anschluss wird ergänzend festgestellt: »Allerdings werden in diesen Statistiken nur die Automobilzuliefererfirmen erfasst, die in der Klassifikation als »Hersteller von Teilen und Zubehör für Kraftwagen und deren Motoren« gemeldet sind.« Es seien aber auch in anderen Bereichen »viele Betriebe gelistet, die ebenso als Autozulieferer tätig sind. Schätzungen des Fraunhofer ISI [...] zeigen, dass im deutschen verarbeitenden Gewerbe über alle Vorleistungsstufen etwa 990.000 Beschäftigte in der Automobilzulieferung tätig sind.«

314. »Das RWI hat 2000 errechnet, dass ein Beschäftigter 1,4 Arbeitsplätze zusätzlich schafft. ›Das ergibt insgesamt 1,76 Millionen Beschäftigte, die von der Nachfrage nach Autos abhängen‹, sagt Michael Rothgang vom RWI. Nach dieser weiterhin gültigen Rechnung sei jeder 20. Arbeitsplatz autoabhängig.« Siehe *Spiegel* vom 20. Mai 2009, http://www.spiegel.de/wirtschaft/statistik-trick-in-der-autoindustrie-maechtig-gerechnet-a-625945.html [aufgerufen am 2.2.2019]

aus. Bereits in den letzten 25 Jahren gab es, wie berichtet, einen drastischen Abbau von Autoarbeitsplätzen in Italien, Frankreich, Großbritannien, Schweden, Spanien und Österreich. Komplette Hersteller und Automarken wurden vernichtet (Leyland, Simca/Talbot, Rover, DAF, Saab), bei anderen die Produktion radikal reduziert und ganze Werke geschlossen (Alfa Romeo, Opel/Vauxhall, Volvo, Lada). Es gab damals für die Betroffenen keine Unterstützung in der EU – und schon gar nicht in Deutschland. Die deutsche Autobranche profitierte vom Niedergang der britischen, französischen, italienischen und schwedischen Autoindustrie und vom Rückgang der Autofertigungen in Spanien, Portugal, Belgien und in der Sowjetunion bzw. in Russland.

Sodann wird in den Debatten über einen drohenden Verlust von Autojobs oft von einer unterschiedlichen Wertigkeit von Jobs ausgegangen. Autojobs gelten in einem solchen Diskurs als verteidigungswert. Andere Arbeitsplätze werden meist ausgeblendet; oft werden sie sogar als Sparpotenzial betrachtet. Beispielsweise gibt es in Deutschland mit 1,8 Millionen Jobs in den Bereichen Kindergarten, Schulen und Hochschulen mehr als doppelt so viele Arbeitsplätze wie in der Autobranche.[315] Laut der Gewerkschaft GEW bräuchten wir gut 50 Prozent mehr solche Arbeitsplätze, um auf diesem wichtigen Gebiet (Stichwort: »Die Kinder sind unsere Zukunft!«) endlich das Niveau der skandinavischen Länder zu erreichen. Allein dieses erforderliche Plus ist größer als alle Autoarbeitsplätze. Wobei die addierte Kaufkraft der in diesen Bereichen Beschäftigten durchaus derjenigen der Beschäftigten in der Autobranche (in der es ja auch rund 100.000 eher schlecht bezahlte Leiharbeitskräfte gibt) entspricht.[316]

Dies zur allgemeinen Job-Debatte. Wenden wir uns der Autobranche selbst zu. Hier muss generell bedacht werden, dass die Autoindustrie derjenige Industriezweig mit einer Massenfertigung ist, der sich am besten für eine

---

315. Es sind rund 480.000 Jobs im Bereich Pädagogisches Personal in den Kindertageseinrichtungen, 670.000 Lehrkräfte in den Schulen und 640.000 Beschäftigte an den Hochschulen. Angaben nach Statistisches Jahrbuch 2016.

316. Selbst im Tourismus in Deutschland arbeiten heute mir 2,9 Millionen Menschen dreimal mehr als in der Autobranche, allerdings auf meist lausigem Lohnniveau. Wobei die Wertschöpfung im Tourismus (mit 280 Milliarden Euro 2016) erheblich ist. Eine entsprechende Betrachtung und Berechnung wäre für Österreich, wo der Tourismus eine ungleich größere Bedeutung hat, interessant.

weitgehend automatisierte Fertigung eignet. Deshalb blieb in Deutschland die Zahl der Autojobs seit einem halben Jahrhundert weitgehend konstant, während sich gleichzeitig der Output verdoppelte und die Wertschöpfung verdreifachte. Diese Rationalisierung wird sich in Zukunft verstärken – und zwar bereits ohne Batterie-Pkw. Hinzu kommt die Tendenz der Verlagerung von Autojobs in Regionen mit niedrigerem Lohnniveau und auf den Automarkt Nr. 1, nach China. Allein vor diesem Hintergrund dürfte es zukünftig hierzulande (und im übrigen Westeuropa) einen deutlichen Jobabbau geben. Die siechende Autostadt Detroit weist die Perspektive. Die Autostadt Bochum ist bereits Vergangenheit. Eine Autostadt Rüsselsheim könnte es nach der Übernahme von Opel durch PSA in Bälde nicht mehr geben.

Die Gefahr ist groß, dass die Autoarbeitsplätze im Allgemeinen und diejenigen in Regionen mit Auto-Monostruktur – beispielsweise in Wolfsburg bzw. Stuttgart – im Besonderen bereits im Fall eines business as usual in großer Zahl abgebaut werden.

All diese immanenten Tendenzen zum Abbau von Autojobs werden sich mit dem Trend hin zum Elektroauto noch verstärken. Mit diesem neuen Auto-Typ wird die Produktion deutlich vereinfacht. Was erst recht Rationalisierung und Verlagerung begünstigt.

All das aber heißt: Wer angesichts der Krise der aktuellen Mobilitätsorganisation in erster Linie auf den Trend hin zum Elektro-Pkw setzt, der setzt auf eine Branche, die mit massivem Arbeitsplatzabbau verbunden ist. Notwendig ist vielmehr, dem generellen Trend zum Abbau von Arbeitsplätzen im Fahrzeugbau, der in der Autoindustrie immanent existiert und der mit dem Batterie-Pkw beschleunigt wird, offensiv zu begegnen.

Was für Deutschland mit seiner mächtigen Autoindustrie gilt, gilt erst recht für Österreich mit seiner eher schmächtigen Autobranche. Das Potenzial an bestehenden und für neue Jobs liegt im österreichischen Verkehrssektor anderswo. Dies hat der bereits mehrfach zitierte VCÖ in Untersuchungen deutlich gemacht: »Klimafreundliche Mobilität sichert in Österreich direkt und indirekt rund 200.000 Vollzeit-Arbeitsplätze. Investitionen in Öffentlichen Verkehr, Bahnindustrie und Telematik-Unternehmen, den Fahrrad-Sektor und Mobilitätsdienstleistungen schaffen größere

Beschäftigungseffekte als der Bau von Autobahnen. Alleine Bahnindustrie und Bahnunternehmen mit ihren 54.000 direkten Beschäftigten erwirtschaften mit 4,1 Milliarden Euro pro Jahr rund 1,4 Prozent der Wirtschaftsleistung Österreichs und lösen indirekt weitere Beschäftigung aus. Die Fahrradwirtschaft, bestehend aus Produktion, Export und Handel mit Fahrrädern und Zubehör, Radtourismus und Radinfrastruktur sichert in Österreich rund 20.000 Arbeitsplätze. Unternehmen im Bereich Telematik und Verkehrsinformation haben rund 8.000 Beschäftigte. [...] Die Inlandnachfrage im Öffentlichen Verkehr in Österreich und im Bahngüterverkehr erzeugt mittels direkter und indirekter Wertschöpfung mehr als vier Prozent des Brutto-Inlandsprodukts oder 12 Milliarden Euro jährlich. Österreichs Bahnindustrie hat den fünftgrößten Anteil am Bahngüter-Weltmarkt. Die Handelsbilanz dieses Sektors ist stark positiv.«[317]

Damit stellt das oben skizzierte Programm einer Verkehrswende keine Bedrohung dar, sondern auch eine Chance. Mit ihm können neue Jobs geschaffen werden. Auch in der Industrie. So wurden in der Bahntechnik in Europa seit 1990 mehr als 150.000 Jobs abgebaut (in Deutschland rund 50.000). Eine Verkehrswendepolitik wird die Nachfrage nach Schienenfahrzeugen, Eisenbahntechnik und Bussen erheblich steigern.[318] Bei den Eisenbahnen in Europa wurden seit 1990 mehr als 500.000 Arbeitsplätze zerstört; allein in Deutschland waren es in diesem Zeitraum knapp 200.000. Eine Flächenbahn wie oben skizziert erfordert den Wiederaufbau dieser Arbeitsplätze. Die Fahrradbranche, die es vor 30 Jahren in Deutschland faktisch nicht mehr gab, ist heute ein Wirtschaftsfaktor mit mehr als 250.000 Vollzeit-Jobs.[319] Die Politik

317. VCÖ-Factsheet 2013/13; siehe: https://www.vcoe.at/news/details/vcoe-200000-arbeitsplaetze-durch-umweltfreundliche-mobilitaet [abgerufen am 2.2.2019]
318. In der IG Metall wurde seit 2005 ein Branchenausschuss Bahntechnik eingerichtet. Johannes Hauber, damals und bis 2015 Betriebsratsvorsitzender bei Bombardier Transportation, war dabei eine treibende Kraft. Damit wurde den Interessen der mehr als 50.000 Beschäftigten in der Bahntechnik Rechnung getragen (und die fatale Gleichsetzung IG Metall = Autogewerkschaft relativiert). Inzwischen spielt dieser Branchenausschuss kaum mehr eine Rolle. Die IG-Metall-Spitze hat offensichtlich kein Interesse an einer solchen wirksamen Interessenvertretung in einem Industriezweig, der für eine tatsächliche Verkehrswende steht.
319. »Bundesweit erzielt die Radbranche einen Umsatz von 16 Milliarden Euro und beschäftigt etwa 278.000 Vollzeit-Mitarbeiter. 72 Millionen Fahrräder werden deutschlandweit gezählt. Im Jahr 2014 wurden allein in Deutschland 2,14 Millionen Fahrräder produziert. Diese und

der Energiewende, die eng mit der Verkehrswende verbunden ist, schafft selbst Hunderttausende neue Jobs. Nach Angaben des Umweltbundesamts arbeiten bereits heute mehr als 2,2 Millionen Menschen im Umweltbereich. Vor zwei Jahrzehnten waren es weniger als die Hälfte.[320] Allein dieser Zuwachs ist größer als die Zahl aller Autojobs. Und hier könnte eine weitere Million von Arbeitsplätzen entstehen.

All dies zusammengenommen heißt: Das Argument der bedrohten Autoarbeitsplätze ist ernst. Doch eine Politik der Verkehrswende ist eher geeignet, die Beschäftigung insgesamt zu sichern, als eine Politik, die primär auf das Umstellen auf Elektro-Autos abzielt. Zumal eine allgemeine Arbeitszeitverkürzung – die 30-Stunden-Woche bei vollem Lohnausgleich – zu fordern ist. Die jüngste IG Metall-Tarifrunde sollte als Einstieg dafür gesehen werden, die Diskussion über eine allgemeine Arbeitszeitverkürzung neu auf die Tagesordnung zu setzen.

»Die Verkehrswende-Politik ist zu teuer«

Der öffentliche Verkehr ist auch heute in einer gesamtgesellschaftlichen Rechnung wesentlich preiswerter als der Autoverkehr. Der motorisierte Individualverkehr ist mit extrem hohen »externen Kosten« verbunden – Kosten, die auch heute bereits real auftauchen: bei den Kranken- und Rentenkassen (wegen gesundheitlicher Schäden und Frühverrentungen) oder in den städtischen Haushalten (für Straßenbau- und -erhalt, für Parkhäuser und Stellplätze). Das aktuelle Defizit der öffentlichen Verkehrsmittel könnte sich auch bei deutlich reduzierten Tarifen in eine positive Bilanz verwandeln, wenn der ÖPNV im motorisierten Verkehr das Hauptverkehrsmittel werden sollte.[321]

weitere Zahlen sind Ergebnisse des Kurzgutachtens ›Daten zur Fahrradwirtschaft in Baden-Württemberg‹ im Rahmen der RadSTRATEGIE der Landesregierung Baden-Württemberg.« Siehe: https://www.200jahre-fahrrad.de/das-fahrrad-im-fokus/das-fahrrad-im-lauf-der-zeit/wachstumsbranche-fahrradwirtschaft [abgerufen am 24.2.2018].

320. https://www.umweltbundesamt.de/daten/umwelt-wirtschaft/beschaeftigung-umweltschutz [abgerufen am 23.3.2018].

321. Ein Nulltarif im ÖPNV könnte durch eine allgemeine Nahverkehrsabgabe (die eine soziale Komponente haben muss) finanziert werden. Dies findet im Übrigen längst bei den Studierenden statt – via die Semester-Tickets. Vor der Einführung dieses Studi-Nulltarifs hieß es

Generell gilt: Das Geld, das die Gesellschaft im Rahmen der Autogesellschaft (unabhängig von der Herstellung von herkömmlichen oder von Elektro-Autos) ausgibt, ist Geld für eine kapitalintensive Produktion: viel Geld wird eingesetzt, um viel Kapital zu binden und relativ wenige Menschen zu beschäftigen. Die skizzierte alternative Transportorganisation würde ebenfalls ausschließlich Geld einsetzen, das (bislang) für Mobilität und Transport ausgegeben wird. Doch dieses Geld würde jetzt für deutlich mehr arbeitsintensive Investitionen ausgegeben. Man würde für dasselbe Geld deutlich weniger totes Kapital bewegen und Millionen Menschen mehr beschäftigen können. Das gilt erst recht dann, wenn zugleich, was sinnvoll wäre, die Arbeitszeiten bei vollem Lohn- und Personalausgleich reduziert würden.

Vor allem gilt: Die unnötigen und die zerstörerischen Investitionen und die falschen Subventionen im Verkehrssektor liegen auf einem vergleichbar hohen Niveau wie die Kosten einer Verkehrswende-Politik.[322]

Bilanz: Eine Verkehrswende-Politik könnte durch Umverteilung von Geldern, die im Verkehrsbereich ausgegeben bzw. an Subventionen gewährt werden, bezahlt werden. Man könnte sie mehr oder weniger zum Nulltarif bekommen. Umgekehrt gilt: Die Autogesellschaft, egal ob mit herkömmlichen oder Elektro-Autos, kommt die Gesellschaft allein deshalb teuer zu stehen, weil damit zumindest im nächsten Jahrzehnt die Emissionen, die das Klima belasten, weiter gesteigert werden.

tausendfach, das sei »nicht finanzierbar«. Und im Übrigen »rechtlich nicht machbar«. Doch das Studi-Ticket hat sich durchgesetzt; es gilt inzwischen als Selbstverständlichkeit. Übrigens: Die Berliner Verkehrsbetriebe (BVG) waren Ende der 1920er-Jahre gewinnbringend; sie brachten dem Stadtsäckel Geld ein. Dieses Geheimnis wird dann entzaubert, wenn man sich vor Augen führt: Anstelle der teuren U-Bahnen war die Tram das wichtigste Verkehrsmittel (mit rund 50 Prozent aller BVG-Fahrgäste!). Und auf diesem »preiswerteren« Netz bewegten sich im Jahr mit bis zu 2,2 Milliarden Fahrgästen rund 40 Prozent mehr Fahrgäste als heute bei der BVG. Siehe Wolf, Berlin – Weltstadt ohne Auto, a.a.O., S. 62.

322. Die addierten jährlichen Kosten für die Subventionierung des Dieselkraftstoffs, der Geschäftswagen und von Kerosin belaufen sich in Deutschland auf mehr als 15 Milliarden Euro. In dem oben skizzierten Verkehrswende-Programm sollten auch die aktuell getätigten und die zu erwartenden Subventionen für Elektro-Pkw hinterfragt werden. Die zerstörerischen, fest eingeplanten Investitionen für Stuttgart 21 (Restsumme: 5-7 Mrd. Euro), Fehmarnbelt-Querung (1,5 Mrd. Euro), einen unnötigen neuen Tunnelbahnhof in Frankfurt/Main Hbf. (3-4 Mrd. Euro) und die neue Münchner »Zweite S-Bahn-Stammstrecke« (6 Mrd. Euro) addieren sich auf weitere 15-18 Milliarden Euro. Ein – nötiger, dringend zu fordernder – Verkauf der Auslandstöchter der Deutschen Bahn AG erbrächte weitere 10-12 Milliarden Euro ...

»Eine Verkehrswende dieser Art ist nicht mehrheitsfähig«

Das ist falsch. So gut wie immer dann, wenn konkrete Projekte für eine Verkehrswende entwickelt und wenn für diese klug und medial durchdacht wird, lassen sich für eine solche Politik Mehrheiten gewinnen.

So gibt es seit Mitte der 1970er-Jahre in Deutschland, entgegen den wütenden Reaktionen des deutschen Verkehrsministers, Mehrheiten für ein Tempolimit. Doch eine solche Maximalgeschwindigkeit wird, wie oben beschrieben, nicht eingeführt. Selbst in den Jahren 1998 bis 2005 unter Rot-Grün durfte das kein Thema sein. Als der SPD-Parteitag im Oktober 2007 in Hamburg ein Tempolimit von 130 km/h für Autobahnen beschloss, war das Geschrei bei den damaligen Parteirechten (mit Peter Struck als Fraktionsvorsitzendem) und den damaligen Parteilinken (mit Andrea Nahles als Vorsitzender des Forums Demokratische Linke 21) groß. Es hieß, das sei »nicht durchsetzbar«. Durchsetzbar meinte jedoch immer: nicht durchsetzbar gegenüber der Autoindustrie und ihrer Lobby in Parlament und Regierung.

Es gab in einem halben Dutzend Umfragen deutliche Mehrheiten gegen eine Bahnprivatisierung und für eine Flächenbahn. In der Frage der Fahrverbote für Diesel-Pkw in Innenstädten gab es im Februar 2018 immerhin ein Patt.[323] Weiter oben wurden bereits die mehr als 70 Prozent zitiert, die sich im Januar 2018 in einer repräsentativen Umfrage für einen ÖPNV-Nulltarif aussprachen.

Auch auf kommunaler Ebene gibt es fast immer dann Mehrheiten für eine Einschränkung des Autoverkehrs, wenn Alternativen geboten werden und wenn das eigene Wohnumfeld und das Wohl von Menschen im Zentrum stehen. Generell gilt: Je besser das ÖPNV-Angebot ist, desto niedriger ist die Pkw-Dichte: In Stuttgart mit einem schlechten ÖPNV-Angebot haben knapp 30 Prozent der Haushalte kein Auto, in Hamburg mit einem deutlich besseren ÖPNV sind es 40 Prozent und in Berlin mit seinem – im BRD-Durchschnitt – ziemlich guten öffentlichen Verkehr sind es 50 Prozent.

---

323. Dabei handelte es sich hier »nur« um eine Negativ-Forderung; diese war nicht eingebettet in ein positives, das Verbot ergänzendes und damit latent aufhebendes Verkehrswendeprojekt (wie z. B. ÖPNV-Nulltarif und/oder ÖPNV-Ausbau). Siehe: https://www.welt.de/newsticker/dpa_nt/infoline_nt/wirtschaft_nt/article173796711/Umfrage-Deutsche-zu-Fahrverboten-gespalten.html

In Österreich gibt es in den Bundesländern mit dem niedrigsten Durchschnittseinkommen die höchste Pkw-Dichte. Zum Teil ist diese fast doppelt so groß wie diejenige im relativ reichen Wien. Warum bloß? Ganz einfach: Weil der miserable öffentliche Verkehr in diesen Ländern im Allgemeinen und auf dem Land im Besonderen zum Autobesitz zwingt.

Sobald eine langfristig orientierte mit einer durchdachten medialen Strategie begleitete Politik der Verkehrswende durchgeführt wird, können reale und »latente« Mehrheiten in der Bevölkerung mobilisiert werden. Dies dokumentieren auch die bereits angeführten Beispiele Kopenhagen und Münster. Dies verdeutlicht auch die Verkehrsrealität in der österreichischen Hauptstadt Wien. Die dort seit mehr als einem Jahrzehnt einigermaßen konsequent betriebene Verkehrswende-Politik führte dazu, dass der Anteil des öffentlichen Verkehrs kontinuierlich steigt und der Pkw-Verkehr und der Pkw-Besitz rückläufig sind.[324]

Das Setzen auf das Elektroauto ist eine Sackgasse. Der Austausch des Antriebsstrangs von Verbrennungsmotor mit Benzin- oder Diesel-Tank hin zu Elektromotor und Batterie führt in der Gesamtbilanz und auf globaler Ebene zu einer weiteren, massiven Erhöhung der Zahl an konventionellen Pkw und an Elektroautos. Mit ihm sind gesteigerte alte Belastungen und neue Belastungen für Umwelt, Klima, Stadtqualität und die menschliche Gesundheit verbunden. Der Ausstieg aus dem Autowahn und die Umsetzung einer Verkehrswende-Politik ist aus Sicht der Menschen, der Natur, der Umwelt, des Klimas und der Gesamtwirtschaft ein Win-Win-Projekt.

324. Pressemitteilung des VCÖ vom 7. November 2017: »Bereits 760.000 Personen haben eine Öffi-Jahreskarte für Wien. Damit gibt es in Wien deutlich mehr Öffi-Jahreskarten als Pkw. [...] Vor zehn Jahren gab es in Wien noch doppelt so viele Autos wie Jahreskarten für den Öffentlichen Verkehr. [...] Mit 760.000 haben die Jahreskarten die Pkw (697.000) bereits deutlich überholt. Damit sticht Wien unter den EU-Hauptstädten hervor.« https://www.vcoe.at/news/details/vcoe-in-wien-deutlich-mehr-oeffi-jahreskarten-als-pkw [abgerufen am 23.2.2018]